LES
RUES DE TOULON

PAR

M. OCTAVE TEISSIER,

Correspondant du Ministère de l'Instruction publique pour les travaux historiques,
Président de la Société académique du Var.

Place d'Armes.

TOULON,
CHEZ TOUS LES LIBRAIRES.

1872.

CHRONIQUES TOULONNAISES.

HISTOIRE

DE

QUELQUES RUES

PAR

M. OCTAVE TEISSIER,

MEMBRE NON RÉSIDANT DU COMITÉ NATIONAL DES TRAVAUX HISTORIQUES
ET DES SOCIÉTÉS SAVANTES.

TOULON,
CHEZ TOUS LES LIBRAIRES.
1872.

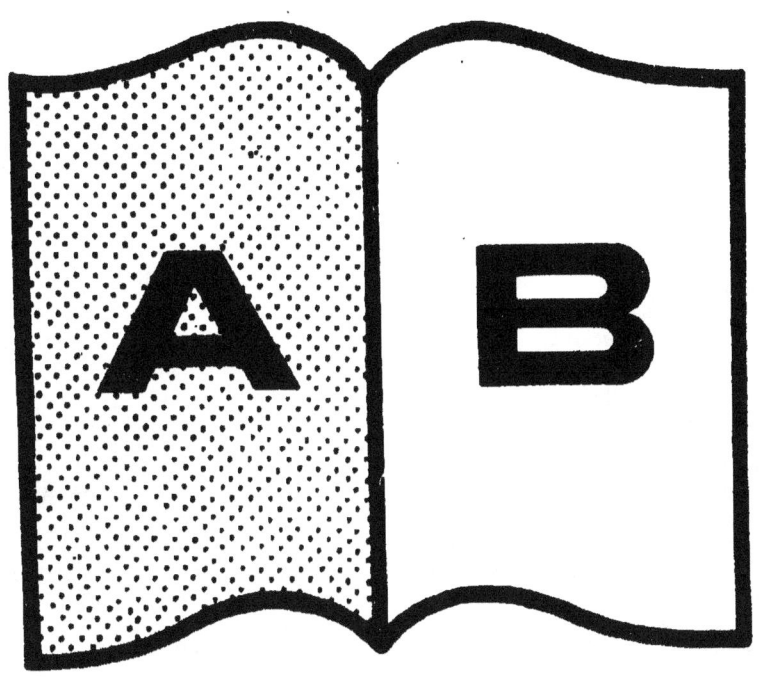

Contraste insuffisant

NF Z 43-120-14

Contraste hétérogène

Conforme à l'original

LISTE

DES SOUSCRIPTEURS AUX RUES DE TOULON.

MM.

Aiguier, (Mme).
Allaman, à Philippeville.
Amphoux, négociant à Bône.
Amphoux, à Toulon.
Andreoli, propriétaire.
Arnaud, Victor, propriétaire.
Arquienne, notaire à Solliès-Pont.
Artur, pharmacien.
Auber, Auguste, architecte.
Aube, Émile, aspirant au notariat.
Aube, François, négoc. à Marseille.
Aubin, chef de divison à la préfecture.
Auffan, Gabriel, huissier.
Barnéoud, propriétaire.
Augier de Maintenon et Gas à Bône.
Barralier, méd. en chef de la mar.
Battarel, propriétaire à la Seyne.
Battarel, docteur en médecine.
Baudry.
Bérard, comm. génér. de la marine.
Bernard, capitaine de frégate.
Bernard, Jules.
Berny, Raoul, écrivain de marine.
Bertrand, avocat.
Beuf, lieutenant de vaisseau.
Blachas, agent général de la caisse d'épargne.
Blanc, commis à la trésorerie gén.
Blond, Louis, négociant.
Boisdhuilier (de), directeur du télég.
Bonnafay.
Bouffier, docteur en médecine.
Bouisson.
Bourgarel (Ad), méd. de la marine.
Bourgarel (Ferd.), docteur en méd.
Bouvier (G), propriétaire.
Broca, François, caissier.
A. Brum, à Philippeville.
Bruniquel, ing. des ponts et chauss.
Cadière Victor, à Philippeville.
Caffaréna, avocat.
Capus, cafetier.
Carré, Théodore.
Cauvin (Charles), docteur en médec.

MM.

Mme Cauvin, née Bérard.
Cazelle.
Cayet, Ch. commis à la mairie.
Cercle de l'Union.
Cercle national.
Cercle des mécaniciens.
Cercle de la Méditerranée.
Cezanne, organiste.
Chaigneau, lieutenant de vaisseau.
Chasteuil, propriétaire.
Chevalier, teinturier.
Clapiers (marquis de), Marseille.
Coural, bibl. de la marine.
Courdouan (V.), peintre
Coutant, teneur de livres.
Croix, Charles.
Crozet (L. de), Marseille.
Cunéo, médecin prof. de la marine.
Daumas, Marius, papetier.
Daumas, commis à la mairie.
Davet, capitaine d'inf. de marine.
Décoreis, professeur de dessin.
Dedorre (Mme).
Debrès, négociant.
Denans, avoué.
Derbès, Charles, négociant.
Désandré.
Dominique (A), sous-chef à la mairie.
Dufresne, lieutenant de vaisseau.
Dulieu, capitaine d'inf. de marine.
Esclangon (Ed), commis à la mairie.
Eydoux, professeur de mathématiques
Fabrizi, aspirant au notariat.
Fauchier, Victor, propriétaire.
Fauchier, Louis, négociant.
Ferraud, commis comp. de la marine.
Ferlin, agent-voyer.
Ferrer (le colonel).
Figard, libraire.
Fioupou, sous-commissaire de marine.
Fontaine (Mme).
Forest, directeur de l'octroi.
Fournier, notaire.
Gabis, propriétaire.

Gabrié, réd. en chef du j. de Monaco.
Gantelme, mécanicien.
Garnier (Mme veuve).
Gas, Camille, licencié en droit.
Gay, Léopold, avocat.
Gensollen, fils aîné.
Gensollen, Louis.
Gérard, J.-B.-J., propriétaire.
Gérard (Léop.), à Constantine.
Gimelli, avocat.
Girard, marchand de cristaux.
Girard (E.), négociant à Constantine.
Gourrier (Mme), née Delaquis.
Grégoire, docteur en médecine.
Grué, avoué.
Gueit, docteur en médecine.
Guiaud, agent-voyer.
Guiol, pharmacien.
Imbert, lithographe.
Isnard, propriétaire.
Jordany, pharmacien.
Lalande, propriétaire.
Lambert, docteur en médecine.
Lambot-Miraval.
Laubespin (le comte de).
Laugier, à Bône.
Lieutaud, sous-comm. de marine.
Lonclas Philias, à Philippeville.
Lycée de Toulon.
Mairie de Toulon.
Malcor, propriétaire
Malespine, pharm. de la marine.
Marin, juge de paix.
Martin (le contre-amiral).
Martin (le R. P.).
Martin (l'abbé).
Marseille (bibliothèque).
Martineng (J. de), capitaine de frég.
Massillon, libraire.
Maurin, docteur en médecine.
Meiffren (Alexis), recev. cent. du p.
Meissonnier, Alexandre.
Méry, lieutenant de vaisseau.
Meyer (Adolphe), Marseille.
Minjeaud, propriétaire.
Mireur, à Draguignan.
Missiessy (comte de).
Mourraille (Ed), ingénieur civil.
Moutton, rentier.
Nègre, capitaine de frégate.
Nègre, médecin de la marine.
Nicolas, greffier en chef.
Ollivier, méd. prof. de la marine.
Ollivier, président du cercle national
Ortigue, avoué.
Pascal, greffier.
Pecqueur, libraire.

Pellicot, présid. du comice agricole.
Périer, courtier à Constantine.
Peyruc (Pons), ancien député du Var.
Picon, à Philippeville.
Piétra, clerc de notaire.
Poudra, Louis, lieuten. de vaisseau.
Poudra, Émile, lieuten. de vaisseau.
Poulle, avocat à Draguignan.
Prat (docteur) à la Seyne.
Raoulx, directeur du service hydraulique de la marine.
Raoulx de Crozet, propriétaire.
Rat, capitaine au long cours.
Ravel, maître mécanicien.
Rebufat, agent-voyer.
Rebufat-Nicolas, banquier.
Reboul, Eugène, avocat
Reboul, notaire à Solliès.
Renard, Louis, propriétaire.
Richard (le colonel).
Rigoutier, à Bône.
Rolland, avocat.
Rolland, négociant.
Roque, président du tribunal civil.
Rouvier (l'abbé), curé de St-Louis.
Rossi, sous-commissaire de marine.
Rouchas Victor, à Philippeville.
Rouchas aîné, à Philippeville.
Roumat (Gustave), à Bône.
Rouquerol, Jean, banquier.
Rougier, architecte.
Roux, Pascal, avocat.
Ruinat, Paul, commissaire-priseur.
Saurin, Charles, propriétaire.
Selle (Albert de), propriétaire.
Sénéquier, clerc de notaire.
Sénéquier (l'abbé).
Sénès, agent administ. de la marine.
Sénès, chef de bureau à la mairie.
Sourd, Joseph, négociant.
Suchet (Mme).
Tassy, tailleur.
Teissier Henri, banquier à Philippeville.
Teissier Alfred, nég. à Philippeville.
Teisseire Lucien, nég. à Philippeville.
Teisseire (Mme).
Thanaron (Charles), cap. de frégate.
Tortel (l'abbé), curé de Saint-Pierre.
Toucas (J. B).
Toye, prés. du tribunal de commerce
Trotobas, Hippolyte, à Cuers.
Turrel (le docteur).
Valeri (Olivary).
Vidau, tailleur.
Vincent, propriétaire.

MM.

AUBERT (Théog.).
AURENGE, à Peyruis.
AYCARD, avoué.
BARÉLA.
BARRIES, Jean.
BARNOUIN, sous-commiss. de marine.
BARTHÉLEMY, au Pont du Las.
BAUME, professeur de musique.
BEAUSSIER (comte de), à Paris
BEAUSSIER (vicomte de) à Compiègne.
BECH, négociant.
BÉRAUDIÈRE (comte de la), à Paris
BERTULUS (docteur), à Marseille.
BERTUZZI, président du trib. de com.
BLACHE (Noël), ancien maire.
BILLON, conseiller à la cour d'appel de Bordeaux.
BOISSELIN, négociant.
BOISGELIN (marquis de), à Aix.
BOURGAREL (Adrien).
BOURGAREL (Ferd.) ancien maire.
BOUTTINY (de), à Hyères.
BOY, libraire à Marseille.
BOYER DE CHOISY, fils.
BROCHIER.
CAMOIN, libraire à Marseille.
CAYOL, commis comptable.
CERCLE agricole, à Paris.
CHAMBEIRON.
CHARGÉ (le docteur).
CHARRIER.
CHAULNES (duc de), à Hyères.
CLAIR, lithographe.
CLAVAUD (V. amiral).
DANDO, officier super. en retraite.
DEMANDOLX (marquis de).
DISDIER (l'abbé), vicaire à Draguignan
DUBUY.
DUPORT.
DUROC, capitaine de vaisseau.
DUVAL, lieutenant de vaisseau.
ESTIENNE (d), lieutenant de vaisseau.
EYDOUX, sous-commissaire de marine.
FOILLOGT, professeur.
GANDFERNAU, lieut. de v. en retraite.
GASQUET, sous-com. de mar. en ret.
GENSOLLEN, Marius.
GIBERT, Bernard.

MM.

GUIEN, capitaine de frégate.
GUIRAUDENC, chef d'institution.
JACQUES, fils.
JAQUINET, commis de marine.
JAUFFRET, au Beausset.
JULIEN, fils, propriétaire.
LABORDE (Mlle).
LAUGIER, conservateur des médailles à Marseille.
LEBON, libraire à Marseille.
LESPERON, notaire.
LIAUTARD, archiprêtre de Toulon.
MADON, coiffeur.
MAKAIRE, libraire à Aix.
MATHIS, médecin de la marine.
MÈGE (le docteur).
MEILLEUR (Louis), à Marseille.
MILLE, ancien conseiller municipal.
MORTIER D'ANTRECHAUS.
NOUVEAU, commis négociant.
OLIVIER.
PEISE, employé du télégraphe.
PEISE, inspecteur des contributions indirectes du Var.
PELLERUE, écrivain de marine.
PEYRIQUE Aristide, commis de comp.
PICON.
POSSEL.
POULMARK, capitaine de frégate.
RAIBAUD.
RAYBAUD (Mme).
RAYBAUDI, huissier.
RAYMOND Alexis, propriétaire.
REBOUL, avoué.
REBOUL, substitut du procureur de la République.
REVERDIT, avocat, ancien avoué.
RICAUD, à Marseille.
ROLLAND, Victor, à Marseille.
ROSSI, Prosper.
SANDFORT (de), ingénieur de la marine
SCHLOTTERBEK.
TAMON, lieutenant de vaisseau.
TA..DEL.
TOUCAS (Mme), à la Seyne.
VÉRANY (Félix), à Marseille.
VIDAL (abbé), aumônier de la marine, en retraite à Gonfaron.

Draguignan. Imprimerie de C. et A. LATIL, boulevard de l'Esplanade 4.

LES RUES DE TOULON.

Draguignan, Imprimerie de C. et A. Latil, boulevard de l'Esplanade, 4.

LES
RUES DE TOULON

PAR

M. OCTAVE TEISSIER,

Correspondant du Ministère de l'Instruction publique pour les travaux historiques,
Président de la Société académique du Var.

TOULON,

CHEZ TOUS LES LIBRAIRES.

1872.

Draguignan, imprimerie de C. et A. Latil, Esplanade de la ville, 4.

CHRONIQUES TOULONNAISES.

HISTOIRE

DE

QUELQUES RUES

PAR

M. OCTAVE TEISSIER,

MEMBRE NON RÉSIDANT DU COMITÉ NATIONAL DES TRAVAUX HISTORIQUES
ET DES SOCIÉTÉS SAVANTES.

TOULON,

CHEZ TOUS LES LIBRAIRES.

1872.

Les institutions sociales de l'ancien régime étaient elles préférables à celles qui nous régissent aujourd'hui, nos pères valaient-ils mieux que nous ?

Chacun, selon ses traditions de famille, ou ses convictions politiques, répond affirmativement ou négativement : personne n'hésite. Cependant, rien n'est plus difficile que de juger cette cause avec une complète impartialité et, surtout, avec une parfaite connaissance des faits qui peuvent être invoqués de part et d'autre.

Si j'osais citer mon exemple, je dirais, qu'après quinze ans de recherches et d'études spéciales, qui m'ont initié aux mœurs de l'ancienne société, après avoir comparé, sans parti pris, le passé avec le présent, je suis plus incertain que jamais.

On m'a donné le conseil, et je suis prêt à le suivre, de placer sous les yeux du public le résultat de mes recherches; mais, avant de commencer cette publication, je dois un aveu à mes concitoyens. — Je me suis livré chez eux et autour d'eux à une enquête minutieuse. J'ai été, je l'avoue très curieux et très indiscret. Je suis entré dans toutes les maisons, j'ai fouillé dans tous les coins, j'ai lu tous les papiers qui me sont tombés sous la main. — J'ai ensuite interrogé les archives publiques, les dossiers des greffes, les minutes des notaires, les correspondances de tous les fonctionnaires, leurs rapports officiels et jusqu'aux lettres confidentielles, conservées, par un hasard heureux, dans les papiers de l'Intendance de Provence.

Quand j'ai eu amassé ces innombrables documents, je me suis trouvé fort embarrassé pour les mettre en lumière. Après y avoir longtemps réfléchi, il m'a semblé que le procédé le plus simple serait encore le meilleur. J'ai donc placé chacun de mes personnages dans le cadre qui devait le mieux le faire valoir, c'est-à-dire, dans la maison qu'il a occupée et où il a vécu, entouré de sa famille et de ses amis, tantôt dans des appartements somptueux, tantôt dans une modeste chambre, ou dans une arrière boutique: dans le milieu, en un mot, que lui assignait sa position sociale.

J'ai été conduit ainsi à écrire la monographie de ces maisons, en même temps que la biographie des personnes qui les ont habitées, et en écrivant l'histoire des habitants de Toulon, j'ai dû faire connaître leurs mœurs, leurs coutumes et les institutions qui les régissaient.

Voilà bien, si je ne me trompe, une enquête suffisante pour permettre au lecteur de juger lui-même, par la comparaison, si les anciens Toulonnais valaient mieux que nos contemporains.

L'enquêteur n'a rien négligé pour être exactement renseigné, et il a donné tous ses soins à la rédaction des notes qu'il publie; mais, comme la bonne volonté ne suffit pas pour parfaire une œuvre, quelque modeste qu'elle soit, ce n'est pas sans émotion qu'il sollicite l'indulgence des personnes qui voudront bien lire:

LES RUES DE TOULON.

INTRODUCTION.

La ville de Toulon n'a pas toujours été cette grande et populeuse cité que nous connaissons ; elle n'a pas toujours possédé cet immense arsenal, sans égal dans le monde, où nous avons vu construire, en vingt années, plus de deux cents vaisseaux de toutes grandeurs [1].

Toulon n'était, au moyen âge, qu'un très petit centre de population. Son enceinte fortifiée tenait toute entière dans la partie comprise, aujourd'hui, entre la rue Bourbon, la rue Lafayette, la place au Foin, la rue de la Miséricorde et la rue des Chaudronniers [2].

Autour de cette enceinte se groupaient huit bourgs (*borcs*) ou faubourgs, séparés de la ville par un fossé profond :

1° Le *borc del Portalet*, (aujourd'hui place Saint-Pierre et rues y aboutissant);

2° Le *borc dels Prédicados*, (rue Saint-Sébastien et toutes les traverses montant vers la rue Royale);

---

[1] Il a été construit, de 1835 à 1856, 37 vaisseaux, 62 frégates, 21 corvettes et 140 avisos, batteries bricks etc., ce qui donne un total de 260 navires de guerre. (*Situation économique de la France* Paris. Guillaumin. 1857.)

[2] Aujourd'hui rue d'*Alger*. J'ai dû conserver aux diverses rues, mentionnées dans cet ouvrage, les noms qu'elles ont portés pendant plusieurs siècles, afin d'éviter certaines confusions et de rendre plus facile la lecture du plan cadastral de 1442, que j'ai publié à la suite de l *Histoire de Toulon au moyen âge*.

3° Le *borc d'Amont*, (place au Foin et rue du Pradet);

4° Le *borc de Dona Borgna*, dont on a fait *Donebourg*, (de la place du Théâtre à la rue Fougassière);

5° Le *borc de la Lauza*, (entre les rues Fougassière et de Lirette);

6° Le *borc de Sancta Catharina*, (de la rue de Lirette à la rue Champ-de-Mars);

7° Le *borc de Sanct Lazer*, (rues Champ-de-Mars et de Sainte-Croix et place d'Italie);

8° Le *borc de Sanct Michael*, appelé plus tard de *Saint Jean*, (de la place d'Italie à la place Saint-Jean).

En 1589, les Toulonnais obtinrent du roi Henri IV, l'autorisation d'abattre les anciens remparts de leur ville, et d'englober ces huit faubourgs dans l'enceinte agrandie.

Les nouvelles fortifications, commencées immédiatement, et achevées en 1595, avaient leur point de départ à l'extrémité du quartier de Saint-Jean, suivaient l'alignement actuel du Boulevard de Strasbourg, contournaient à la fonderie, et, traversant la place de l'Intendance et le Champ-de-Bataille se prolongeaient jusqu'à la mer.

La construction des premiers établissements de l'arsenal remonte à la même époque. Confiés à un habile ingénieur, nommé Jean Bonnefons, les travaux étaient très avancés en 1610, quand la mort de Henri IV les fit suspendre. Repris en 1628, ils furent poussés très activement, et bientôt le port de Toulon, devenu le plus sûr et le plus vaste du royaume, vit successivement accroître ses forces navales. En 1643, on y comptait plus de 20 vaisseaux, et, en 1646, on y réunit une escadre composée de 24 vaisseaux, 12 brûlots, 20 galères et 70 tartanes.

Vauban, qui vint à Toulon, pour la première fois, en 1669, fut frappé des immenses avantages que présentait notre port au point de vue militaire. Dix ans après, il soumettait à Louis XIV un très beau projet pour l'agrandissement de l'arsenal. Ses plans, adoptés mais amoindris, furent exécutés sans retard.

On commença par démolir les remparts qui entouraient la ville à l'Ouest, depuis la fonderie jusqu'au vieil arsenal, et on les reporta plus loin, de manière à renfermer dans leur enceinte l'arsenal nouveau.

Les terrains achetés par la marine, moyennant 105,678 livres, n'ayant pu être tous employés, par suite des réductions apportées dans le projet primitif, on en revendit trois hectares environ à divers particuliers.

La ville eut ainsi sa part dans l'agrandissement maritime de 1680. Elle y gagna une place et quatre rues : la place d'Armes, les rues Saint-Roch, du Trésor, de la Comédie et le prolongement de la rue Royale.

Les fortifications élevées autour de la nouvelle enceinte n'étaient pas achevées que, déjà, on regrettait de n'avoir pas donné plus d'extension à cet agrandissement. Cependant Vauban s'en était expliqué dès le principe; il avait déclaré que le cours ordinaire des événements, l'accroissement de la population, rendu inévitable par les grands travaux maritimes qui se préparaient, et les avantages indestructibles de la position de Toulon, laisseraient bientôt à l'étroit l'arsenal et la ville. Mais il avait rencontré, ici et à Paris, cette opposition que les grandes idées provoquent toujours chez certains esprits timides. Ses plans avaient été modifiés, le périmètre de l'arsenal réduit de moitié, et alors qu'il n'était plus temps, chacun proclamait l'insuffisance de l'agrandissement. Il fut décidé, sur les propositions de Vauban, que la ville serait prolongée à l'Est, comme elle venait de l'être à l'Ouest.

L'économie du nouveau projet se résumait ainsi : le quartier du Mourillon était relié à la ville par un magnifique quai ; on creusait, près de la vieille darse, un port marchand de 15 hectares, et on reculait les remparts jusqu'au fort Lamalgue.

Les plans et devis présentés par M. Niquet, directeur des fortifications, ayant été approuvés, on procéda, le 14 décembre 1711, à l'estimation des terrains à acquérir ; mais on reconnut que la dépense était trop forte et ce projet fut abandonné. Du reste les dernières guerres avaient ruiné les finances de l'Etat, et il était impossible de trouver en ce moment de l'argent, même pour les dépenses les plus urgentes.

D'autres projets furent successivement présentés et adoptés en principe, mais toujours la question financière s'opposa à leur exécution.

Pendant tout le dernier siècle et la première moitié de celui-ci, nos édiles renouvelèrent leurs démarches sans obtenir aucun résultat ; et, sans doute, nous serions encore aujourd'hui enfermés dans les étroites limites des anciennes fortifications, si le prince Louis Napoléon, président de la République, n'eut désiré, en venant dans notre ville, en 1852, acquérir les sympathies des Toulonnais et se ménager un accueil enthousiaste.

En effet, le lendemain de son arrivée à Toulon, un avis, placardé sur tous les murs de la ville, annonçait que l'agrandissement, depuis si longtemps demandé, venait d'être décrété par le Président de la République (28 septembre 1852).

Cet agrandissement promptement réalisé, doubla la contenance superficielle de la ville. — Les terrains compris entre l'ancienne et la nouvelle enceinte furent ainsi répartis :

Etablissements militaires.............	95,202m
Gare du chemin de fer................	52,080
Jardin et hospice......................	29,819
Etablissements civils..................	21,096
Voie publique.........................	126,379
Maisons particulières.................	125,374
	449,950m

L'ensemble de la ville actuelle se développe sur une étendue de 76 hectares, et les établissements maritimes n'en occupent pas moins de 120, soit un total de 198 hectares.

Or, il y a quatre siècles, en 1442, l'enceinte de Toulon ne renfermait que 6 hectares !

Ce développement prodigieux, qui a transformé un petit bourg de pêcheurs en une très-grande ville, est vraiment remarquable; il fait honneur à l'intelligence d'une population, qui a su profiter d'une magnifique situation maritime, pour appeler à elle une des principales forces militaires de la France.

Et, maintenant, que le lecteur connaît l'œuvre accomplie, il sera, je n'en doute pas, très désireux de connaître les Toulonnais des siècles passés qui y ont coopéré, et de recueillir quelques détails biographiques sur les habitants actuels des Rues de Toulon

RUE D'ALBERT.

(De la place Saint Jean à la rue des Minimes).

Tout le vieux quartier, dit de *Besagne*, qu'un esprit fin et observateur nous a si bien fait connaitre [1], et qui s'étend depuis la place Saint Jean jusqu'à la place d'Italie, ne formait, dans les temps anciens, qu'un vaste faubourg.

En 1589, lorsque le duc de Lavalette, agissant au nom du roi Henri IV, permit enfin aux Toulonnais de reculer leurs remparts, ce faubourg fut réuni à la ville. On y traça huit rues, du nord au midi [2] et six traverses, de l'ouest à l'est [3].

Ces diverses rues s'appelaient : 1re, 2e, 3e, 4e rue du bourg de Saint Jean [4]. Ce ne fut qu'en 1728, à l'occa-

---

[1] La Sinse (M. C. Sénès), dans son *Théâtre de Besagne*.

[2] Actuellement, le cours *Lafayette*. et les rues *d'Albert*, *de la Pomme de Pin*, *du Murier*, *des Trois Oliviers*, *de Gars*, *de Saint Cyprien* et *du Pecheiret*.

[3] Les traverses *du Champ de Mars*, *de Sainte-Croix*, *des Minimes*, *de Laminois*, *de Merle* et *de Bourbon*.

[4] On donnait également à ce bourg le nom de *Saint-Michel*, mais il était plus connu sous celui de *Saint-Jean*. Cette double dénomination provenait de deux chapelles, très anciennes, situées aux deux extrémités du quartier sur lequel le bourg avait été établi.

sion de l'établissement d'un nouveau cadastre, que l'on commença à leur donner, dans les actes officiels, les noms spéciaux, sous lesquels le public avait pris l'habitude de les désigner.

C'est ainsi, que la *2ᵉ rue du bourg de Saint Jean*, aboutissant à la rue des Minimes, où se trouvait la boutique très connue de Mᶜ Albert, apothicaire, reçut le nom de rue *d'Albert* [1].

Cet apothicaire était un des hommes les mieux posés de son quartier. Il s'était fait octroyer des armoiries, par application de l'article 15 de l'édit du mois de novembre 1696 [2], et Charles d'Hozier, chargé de composer son blason, l'avait gratifié d'un superbe lion sur champ d'azur [3]. Il est assez difficile d'expliquer la

---

[1] La maison de M. Louis Albert appartient aujourd'hui à M. Alexis Mège; elle porte le n° 6 de la rue des Minimes et fait face, en effet, à la rue d'Albert. — Ce qui prouve que cette maison a donné le nom de son propriétaire à la rue qui y aboutissait, c'est que, dans le cadastre de 1728, on a soin d'indiquer qu'elle est vis-à-vis la rue d'Albert(Reg.CC. art.27 fol. .84)

[2] « Pour ne pas priver de cette marque d'honneur les personnes de lettres et autres qui, par la noblesse de leur profession et de leur art, ou par leur mérite personnel, tiennent un rang d'honneur et de distinction dans nos états, et dans leurs corps, compagnies ou communautés, voulons que les officiers de la grande maîtrise leur en puisse accorder, lorsqu'ils en demanderont, eu égard à leur état, qualités et professions. » (Art. 15 de l'édit de novembre 1696.)

[3] J'ai, dans ma bibliothèque, la copie authentique de ce blason, qui fut enregistré dans l'armorial général de France, moyennant la somme de 40 livres. Si on calculait le nombre de bourgeois et de boutiquiers qui durent profiter de la concession royale du mois de novembre 1696, on trouverait un magnifique total.

présence d'un lion dans les armes d'un paisible distributeur de guimauve et d'émollients. Mais comme Louis XIV avait exprimé l'intention, en publiant cet édit, « de récompenser la vertu partout où elle se trouvait »,[1] Charles d'Hozier n'avait pas hésité, sur la demande de M⁰ Albert, à introduire la plus belle pièce de l'armorial dans le blason de cet estimable boutiquier, qui, sans nul doute, était un homme vertueux.

En 1793, la municipalité révolutionnaire supprima, d'un trait de plume, tous les anciens noms de nos rues, pour leur substituer des noms de circonstance. Par un hasard singulier, la rue d'Albert, qui avait été le théâtre des exploits de l'apothicaire du XVII⁰ siècle, fut appelée la *Sans-Culotide*, c'est-à-dire la rue des Sans Culottes[2].

Un arrêté du 4 vendémiaire an VII, tout en confirmant cette mesure, y apporta, cependant, quelques modifications. Ainsi la *Sans-Culotide* devint la rue *des Spartiates*[3]. C'était la même pensée, rendue d'une manière plus convenable ; car, chacun sait que les en-

---

[1] « On découvre dans tout cet édit, écrivait Cadot en 1697, que la vue de Sa Majesté est de récompenser la vertu partout où elle se trouve, et que, suivant la pensée du poète (Horace), la vertu, sous un prince généreux, ne souffre point de honteux refus. » *(Notes curieuses sur l'Edit concernant la police des armoiries.)*

[2] *Histoire de Toulon depuis 1789 jusqu'au Consulat*, par M. Henry, tome II, page 310.

[3] La prononciation du mot *Spartiate* étant assez difficile, le peuple n'adopta jamais cette dénomination et, dans son langage grossier, confondant l'idée des sans-culottes avec la malpropreté de la rue, lui donna un nom très-significatif, mais trop réaliste pour être écrit ici, même en provençal.

-fants de Sparte ne portaient pas de culotte : « Ils jouaient tout nus, dit Plutarque, sur la place publique »[1].

Enfin, sous l'Empire, la rue d'Albert reprit son ancien nom, qu'elle porte encore aujourd'hui[2]. Du reste, rien n'est changé dans la physionomie de cette rue silencieuse, si ce n'est que la modeste boutique de M⁰ Albert, a été remplacée par le magasin très élégant d'un pharmacien de 1ʳᵉ classe[3].

Le four situé près de cette pharmacie, y existait déjà en 1698, et c'est le même où Maître Albert venait prendre «un air de feu », pendant les froides soirées d'hiver, chez son compère Jean Bressier, « maître boulanger ».

On ne voyait, dans cette rue aucune autre boutique. Alors, comme à présent, tout le côté gauche, en montant, offrait l'aspect assez triste d'une rangée de façades postérieures, sans portes d'entrée, ni magasins, les maisons de ce côté de la rue ayant leurs façades principales sur le cours Lafayette[4].

---

[1] *Plut. in Lycurg cap. 25.* L'abbé Moréri, dans son *Grand Dictionnaire historique*, cite, au sujet de la nudité des jeunes Spartiates, un mot très joli : « Si l'on se met bien dans l'esprit, dit-il, l'intégrité des mœurs de la nation. on demeurera persuadé de ce bon mot : « Les filles de Sparte n'étaient pas nues, l'honnêteté publique les couvrait. » T. IV. p. 471.

[2] Arrêté de l'administration municipale du 4 prairial an XIII, « L'an premier du règne de Napoléon. »

[3] La pharmacie universelle de M. Fortoul est, en effet, située à l'angle des rues d'Albert et des Minimes.

[4] Ces maisons n'ont, dans la rue d'Albert, que des portes de dégagement ou des écuries, où les maraîchers remisent leurs mulets et leurs ânes, pendant la durée du marché, qui se tient sur le cours Lafayette et la place St-Jean.

Maintenant, si le lecteur veut nous suivre, nous pénétrerons dans les maisons qui ont leur entrée sur la rue d'Albert, et nous rendrons visite à leurs possesseurs du XVIIe siècle. Mais nous devons nous attendre à une très modeste réception ; car, à l'exception de M. de Burgues de Missiessy, qui occupe le n° 16 bis, tous les autres propriétaires sont des cultivateurs ou des ouvriers laborieux, qui ont su économiser, sur le montant de leurs journées, une somme de 5 à 600 livres, suffisante, à cette époque, pour acheter une maison dans ces quartiers peu commerçants.

Un recensement effectué en 1698, nous apprend, en effet, que la maison n° 2 appartenait à Charles Panon, ménager ; les n°[s] 4 et 6, à Jean Bressier ; le n° 8, à Honnoré Gueit, aide canonnier ; le n° 10 aux frères Gueit, ouvriers menuisiers ; le n° 12 à un nommé Jean Romani ; le n° 14 à François Lieutaud, cultivateur, et le n° 16, à Jacques Chabert, charpentier. — Le n° 18 était possédé, depuis 1632, par une famille de cultivateurs, « de bêcheurs », selon l'expression employée par le rédacteur du cadastre : les Ardouvins, qui l'occupaient encore en 1728.

Faisant contraste avec ces humbles propriétaires, nous voyons, dans la grande maison n° 16 bis, ayant façade sur trois rues, une succession de familles nobles et riches : les de Laminois, les Burgues de Missiessy, les Martiny d'Orvès.

Marie de Laminois, fille d'un receveur des fermes royales, qui possédait cette maison et l'habitait avec sa famille, avait épousé, en 1688, Pierre de Burgues, sieur de Missiessy, lieutenant de vaisseau.

Les Burgues, originaires de Montpellier, étaient citoyens de Toulon, depuis près d'un siècle; ils y avaient acquis une grande fortune. Antoine Burgues, père du lieutenant de vaisseau, était propriétaire d'une douzaine de maisons et d'une très belle terre, située au quartier de Missiessy, où il avait eu l'honneur de recevoir, en 1660, le roi Louis XIV. Peu d'années après, en 1669, cette même terre était érigée en fief héréditaire par le Souverain, et les Burgues, qui, d'ailleurs, d'après d'Artefeuil, appartenaient à une noble et ancienne famille de Languedoc, prenaient le titre de seigneurs de Missiessy [1].

Après trente ans de mariage, Mme de Burgues eut la douleur de perdre son mari. — Isolée dans sa grande maison de la rue d'Albert, n'ayant pas d'enfants, elle ne put supporter les ennuis du veuvage et songea bien vite à convoler à d'autres noces. Elle épousa, le 3 juin 1722, à l'âge de 53 ans, Messire Joseph de Mons, seigneur de la Caussade, chef d'escadre des armées navales, âgé lui-même de 68 ans [2].

Ces respectables époux passèrent leur lune de miel

---

[1] D'ARTEFEUIL. *Dictionnaire héroïque de la noblesse de Provence.* Tome III, page 99.

[2] Il était fils de feu Messire Pierre de Mons, conseiller au Parlement de Guyenne, et de demoiselle Marie de Thibaud. Il était né à Bordeaux, mais il habitait la ville de Toulon depuis 20 ans (Acte de mariage, paroisse Sainte-Marie, fol. 71.)

dans une propriété de la famille de Laminois, située sur le territoire de La Garde. L'évêque de Toulon les avait même autorisés à faire célébrer leur mariage dans la chapelle de cette bastide, que M. de Laminois affectionnait et qu'il avait fait peindre à grands frais par un artiste de Paris, le sieur Jean Jacques [1].

M. de Mons fut chargé, en 1727, d'une mission importante. Il devait se rendre à Tunis, à la tête d'une forte escadre, et obliger le Bey à faire cesser les actes de piraterie auxquels se livraient ses sujets [2]. Il partit, en effet, de Toulon, le 15 mai, avec trois vaisseaux et deux frégates. Mais cette expédition ne fut pas heureuse; le vieil amiral (il avait 72 ans), se laissa surprendre par le Bey de Tunis. Pendant les pourparlers et au moment où M. de Mons croyait avoir obtenu toutes les satisfactions qu'il était venu demander, le Bey fit arrêter plusieurs canots de son escadre, ainsi que les officiers et les matelots qui étaient descendus

---

[1] Testament du sieur Jean Jacques, maître peintre de Paris, du 27 janvier 1655. (Minutes de M⁰ Renoux, chez M. Aube, notaire, fol. 20). Cette grande propriété fut vendue, le 24 août 1741, par M. Martiny d'Orvès, héritier de Madame Marie de Laminois, à M. Joseph Lavoute, bourgeois de Toulon. « Maison de campagne située dans le terroir de la Garde, au quartier des Grenouilles, avec vignes, terres semables, oliviers, jardin clos de murailles, deux réservoirs et fontaines, y ayant une chapelle joignant le jardin; moyennant 18,500 liv. » (Minutes de M⁰ Mourchou, not. chez M⁰ Thouron, fol. 8)

[2] Ces corsaires inspiraient une telle crainte, qu'au lieu de 80 bâtiments étrangers qui étaient venus à Toulon, en 1725, pour la foire du 15 novembre, on n'en comptait qu'une vingtaine, en 1726.

à terre avec trop de confiance. — Pour obtenir leur liberté, il fallut restituer au Bey, sans autre condition, un corsaire de 33 canons, capturé par un vaisseau de l'escadre.

C'était une affaire manquée. On dut envoyer une seconde escadre, pour contraindre le Bey à accorder des réparations et à signer un traité par lequel il s'engageait à sévir contre les pirates. Un traité fut signé. — L'imprimeur Mallard, qui avait pu se procurer une copie de ce traité, se crut autorisé à le publier. Le Ministre, informé de cette indiscrétion, menaça Mallard de poursuites, qui pouvaient le conduire au carcan et aux galères, punition infligée à ceux qui imprimaient quelque chose sans la permission du roi [1]. Les consuls de Toulon intervinrent et obtinrent sa grâce; mais tous les exemplaires du traité furent saisis et brûlés.

M. de Mons, qui avait renoncé au service actif depuis sa malheureuse campagne de Tunis, vivait un peu éloigné du monde, dans sa maison de la rue d'Albert, où il s'éteignit le 3 octobre 1731, à l'âge de 78 ans. Sa femme lui survécut une dizaine d'années; elle mourut le 23 juin 1741, laissant tous ses biens à M. Louis de Martiny d'Orvès, capitaine de vaisseau.

M. Martiny d'Orvès était, en 1744, quand il fut élevé au grade de chef d'escadre, un beau vieillard

---

[1] Laux. Guerres maritimes de la France. Tome 1er, page 223.

de 70 ans, très vert, et capable de rendre des services.— Nommé l'année suivante commandant de la marine à Toulon, il administra ce port, pendant six ans, de manière à mériter les éloges du Ministre et à s'attirer les sympathies générales. Aussi, quand il mourut, en 1751, emporta-t-il les regrets de tous les fonctionnaires placés sous ses ordres [1].

Ces regrets unanimes étaient d'autant plus honorables, que, pendant son passage au pouvoir, le commandant de la marine avait dû supprimer divers abus très anciens; notamment, celui qui consistait à accorder, aux officiers, des esclaves turcs pour les servir en ville. Ces officiers s'engageaient, il est vrai, à payer une somme de 600 livres, dans le cas où les esclaves qui leur étaient confiés s'évaderaient; mais les évasions étaient très fréquentes, et, par condescendance, on n'exigeait pas le paiement de cette somme.

La municipalité, qui n'avait eu qu'à se louer de ses relations avec le commandant de la marine, fit transcrire la note suivante sur le registre des *Époques historiques*:

« Le 21 décembre de l'année 1751, mourut en cette ville M. Martiny d'Orvès, lieutenant général des armées navales de S. M. et commandant de la marine en ce port; il était notre citoyen et fils de M. Vincent Martiny, sieur d'Orvès, qui avait été premier consul

---

[1] BRUN. *Histoire des guerres maritimes.*

de notre communauté en 1683, 1694, 1700 et 1711, et viguier en 1695, 1696 et 1697; la ville a perdu en lui un véritable ami. Nos successeurs pourront juger de son mérite par la lettre ci-après écrite par M. Rouillé, ministre de la marine, à M. Noble du Revest, major de la marine en ce port.

« Versailles, le 1er janvier 1752.

« Je partage bien sincèrement avec vous, Monsieur, et avec tous ceux qui connaissaient M. d'Orvés, la sensibilité de sa perte. Quelque préparé que je fusse à cet événement par les dernières nouvelles, je n'en ai pas été moins touché. Le Roi perd un des officiers de sa marine, le plus distingué par son amour et son zèle pour tout ce qui pouvait intéresser le bien du service, par sa fermeté à maintenir le bon ordre et la discipline et par la supériorité de ses lumières et de ses talents. Sa Majesté n'ignore pas combien les hommes de cette trempe sont rares et les bontés dont elle l'honorait pendant sa vie ont été suivies des regrets qu'elle a bien voulu donner à sa mort[1]. »

Le Ministre flattait son Souverain en disant qu'il avait su apprécier et récompenser le mérite de cet officier général; dans tous les cas, il ne s'était pas trop pressé pour lui accorder de l'avancement; car, M. Martiny d'Orvès était dans sa 70e année et comptait

---

[1] *Inventaire des archives communales*, page 426.

54 ans de service, lorsque le roi songea à l'élever au grade de chef d'escadre. Du reste, c'était l'usage à cette époque de ne confier des commandements qu'à des vieillards: M. de Piosin, cousin germain de M. Martiny d'Orvès, venait de mourir âgé de 77 ans, en rentrant d'une croisière dans l'Océan; avant lui, M. de Mons, avait fait campagne à l'âge de 72 ans, et, précédemment, en 1744, M. de Court, vice-amiral, presque nonagénaire, attaquait, avec seize vaisseaux seulement, une escadre ennemie, forte de 45 vaisseaux, et la refoulait jusque dans le port de Mahon [1]; enfin, le vice-amiral, comte de Roquefeuille, âgé de 80 ans, était mort en mer, sur son vaisseau, le 7 février de cette même année.

Louis Martiny d'Orvès n'ayant pas d'enfants, laissa la maison de la rue d'Albert à son neveu Joseph de Martiny, seigneur d'Orvès, qui l'habitait encore en 1759, avec sa femme, son fils, garde de marine et trois domestiques.— En 1770, cette maison devint la propriété de M. du Tillet, lieutenant de vaisseau, qui la conserva jusqu'en 1790. Après la Révolution, elle a été acquise par la famille de M. Raynaud, Joseph-Marie-Bonaventure, qui en est actuellement propriétaire.

---

[1] CHASSÉRIAU. *Précis historique de la Marine française.* Tome 1, page 147.

PLACE D'ARMES

L'arsenal fondé par Henri IV et achevé par Louis XIII, n'était plus en rapport, vers la fin du XVIIe siècle, avec le développement qu'avaient pris les armements maritimes. Colbert résolut de l'agrandir, et demanda à Pierre Puget de lui soumettre ses idées sur l'extension qui pourrait être donnée à cet établissement. Le célèbre sculpteur rédigea divers projets, tous plus grandioses les uns que les autres; le ministre en admira la conception hardie, mais les trouva « trop magnifiques » et ne voulut pas les faire exécuter [1].

Vauban modifia les plans de Puget, en y apportant le tempérament de l'ingénieur, et les réduisit à des proportions moindres, mais qui n'en restaient pas moins monumentales.

Ce dernier projet avait été adopté, et dejà l'administration de la marine avait acheté une grande étendue de terrain, lorsque Colbert prescrivit de réduire l'agrandissement dans les limites où nous le voyons encore aujourd'hui.

---

[1] Les plans de Puget existent encore; ils sont conservés dans les cartons du Dépôt des cartes et plans, au Ministère de la Marine.

Le nouveau périmètre tracé d'après les ordres du ministre, laissa disponible un emplacement très vaste, qui fut mis en vente le 18 janvier 1683, et qui comprenait tout le terrain à travers lequel ont été ouverts, à cette époque, le prolongement de la rue Royale, à partir de la place de l'Intendance, les rues Saint-Roch, du Trésor, de la Comédie et de l'Ordonnance; la petite rue Possel et la place d'Armes.

La place d'Armes, affectée dès l'origine à l'exercice des troupes et aux grandes revues, reçut de la population le nom de *Champ de Bataille*, qu'elle a conservé, quoique officiellement on ait toujours maintenu la première appellation.

Ancienne église du Champ de Bataille [1].

Sous l'influence des nombreux armements effectués dans le nouvel arsenal, la ville s'enrichit et vit presque doubler le chiffre de sa population, qui s'élevait en 1700, à 40,000 âmes environ [2]: Cependant il n'exis-

---

[1] Cette église, aujourd'hui démolie et remplacée par l'église Saint-Louis, bâtie un peu plus loin, occupait une notable partie du Champ de bataille.

[2] Au XVIIe siècle, les Toulonnais étaient si bon catholiques, qu'on ne calculait le chiffre de sa population que sur le nombre des communiants, augmenté, dans une proportion connue, de celui des enfants en bas âge. Il fut constaté, au moyen de ce procédé primitif, que la ville ne comptait pas moins de 40,000 habitants. (Lettres-patentes du mois de décembre 1700.)

tait encore à Toulon, à cette époque, qu'une seule église, la cathédrale, dont le personnel ne pouvait, quel que fut son zèle et son dévouement, veiller au salut de 40,000 fidèles. — L'évêque, Mgr de Chalucet, qui recevait tous les jours les doléances de ses diocésains, de ceux surtout qui habitaient les nouveaux quartiers, eut la pensée de faire construire une nouvelle paroisse. — Il sollicita, dans ce but, et obtint de la munificence royale, un terrain de 37 toises sur 16, qui, situé à l'ouest du couvent des Pères Capucins[1], est représenté, aujourd'hui, par la partie du Champ de Bataille qui fait face à l'ancienne Trésorerie générale, et s'étend jusque vers le milieu actuel de la place.

L'évêque était en possession d'un emplacement, mais il lui fallait trouver l'argent nécessaire pour construire l'édifice. D'après la législation en vigueur, le tiers de la dépense devait être supporté par le chapitre et les deux autres tiers par la commune. Le chapitre, dont les revenus allaient être réduits par suite du dédoublement de la circonscription paroissiale, s'opposa vivement au projet et s'efforça de prouver qu'il était hors d'état de faire, en ce moment, une pareille dépense. Le pieux évêque trancha la difficulté en prenant à sa charge la contribution afférente au chapitre; puis il s'adressa à la municipalité, pour

---

[1] Le couvent, l'église et les jardins des Capucins occupaient toute l'île comprise, actuellement, entre le Champ de bataille, les rues St-Sébastien, de Larmodieu et de St-Louis.

savoir s'il pouvait compter sur le contingent de la ville.

Le conseil municipal refusa les fonds demandés.— Il y eut une séance orageuse, et il n'est pas certain que l'opposition faite par la majorité eut pour seul mobile l'intérêt pécuniaire de la ville ; tout fait supposer que le conseil subissait l'influence des chanoines de la cathédrale.— Plusieurs conseillers avaient pris la parole contre la proposition de l'évêque et on allait voter, quand un ami du prélat, pensant que l'intimidation pourrait peut-être déplacer la majorité, proposa le vote nominal. Sa motion souleva les plus vives protestations. On vota au scrutin secret, et, à une grande majorité, le conseil décida qu'il n'y avait pas lieu de construire une nouvelle paroisse.

L'évêque ne se découragea pas ; il attendit patiemment le renouvellement du conseil, sachant bien que, tôt ou tard, les habitants du quartier neuf qui sollicitaient l'érection de la seconde paroisse, arriveraient au pouvoir, et que dès lors, il trouverait le concours le plus dévoué là même où il rencontrait aujourd'hui la plus vive opposition.

C'est ce qui eut lieu, en effet. Le conseil élu à la fin de 1706 se montra très favorable au projet et décida, à l'unanimité, le 29 mars suivant, que MM. les conseillers de Missiessy, Durand, Bosquet, de Montauban, de Marin et Antoine de Beaussier, s'entendraient avec Monseigneur de Chalucet et le chapitre, pour faire dresser les plans et procéder à l'adjudication des travaux.

Les choses marchaient pour le mieux, lorsque, vers le mois de juillet, le duc de Savoie, à la tête d'une armée nombreuse, commandée par le prince Eugène et appuyée par une escadre anglaise sous les ordres de l'amiral Howel, vint mettre le siége devant la ville. Il fallut tout suspendre pour ne s'occuper que de la défense de la place, à laquelle les consuls, les habitants et l'évêque concoururent avec un dévouement que l'histoire ne saurait oublier.

Après le siége, l'affaire fut reprise; mais les formalités administratives firent perdre une année entière. La première pierre de l'édifice ne fut posée qu'en 1709.

La mort de Mgr de Chalucet, arrivée en 1712, fut suivie d'un long procès entre la commune et le chapitre, qui ne voulait pas acquitter sa part contributive dans la dépense, payée jusqu'alors par l'évêque de Toulon. On parvint cependant à s'entendre et on allait de nouveau se mettre à l'œuvre, en 1720, quand survint la peste, qui fit périr la moitié des habitants. Il n'y avait plus, dès lors, aucune nécessité de construire une paroisse supplémentaire; les travaux furent indéfiniment ajournés.

Au moment de la mort de Mgr de Chalucet, l'église s'élevait à trois mètres au-dessus du sol; 40 ans après, en 1752, elle était dans le même état. Il est incontestable que, soit par défaut d'argent, soit mauvaise volonté de la part des bailleurs de fonds, soit indifférence pour un monument mal venu et peut-être aussi mal étudié que médiocrement conçu, il est incontestable, dis-je, que chacun paraissait se désintéresser de cet édifice religieux. L'intendant de la marine eut, le premier, le courage de prendre l'initiative d'une détermination qui était dans l'esprit de tous : il profita du passage à Toulon du ministre de la guerre, M. le marquis de Paulmy, pour lui demander la démolition de cette église à peine commencée, par la raison très vraie, du reste, qu'elle obstruait la place d'Armes sans utilité pour personne. M. de Paulmy laissa l'ordre à son agent, M. Doreil, commissaire des guerres, de s'entendre avec l'évêque et la commune pour faire disparaître cette construction disgracieuse. Mais M. Doreil lui fit connaître, le 17 mars 1750, que l'évêque n'était nullement disposé à démolir l'église en construction, et qu'il demandait, au contraire, des secours pour l'achever. « Ce prélat, ajoutait-il, convient cependant qu'il serait plus convenable que cette église fut placée ailleurs, et il aurait en vue une petite île, qui est vis-à-vis la maison qu'occupe M. de Villeblanche [1]; mais pour en faire usage il faudrait acheter les maisons qui forment cette île. A défaut de cet emplacement, on pourrait en prendre un autre, dépendant du couvent des Pères Capucins. On aurait là une

---

[1] Cette maison est celle de M. Caire, située à l'angle du Champ de bataille et de la rue St-Roch. L'île en face forme l'autre extrémité de la rue St-Roch, sur le Champ de bataille, là même où nous avons vu les bureaux du Télégraphe pendant plusieurs années.

église paroissiale toute prête ; mais où placer ces religieux ? voilà l'embarras [1]. »

Le couvent des Capucins dont parle ici M. Doreil occupait l'emplacement sur lequel s'élèvent, aujourd'hui, l'église Saint-Louis et la monumentale façade de maisons, qui forme bordure à l'Est du Champ de Bataille, depuis la rue Saint-Louis jusqu'à la rue du Canon.

La pensée de déloger les Capucins que nous voyons germer en 1753, ne fut mise à exécution que trente ans plus tard ; cependant, dès 1765, on fit des démarches sérieuses pour les transférer dans le couvent des Minimes ; mais, grâce à l'intervention des protecteurs de leur ordre, parmi lesquels ils comptaient M. de Paulmy lui-même [2], ce projet fut abandonné.

Il fallut revenir à l'ancien projet. La ville avait fait quelques économies, et le chapitre, tout en protestant qu'il était sans ressources, s'était vu condamner à payer le tiers de la dépense à faire pour achever l'édifice. On se mit donc à l'œuvre résolument.

Tous les obstacles paraissaient surmontés ; il semblait, à voir le zèle des magistrats municipaux, l'acti-

---

[1] Archives de la Préfecture du Var. Correspondance de M. de Latour, intendant de Provence.

[2] Ce ministre écrivait, le 14 juin 1765, à M. de Latour, intendant de Provence : « C'est en qualité de père temporel de l'ordre des capucins de France, que j'ai l'honneur de vous écrire en faveur des capucins de Toulon ; je reçois une lettre du provincial et des définiteurs par laquelle ils m'exposent le chagrin etc., etc. (Archives de l'Intendance.)

vité des maçons et le contentement des bourgeois ou officiers retraités, qui se pressaient en curieux autour des ouvriers, que le monument était sauvé et que bientôt la population assisterait en grande pompe à la bénédiction de la nouvelle paroisse, dédiée d'avance à Saint-Louis, roi de France.

Hélas! cet empressement même, cette foule, ces maçons, ces matériaux qui remplissaient le Champ de Bataille, furent la cause d'un nouvel incident qui remit en question le sort de l'édifice. La marine s'aperçut qu'il ne lui restait qu'un très-petit emplacement pour faire manœuvrer ses troupes. Elle soumit des observations pressantes au ministre qui, sans tenir compte de la dépense considérable que la communauté avait déjà faite, ordonna en 1773, de suspendre les travaux et d'examiner s'il ne serait pas possible de placer ailleurs la paroisse qui s'achevait en ce moment.

L'intendant de la marine, M. de Guendreville, frère du ministre [1], avait profité, pour soulever cette question, d'une discussion survenue entre la municipalité et son entrepreneur, au sujet de quelques piliers mal construits, qui compromettaient la solidité de l'édifice. Il proposait de démolir entièrement l'église et de la reconstruire sur l'emplacement du couvent des capucins, auxquels il offrait l'ancien couvent des Pères

[1] M. de Boynes.

de la Mercy, récemment acheté par son administra--tion [1].

Mais les Pères Capucins qui avaient déjà refusé d'échanger leur couvent contre celui des Minimes, beaucoup plus vaste que l'établissement des Pères de la Mercy, ne voulurent pas entendre parler de cette combinaison [2].

Pendant ce temps M. de Guendreville fut remplacé, et l'administration municipale insistant, de son côté, pour achever la construction de l'église, le ministre de la marine autorisa, le 13 juin 1775, la reprise des travaux.

Les consuls, qui avaient transigé avec les entrepreneurs, au sujet des vices de construction, les invitèrent à se remettre à l'œuvre et les poussèrent si vivement, qu'en moins d'un an ils avaient refait les piliers, démoli les parties compromises et relevé l'édifice jusqu'à la toiture. — Encore quelques mois et les magistrats municipaux avaient le bonheur d'en finir avec cette interminable construction, qui épuisait les ressources de la communauté. Mais il était écrit que ce

---

[1] En vertu d'un arrêt du Conseil d'État, du 17 juillet 1773

[2] « M. de Boynes, (ministre de la marine), qui s'était prêté aux sollicitations de M. de Guendreville, son frère, intendant de la marine à Toulon, négociait avec les capucins, dont le couvent est presque contigu à la nouvelle paroisse, pour les engager à céder leur établissement, et à passer dans la maison des pères de la Mercy. Les capucins députèrent à Paris et y trouvèrent de l'appui. » (Rapport des Consuls de Toulon à M. De Latour, intendant de Provence.)

malheureux monument ne s'achèverait pas sur la place du Champ de Bataille. Un nouvel ordre de sursis vint rejeter les administrateurs municipaux dans tous les tracas dont ils se croyaient débarrassés pour toujours. Par une lettre du 5 mai 1776, M. de Malesherbes, ministre d'Etat, leur écrivit « que l'intention du Roi était que la communauté de Toulon renonçat à l'emplacement du Champ de Bataille et qu'on en choisit tout autre pour la construction de la paroisse. »

Le coup était terrible; il fut reçu cependant avec une certaine résignation, parce que le ministre fit dire aux consuls qu'on tiendrait compte à la commune de Toulon des 145,000 livres qu'elle avait déjà dépensées, et qu'on lui donnerait un emplacement plus vaste, plus convenable, mieux situé.

Les consuls trouvaient dans la restitution des fonds dépensés une compensation à leurs sacrifices. Mais les Pères Capucins se crurent avec raison plus menacés que jamais. On ne tarda pas, en effet, à leur proposer de céder leur établissement pour l'édification de la nouvelle église. On leur offrait, il est vrai, le couvent des Carmes, situé dans la rue Royale; mais ce couvent assez grand et qui devait être approprié à leur convenance, était loin de présenter pour eux les mêmes commodités et les mêmes avantages que leur ancienne maison.

La lutte s'engagea dès ce moment, entre les consuls et les capucins : les premiers soutenus par l'évêque, les derniers par une certaine partie de la population.

« Dès que le plan fut connu, disaient les consuls, les moines se sont mis en rumeur et ont mis en mouvement toute la gent dévote. — Quelles semences de division n'ont-ils pas voulu jeter dans l'âme des faibles qu'ils dirigent, quels propos de mécontentement n'ont-ils pas répandus de tous les côtés ?[1] »

Les capucins ripostaient vivement ; ils lançaient mémoires sur mémoires, protestations sur protestations et jetaient à tous les échos ce cri de désespoir qui ne manquait pas d'éloquence. « Ce serait une cause étrange, disaient-ils, s'il fallait que les communautés religieuses abandonnassent leurs monastères, et tous leurs établissements pour enrichir les corps de ville ; que deviendrait le clergé régulier ? »

Ils ne se bornaient pas à des mémoires ; ils envoyaient des députés au roi, et on vit le moment où ils obtiendraient de nouveau gain de cause. « Ils conservent toujours le même caractère d'audace, — lisons-nous dans un rapport des consuls —; pour en prendre une idée il suffit d'observer les derniers efforts qu'ils font aux pieds de Sa Majesté ; ils ont osé dire que les administrateurs de Toulon devaient être punis. Ils paraissent même par une confiance outrageante, être certains de cet événement. »

Mais, de leur côté, les consuls ne restaient pas inactifs. Ils agissaient et faisaient agir vigoureusement

---

[1] Archives. Série D D, art. 106.

pour eux. Au besoin ils employaient les grands moyens. J'ai découvert, au milieu d'une volumineuse correspondance, la trace d'un rouleau de 125 Louis d'or (3,000 livres), qui joua un rôle important dans cette affaire. Je puis même dire comment il s'achemina de Toulon à Paris et comment il fit voir clair à un premier commis qui, jusque là, avait trouvé la question fort obscure. — Cet épisode, qui ne manque pas d'un certain intérêt historique, peut nous donner une indication précieuse sur les mœurs administratives du XVIIe siècle.

Nous avons vu qu'il avait été décidé en principe, que l'église serait bâtie sur l'emplacement du couvent des Capucins; mais, soit que l'on eut égard aux protestations de ces religieux, soit que le ministre compétent fut trop occupé, l'arrêt définitif n'avait pas encore été rendu, le 3 janvier 1780, quand les consuls de Toulon reçurent de leur agent de Paris, M. de la Sablonnière, secrétaire de M. de Maurepas [1], la lettre suivante :

« J'ai eu une assez longue conversation avec M. Amelot [2], sur votre église. Je lui ait dit que toute l'a-

---

[1] Avant la Révolution les communes importantes avaient à Paris des agents chargés de suivre certaines affaires et de solliciter dans les ministères les décisions en retard. La ville de Toulon, qui les rétribuait largement, avait été assez heureuse pour faire accepter cette position au secrétaire du premier ministre.

[2] M. Amelot, ministre de la maison du roi, dans les attributions duquel étaient placées les affaires relatives aux établissements religieux.

mitié qu'il voulait bien me marquer[1] et l'inclination que je lui connaissait pour les bonnes œuvres me faisaient espérer qu'il aurait la satisfaction de terminer ce que ses prédécesseurs n'avaient pu obtenir depuis 60 ans, que par là il allait faire bénir son nom dans la ville de Toulon et le rendre à perpétuité précieux aux habitants de la ville qui, de père en fils ne pourraient pas entrer dans cette église sans se ressouvenir qu'ils la tenaient de lui. Le ministre m'a marqué la plus grande envie de vous satisfaire et m'a recommandé même de tourmenter M. Silvestre (son premier commis) pour le mettre en état de rapporter votre affaire au conseil. »

M. de la Sablonnière, tout heureux, se rendit auprès du premier commis, espérant que celui-ci tiendrait compte du désir exprimé par son ministre. Mais M. Silvestre, qui avait sans doute été sollicité par les amis des capucins, ou qui n'aimait pas le travail, fut loin de se montrer empressé ; il lui dit que « c'était une affaire épineuse par toutes les difficultés qu'elle avait éprouvées et qu'elle rencontrait encore », mais que cependant il ferait en sorte de s'en occuper avant un mois.

M. de la Sablonnière terminait sa lettre en recommandant aux consuls de s'adresser directement à M.

---

[1] M. de la Sablonnière, agent de la commune de Toulon, avait été employé sous les ordres de M. Amelot, avant de devenir le secrétaire de M. de Maurepas et après la mort de ce dernier, il rentra auprès de lui.

Silvestre. « Tout homme est hommé, disait-il. je pense qu'une lettre de votre part, Messieurs, le remerciant des assurances qu'il m'a données, un peu d'encens enfin, ne pourrait que lui donner une meilleure odeur de votre affaire. »

Les consuls, très-expérimentés ou comprenant à demi mot, écrivirent, en effet, à M. Silvestre en lui parlant de leur reconnaissance, et chargèrent M. de la Sablonnière (tout l'indique), de faire entendre au premier commis de M. Amelot que la gratitude municipale n'aurait rien de platonique.

Comment s'y prit M. de la Sablonnière pour entraîner M. Silvestre et lui faire partager l'ardeur qui l'animait lui-même : c'est ce que j'ignore, mais il est certain, que le 4 août 1780, grâce à son initiative, l'arrêt fut rendu et notifié, pour exécution,[1] vers le milieu du mois de novembre. Le 23, les consuls adressèrent leurs remerciements au ministre et à son premier commis. « Nous avons également écrit à M. Silvestre, disaient-ils à leur député, il ne mérite pas moins nos remerciments, *en attendant le reste.* »

Le reste se fit un peu attendre, parce qu'il fallut réaliser des ressources [2]; mais il vint et de manière à

---

[1] Après quelques difficultés nouvelles, promptement aplanies par les protecteurs de la commune.

[2] M De Latour, intendant de Provence, qui devait autoriser toutes les dépenses, approuva celle-ci, tout en déclarant qu'il ne pouvait l'autoriser spécialement. « Je sens, Messieurs, répondait-il aux consuls, le 4 février 1781, l'utilité dont peuvent vous être à Paris les personnes que vous employez pour

ne point déplaire au premier commis de M. Amelot, quoiqu'il fit quelques façons pour l'accepter.

En effet, M. de la Sablonnière, écrivant le 14 février disait : « J'ai reçu les deux lettres de change que vous m'avez envoyées, l'une de 3,000 liv.; l'autre de 2,000 ; je ferai de la première l'usage que vous me prescrivez et je vous rendrai bon compte de la seconde. Je suis charmé que vous ayez exécuté la détermination où vous m'aviez annoncé être relativement à cette première somme, et je pense qu'elle ne peut pas mieux être employée et plus à propos. » Et dans un P. S. volant, qui fort heureusement ne s'est pas égaré, il donne l'emploi de ces 3,000 livres : « J'ai cru à titre de confiance, disait-il, et de confraternité, sur l'assurance du secret et sur le prétexte d'appréhender de faire un présent qui ne flattât pas la personne dont vous me parlez [1], pouvoir lui présenter 125 louis, en la priant de

---

les offices de votre communauté. Il est assurément très-juste de les récompenser de leurs soins, mais ce sont des arrangements qui doivent se passer dans l'intérieur de votre administration, et que je ne saurais autoriser spécialement. » (Lettre autographe. Archives comm. Série B B, art. 140)

Les Consuls s'en tirèrent en employant les premiers fonds obtenus par la vente des terrains disponibles du jardin des capucins, et les malheureux religieux fournirent les fonds pour payer le zèle du premier commis.

[1] Les consuls lui avaient écrit le 4 février :

« Nous vous avons marqué dans le temps, Monsieur, que nous nous proposions de faire présenter quelque chose d'honnête à M. Silvestre, en reconnaissance des peines et soins que lui a donnés l'affaire de notre seconde paroisse. Nous pensons que nous ne devons pas différer davantage de nous acquitter envers lui. Comme nous ne pouvons pas prévoir d'ici ce qui peut

les employer elle-même à l'emplète de choses qui lui conviendraient le mieux, et, à cet effet, je les ai mis sur son bureau en voulant m'enfuir, mais elle m'a arrêté et forcé de les reprendre, en disant qu'elle ne voulait point de présents ; ce que j'ai été obligé de faire en lui disant qu'elle me réduisait à la nécessité de les employer moi-même à des choses qui pourront, peut-être, ne pas la flatter. Mon projet est de lui donner 300 bouteilles de vin de champagne de la Maréchale d'Estrées, qui le vend, au Roy et à Monsieur, quatre livres la bouteille, une belle pendule d'un goût tout nouveau qu'on achève actuellement et d'employer le surplus en livres, et, à cet effet, j'ai chargé quelqu'un d'examiner, dans sa bibliothèque, les bons livres qui lui manquent [1]. »

Et voilà comment, quelques bouteilles de vin de champagne de la Maréchale d'Estrées firent glisser, des mains des capucins dans celles des consuls, un des plus beaux emplacements de la ville, et comment disparut, tout d'un coup, du Champ de Bataille, l'église que l'on y édifiait depuis 60 ans, et pour laquelle on avait déjà dépensé 145,000 livres !

---

lui être le plus agréable, nous vous prions d'en faire vous même le choix et d'agir en conséquence. Nous vous autorisons à y employer jusqu'à concurrence de 3,000 livres, si vous pensez que cette somme soit suffisante pour faire un cadeau honnête et décent. » (Arch. com Registre BB art 112 fol 223.

[1] Archives comm. Série BB, art. 259. - Lettre du 14 février 1781.

Mais les Pères Capucins, qui payaient ce vin de champagne [1] et auxquels on n'avait pas songé dans cette distribution de cadeaux [2], n'étaient pas contents; il s'en fallait de beaucoup. Ils firent du bruit et se donnèrent du mouvement. Deux d'entr'eux, députés en toute hâte à Paris, furent reçus par M. Amelot, mais ce ministre leur dit qu'ils arrivaient trop tard, et que l'arrêt venait d'être envoyé à l'intendant de Provence, avec l'ordre du Roi d'en assurer la prompte exécution. Ils ne se doutaient pas les pauvres capucins que leur départ avait été signalé par les consuls à M. de la Sablonnière et que ce dernier avait eu le temps de s'entendre avec M. Silvestre [3].

---

[1] « La réponse de M. Silvestre à M. de la Sablonnière doit nous rassurer sur la suite des démarches des moines. Nous avons besoin de nous rendre favorable ce premier commis. Il convient par conséquent de lui présenter quelque chose d'honnête, s'il ne veut pas accepter de l'argent…. *D ailleurs cette dépense se paiera sur le produit du sol.* » (C'est-à-dire du produit de la vente des terrains enlevés aux capucins) Archives comm Registre BB. article 112, fol. 185. v Lettre à M Lantier, 21 novembre 1780.

[2] M. de la Sablonnière reçut lui même 1200 livres de gratification. La lettre par laquelle il en accusait réception est charmante. C'est un modèle du genre :

« J'ose dire, Messieurs, écrivait il aux consuls le 15 mars 1781, que ce présent est en pure perte pour vous, et que vous ferez bien de cesser de m'en faire parce que mon attachement pour vos intérêts est si complet, qu'aucun espoir ne peut l'augmenter, le plus grand cadeau que vous puissiez me faire c'est de me procurer l'occasion de vous en donner des preuves » En attendant il empocha les 1200 livres et en donna bonne quittance (Arch. comm., série BB, art. 259.)

[3] « J'ai été voir M Silvestre sur l'annonce que vous m'avez donnée du

Pendant que les capucins, qui s'étaient laissé gagner de vitesse par les émissaires de la commune, recevaient à Paris cette réponse décevante, leurs confrères essayaient, à Toulon, de s'opposer à l'envahissement du couvent par les consuls. Le père gardien fit une belle résistance ; il dit à l'huissier, qui se présenta pour signifier l'arrêt du conseil ordonnant la remise de leur établissement, « que ceux qui l'envoyaient prendraient plutôt la province entière que le couvent des capucins. » Et le lendemain pendant que l'évêque, M. de Lascaris, faisait rédiger une ordonnance pour autoriser les consuls à pénétrer dans le jardin du couvent par une brèche, le même gardien déclara, après une scène violente, qu'il viendrait à bout « d'opposer la ville à la ville ». Le prélat indigné de son audace, lui fit signe de se retirer et donna l'ordre de l'accompagner jusqu'à la porte de l'évêché [1].

Cependant la population ne se laissa pas émouvoir par les clameurs des capucins ; elle assista au contraire avec une sorte de satisfaction (la foule est souvent cruelle), à la démolition du mur de clôture de leur couvent. En effet, le 21 novembre, les consuls écri-

---

départ des deux capucins, et le résultat de notre conférence a été que vous ne devez pas redouter l'effet de leurs réclamations ... Le ministre m'a dit qu'il était effectivement arrivé deux capucins pour lui demander des nouvelles de l'arrêt du conseil, et qu'ils ont été fort surpris d'apprendre qu'il était parti et envoyé à M. l'Intendant. » (Lettre de M. de la Sablonnière, du 14 novembre 1780. Série BB, art. 259)

[1] Mémoire du 18 mars 1781. Arch. comm., série DD, art. 106.

vant à leur collègue, M. Lantier de Villeblanche [1], lui disaient : « Nous avons fait brèche à la muraille de leur jardin, hier à midi environ. Les habitants désiraient cette ouverture avec le plus grand empressement. ils craignaient toujours quelque accroc de la part de ces religieux. Le nombre des spectateurs était très-considérable. La satisfaction qu'inspire cet événement éclate toujours d'avantage; les capucins ne s'imaginaient pas que l'universalité fut si peu sensible à leur malheur [2]. »

Dans les derniers jours du mois de février 1781, il ne restait plus une pierre de l'ancienne église sur le Champ de Bataille, et la marine reprenait possession de l'emplacement concédé, en 1700, à Monseigneur de Chalucet [3].

La nouvelle église, bâtie sur l'emplacement du couvent des capucins, sous le vocable de Saint Louis, fera l'objet d'un chapitre à part [4].

---

[1] Il assistait, en ce moment, aux délibérations de l'assemblée générale des communautés, à Lambesc.

[2] Registre de correspondance, fol. 185. (Série BB, art. 112.)

[3] Les consuls écrivaient, le 13 février 1781, à M. Amelot : « L'édifice qui avait été construit sur une partie du Champ de Bataille de la Marine pour servir de paroisse, a été entièrement démoli et nous devons, dans la semaine, remettre à la Marine l'emplacement sur lequel il était construit (Reg., série BB, art. 112, fol. 226.)

[4] Voir Rue Saint-Louis.

Hôtel de la Marine.

Quand l'administration de la marine se vit en possession de tout le Champ de Bataille, elle eut la pensée d'en affecter une partie à la construction d'un hôtel. Mais, avant de rien entreprendre, M. le chevalier de Fabry, commandant supérieur, crut devoir demander un certificat de propriété à la municipalité. « Je me flatte, Messieurs, écrivait-il, le 14 mars 1783, aux consuls de Toulon, que vous ne me refuserez pas une déclaration constatant que la propriété de la place, appelée le Champ de Bataille, est à la marine; qu'elle faisait partie de l'arsenal, qu'elle a été formée de son terrain, construite et entretenue de ses fonds, sans que la ville et la communauté y soient entrées pour rien [1]. »

Les consuls n'hésitèrent pas à délivrer cette attestation à M. de Fabry [2]. Mais les propriétaires des maisons situées sur le Champ de Bataille, comprenant le danger qui les menaçait, commencèrent une véritable campagne contre les projets de l'autorité maritime, et quand ils virent qu'il fallait se résigner à la construction d'un hôtel, ils se firent la guerre entre eux, chacun

---

[1] Arch. comm., série EE, art. 55.

[2] Ils répondirent le même jour : « Nous vous adressons le certificat que vous nous avez fait l'honneur de nous demander. Nous souhaitons bien sincèrement qu'il remplisse vos vues, auxquelles vous nous trouverez toujours disposés à concourir autant qu'il dépendra de nous. » (Lettre du 14 mars 1783. Reg BB, art. 112.)

voulant octroyer à son voisin, ce monument importun. Les propriétaires des nouvelles maisons construites sur l'emplacement des capucins finirent par triompher : l'hôtel fut placé à l'autre extrémité de la place [1]. Il n'y avait de ce côté du Champ de Bataille que le couvent des Carmes et la maison de M. Lantier de Villeblanche. Or ce dernier, ne pouvait, à lui seul, quelle que fut son influence personnelle [2], lutter avec

[1] Les hésitations de l'autorité sont rappelées dans une lettre du 12 novembre 1785, adressée par M. Malouet aux consuls de Toulon. « J'ai effectivement reçu l'ordre de faire construire, sur le Champ de Bataille, un hôtel pour le commandant de la Marine. L'emplacement n'est pas encore déterminé. L'ayant fait tracer il y a quelques jours dans l'extrémité Ouest, un grand nombre de voix s'est élevé pour me désigner le côté Est M de Villeblanche et plusieurs autres particuliers notables de notre ville, m'ont assuré q l'on verrait avec plus de peine arracher les arbres de l'allée des Carmes que ceux que l'on a plantés parallèlement aux nouvelles maisons; j'ai désiré alors connaître le vœu général et j'ai fait tracer dans cette partie un nouvel emplacement ; mais je n aurais eu garde de prendre aucun parti définitif avant de savoir positivement ce qui pouvait être plus ou moins désagréable à la ville et à ses représentants. Je suis fort aise, Messieurs, que vous me fassiez connaître votre opinion. En outre qu'il me serait pénible de vous voir douter de ma déférence, je ne vous dissimule pas que j'aurais cédé à regret à la nécessité d'ordonner une construction dans l'extrémité Est du Champ de Bataille. Il me paraît bien plus convenable qu'elle soit exécutée dans la partie Ouest. » (Lettre de M Malouet, intendant de la Marine, publiée par M. Henry dans son *Histoire de Toulon*. tome 1, page 405)

[2] M Lantier de Villeblanche, ancien commissaire de marine et ancien consul, était à la tête de l'administration municipale, quand la ville obtint la concession de l'emplacement des Capucins et fit démolir l'église qui s'élevait sur le Champ de Bataille. Je suppose qu'en voyant le résultat final de cette combinaison, il regrettait à part lui toute la peine qu'il s'était donnée pour la faire aboutir.

avantage contre ses nombreux adversaires qui étaient vivement appuyés par les consuls [1].

Cependant, avant de commencer les travaux, l'intendant essaya d'une nouvelle combinaison, qui aurait contenté l'Est et l'Ouest. Il proposa au ministre d'acquérir la belle maison de M. Manche, située rue Royale, faisant face au Champ de Bataille, et de l'affecter au logement du commandant de la marine. Mais le ministre ne voulut allouer que 50,000 livres pour cette acquisition, et le propriétaire ayant élevé ses prétentions à un chiffre exagéré, il fallut revenir au premier

---

[1] « Nous apprenons par un murmure public, écrivaient les consuls à l'intendant Malouet, que l'on trace le projet d'un hôtel en face des maisons nouvellement construites vis à-vis le Champ de Bataille et précisément sur le même emplacement d'une paroisse, dont S. M. a exigé la démolition, pour le sol en être réuni à cette place. La profonde soumission de nos citoyens aux volontés de S. M. a pu seule déterminer l'administration de la communauté à exécuter sans réclamation l'arrêt du 4 août 1780 qui les lui manifesta. L'exécution de cet arrêt a occasionné et occasionnera à la ville une dépense qui s'élèvera à plus de 600,000 livres. — Si le rétrécissement de cette place, qui est une des plus belles du royaume, n'est pas une considération qui puisse arrêter la construction de cet hôtel, nous ne pouvons pas négliger, Monsieur, de vous faire connaître tous les regrets que la généralité aurait de le voir construire au-devant de la nouvelle île de maisons. Cet hôtel, s'il pouvait exister là, les déprécierait de plus de la moitié de leur valeur; vous penserez sans doute, Monsieur, que la justice ne permet pas trop de causer un tel préjudice aux propriétaires de ces maisons que nous n'avons forcés à cet excès de dépenses que pour décorer la place. » (Lettre des consuls à M. Malouet, intendant de la marine, du 12 novembre 1785. Arch. comm. Série BB, art. 113, folio 312.)

projet. L'hôtel fut construit sur le Champ de Bataille et coûta environ 100,000 livres.

M. Albert de Rioms, commandant de la marine, qui avait présidé à l'édification de l'hôtel, n'eut pas la satisfaction de l'occuper le premier; il dut y installer, au moment même où on le terminait, une quarantaine d'indiens envoyés en ambassade à la cour de France par le sultan Tippoo-Saïb.

Ces ambassadeurs arrivèrent à Toulon, le 9 juin 1788. Le commandant de la marine, comme représentant la personne du roi, n'alla pas à leur rencontre; il les reçut à la porte de l'hôtel, la tête couverte, leur donna l'accolade et les fit asseoir sur des fauteuils plus bas que le sien [1]. Après les compliments d'usage, on les conduisit dans les appartements qui avaient été préparés pour les recevoir et où ils trouvèrent tout ce qui pouvait flatter leurs goûts [2].

Pendant le séjour de ces indiens à Toulon, la ville fut toujours en fête: joute [3], feu d'artifice, simulacre

---

[1] Brun. *Guerres maritimes de la France*. Tome II, page 131.

[2] « L'hôtel du commandant, dit M. Brun, était le plus beau logement qu'on put leur donner. On fit de grandes dépenses pour son ameublement; on trouva de beaux tapis; on se pourvut de porcelaines, de parfums, essences, café de Moka. » (*Guerres maritimes*. Tome II, page 131.)

[3] « Se retiendra le Trésorier, 294 livres, du coût du tendelet en cottone, que la communauté a été dans le cas de faire pour le balcon du présent hôtel, à l'occasion du spectacle de la joute que la Marine fit donner à ces ambassadeurs, devant l'hôtel-de-ville, et ce pour mettre à l'abri des ardeurs du soleil, Madame de Coincy et beaucoup d'autres personnes de considération qui vinrent se placer dans le présent hôtel. » (Délibération du 21 juin 1788.)

de combat¹, rien ne fut oublié. Les consuls leur offrirent un présent, appelé *vin d'honneur*, composé de parfums, de liqueurs et de dragées ², et M. de Possel, commissaire général de la marine, donna, à leur occasion, un bal magnifique ³.

Après le départ des ambassadeurs de Tippoo-Saïb, M. d'Albert de Rioms prit enfin possession du nouvel hôtel, mais ce ne fut pas pour longtemps; l'année suivante le peuple envahissait ses appartements et le traînait lui-même en prison.

Voici dans quelles circonstances se produisit cette arrestation, qui fut comme le prélude des terribles conflits dont notre ville fut agitée pendant toute la période révolutionnaire.

M. d'Albert avait renvoyé de l'arsenal deux maîtres d'équipage qui s'y étaient présentés avec une cocarde, appelée Pouf, considérée à cette époque comme un insigne révolutionnaire. En vain, le consul Roubaud et

---

¹ Ainsi que cela arrive presque toujours, cette réjouissance fut attristée par un accident malheureux. Deux canonniers furent blessés sous les yeux des ambassadeurs, qui s'informèrent avec empressement de leur état et leur remirent 60 louis. (*Guerres maritimes.* Tome II. page 131.)

² « Se retiendra le Trésorier, 441 liv. 12 sols, payés à la dame veuve Amiot, parfumeuse, pour la fourniture qu'elle a faite de tous les articles qui ont composé le vin d'honneur présenté aux ambassadeurs indiens, envoyés à la cour de France par Tippoo-Saïb, sultan, arrivés en ce port le 10 du présent mois. » (Délibération du 21 juin.)

³ « Il y eut un bal à l'Intendance et les honneurs en furent faits, en l'absence de l'Intendant, par M. de Possel, ordonnateur général. » (*Mercure*, juin 1788.)

plusieurs conseillers lui avaient demandé le pardon de ces deux marins, il avait été inexorable. C'était le 30 novembre 1789. Le lendemain, 1er décembre, l'arsenal fut presque désert; des attroupements se formèrent autour de la porte d'entrée. Le comte d'Albert fut serré de près à son passage, et des officiers crurent qu'il était prudent de l'escorter à son retour à l'hôtel. Le consul et son cortége de la veille, renouvelant leurs instances, allèrent le supplier plus vivement encore de ne pas refuser à la commune une grâce qui pouvait ramener le calme dans la ville et prévenir une insurrection générale; il n'écouta ni prières, ni considérations. Il comptait alors, pour la garde de son hôtel, sur l'appui d'un détachement de 100 canonniers matelots, auxquels les exhortations n'avaient pas été épargnées; mais sa confiance en eux fut trompée. La foule grossissait sur le Champ de Bataille; un officier major de la marine, qui la menaça et la poussa, fut désarmé et son épée mise en pièces. L'effervescence s'accrut; un ordre fut donné de la galerie de l'hôtel et répété sur la place à la troupe par M. de Broves, major de la marine, commandant le détachement; on crut entendre, après le commandement de porter les armes, celui de les charger et même de faire feu.

Dans les écrits publiés par le comte d'Albert à la suite de cette affaire, il est dit cependant que l'ordre avait été donné seulement de porter les armes.

Quoiqu'il en soit, les canonniers sympathisant mieux avec les hommes du peuple, ou craignant peut-être pour eux-mêmes devant cette multitude, laissèrent tomber leurs armes, refusant d'obéir; ils furent couverts d'applaudissements. Leur défection inattendue fit revenir à lui le comte d'Albert, qui promit enfin de faire rentrer les deux marins dans l'arsenal. Mais cette promesse, donnée de mauvaise grâce était trop tardive pour ramener le calme; ce n'était plus ce que l'on demandait.

Le commandement, vrai ou faux, de faire feu, avait exaspéré le peuple, qui envahit les portes de l'hôtel et demanda qu'on lui livrât le major de Broves, qui l'avait prononcé. La foule proférait de sinistres paroles, lorsqu'un détachement de la garde nationale, auquel le consul venait de faire prendre les armes, accourut pour la protection commune. Mais chaque heure amenait son événement; des députations émanées du peuple montèrent l'escalier de l'hôtel et obtinrent l'arrestation du major de Broves, qui se livra lui-même. Devenant plus exigeantes de moment en moment, elles demandèrent d'autres officiers; ils furent refusés par le commandant de la marine; dès lors la clameur publique augmenta, et le comte d'Albert fut lui-même enlevé avec Messieurs du Castelet, de Bonneval et du Village, et conduit dans les prisons du palais de la ville par le même détachement de la garde nationale qui était venu pour le protéger [1].

---

[1] Ce récit est emprunté presque textuellement à l'excellent ouvrage de M. Brun, commissaire général de la Marine : Les *Guerres maritimes de la France*. Tome II, page 149.

Les deux successeurs de M. le comte d'Albert, MM. de Glandevès et de Flottes, ne profitèrent pas plus longtemps que lui du somptueux hôtel du Champ de Bataille. Le premier, insulté et maltraité par des ouvriers qui demandaient la liberté de trois matelots, ne dut son salut qu'à la protection de quelques officiers de la milice bourgeoise qui parvinrent à le dégager. (3 mai 1791). Le second fut assassiné devant la porte de l'arsenal, le 10 septembre 1792.

Pendant ces troubles, l'hôtel avait été pillé et dévasté de fond en comble. Mais ce n'était pas assez, la foule égarée, excitée, dit-on, par les amis des capucins et par les propriétaires des maisons du Champ de Bataille, qui s'étaient opposés à la construction de cet édifice, demandait à grands cris sa démolition [1]. Une pétition fut même remise, dans ce but, aux commissaires de l'Assemblée nationale arrivés depuis peu de jours à Toulon. Ces commissaires n'osèrent pas prendre sur eux une pareille détermination; mais ils promirent, dans une proclamation qui fut immédiatement affichée dans toutes les rues, d'appuyer la demande des Tou-

---

[1] « Les propriétaires des maisons de la partie occidentale voyant leurs immeubles sacrifiés dans ce qui leur donnait le plus de valeur, la vue sur la place, s'exhalèrent en plaintes très vives, et leur mécontentement fit d'autant plus de rumeur, qu'il vint faire écho avec celui des Capucins dépossédés de leur vaste domaine, et des Carmes, contraints eux-mêmes de délaisser leur établissement pour se reléguer dans des maisons plus exiguës. L'hôtel de la Marine avait donc toujours été mal vu de la population. »(HENRY, t. I, p. 272.)

lonnais auprès de l'Assemblée [1].

L'Assemblée nationale refusa son consentement et l'hôtel demeura debout; mais il cessa d'être occupé par les commandants de la marine; il ne reprit son ancienne affectation que dix ans après, à l'époque où furent créées les préfectures maritimes.

Les Préfets maritimes.

Le premier préfet qui reprit possession de l'hôtel du Champ de Bataille, fut le contre-amiral Vence, nommé par décret du 1er septembre 1800.

Le contre-amiral Ganteaume (Honoré-Joseph-Antoine), né à La Ciotat, le 13 mai 1755, remplaça, au mois de juillet 1802, l'amiral Vence, appelé à commander une escadre qui s'armait à Brest.

Ancien chef d'état-major de l'amiral Brueys, chargé ensuite du commandement en chef des forces navales sur le Nil et sur les côtes d'Égypte, Ganteaume avait

---

[1] « Les commissaires de l'Assemblée nationale à l'armée du Midi, prenant en considération la pétition qui leur a été faite par des citoyens, pour la soustraction (sic) de l'hôtel de la Marine de la place du Champ de Bataille, sont fâchés que leur pouvoir ne puisse pas s'étendre jusques à ordonner la démolition d'un effet national, sans l'examen préalable des inconvéniens et de l'utilité dont peut être cette démolition pour la chose publique; mais ils assurent les citoyens de Toulon qu'ils ne négligeront rien auprès du corps législatif pour faire réussir leur demande. » (Histoire de Toulon depuis 1789 jusqu'au Consulat, par Henry. Tome I, page 273.)

pris part à presque toutes les opérations de l'armée de terre. Il était connu et apprécié du général Bonaparte, et il eut la bonne fortune de le ramener en France, ce qui lui valut un rapide avancement. Cependant de Bourienne, qui était embarqué sur le Muiron, a prétendu que, pendant la traversée, l'amiral, effrayé des conséquences possibles de l'acte auquel il s'était associé, avait tellement perdu la tête, que Bonaparte avait seul dirigé la marche des navires composant l'escadre qui l'accompagnait; mais les biographes de Ganteaume opposent les faveurs dont il ne cessa d'être comblé sous le Consulat et l'Empire comme preuve du peu de fondement de ces assertions et comme démenti du jugement que Napoléon aurait porté de lui à Sainte Hélène, en le qualifiant de « matelot nul et sans moyens [1]. »

Comme pour donner raison à la mauvaise plaisanterie éditée par de Bourienne, le brave amiral avait fait graver sur son papier à lettre une vignette, qui représentait sa division à la voile, avec cette épigraphe : *nous gouvernons sous son étoile*; et, en effet, les vaisseaux se dirigeaient vers une étoile au centre de laquelle se voyait la lettre B (Bonaparte).

Evidemment le nouveau préfet maritime avait un culte pour le 1er consul. C'était un esprit droit et honnête. Il mit beaucoup d'énergie à réprimer les abus

---

[1] *Nouvelle Biographie générale* publiée par MM Firmin-Didot Tome XIX, page 421.

qui s'étaient introduits dans l'administration du port pendant les troubles de la révolution : « Depuis que je commande en ce port, disait-il, j'ai eu de fréquentes occasions de reconnaître que le vol des matières était organisé dans l'arsenal. Je suis peut-être parvenu à diminuer le mal, mais non à le détruire ; pour y arriver il faudrait exercer une surveillance impossible, c'est-à-dire déshabiller à la porte tout ce qui sort. »

Stimulé par l'amiral Décrès, ministre de la marine, qui voulait rétablir la discipline et attacher les officiers à leur bord, le Préfet essaya de faire fermer les maisons de jeux, où les officiers et les ouvriers, pêle-mêle, allaient se dissiper et se ruiner. Mais il rencontra une vive résistance chez le commissaire général de police avec lequel il se prit de querelle ; il l'accusait de soutenir et d'affermer ces maisons. Pour en finir, il se décida à faire lui-même une descente dans un de ces tripots, d'où l'on vit des officiers, honteux d'être surpris en pareille compagnie, s'évader par toutes les issues et même par les fenêtres.

Je trouve dans l'ouvrage de M. Brun, auquel j'ai emprunté ces détails, le récit d'un autre conflit, qui met parfaitement en lumière la susceptibilité exagérée des administrateurs de la marine et l'esprit de fiscalité des agents du domaine.

Le domaine était chargé, d'après la loi, de la vente des objets hors de service. Après l'adjudication de la vieille corvette *la Bretonne*, le vérificateur de cette administration avait écrit au contre-amiral Ganteaume, préfet maritime, le priant, et requérant au besoin, de prêter aux acquéreurs tous les objets nécessaires à la translation et à la démolition de ce bâtiment, parce que, disait-il, il avait fait insérer cette condition afin de faire renchérir la vente.

« Le vérificateur des domaines Billon, dont vous m'envoyez la correspondance, me paraît un fou, répondit le ministre. Il y a du délire dans cette phrase qu'il vous adresse : *je vous fais en tant que de besoin la réquisition*. Il y en a encore d'avantage, s'il est possible, dans l'interprétation qu'il se permet de mes instructions, lorsqu'il dit : « le ministre de la marine a mis ou a entendu mettre à la disposition du ministre des finances les apparaux de l'arsenal. Je trouve sa lettre si extravagante, que je suis fâché que vous vous soyez donné la peine d'y répondre. »

Je n'ai pas besoin d'ajouter que rien ne fut prêté à M. Billon. Ce vérificateur n'avait pas eu l'intention, j'en suis convaincu, de soulever une pareille tempête dans les hautes régions administratives de la marine. Il avait essayé tout simplement de faire rentrer quelques écus de plus dans les caisses du Trésor, et il ne pouvait prévoir que le même préfet maritime, qui veillait avec tant de soin à la conservation du matériel de l'arsenal, lui ferait un crime de son zèle pour les intérêts de l'Etat. Mais l'Etat et la Marine, ce n'est pas tout-à-fait la même chose. Toutes les administrations, du reste, établissent entre elles et l'Etat une distinction que je n'ai jamais bien comprise, mais qui existe réellement.

Le contre-amiral Ganteaume quitta la préfecture maritime, en 1804. Il accomplit plusieurs missions et fut nommé successivement vice-amiral, inspecteur des classes, comte de l'Empire et, enfin, pair de France.

Le successeur immédiat de M. Ganteaume, le contre-amiral Emeriau, fut également un administrateur distingué[1]. Il réalisa des économies importantes et parvint ainsi à faire payer la solde des ouvriers, qui ne l'avait pas été depuis plus de six mois. Ennemi des abus, il surveillait avec un soin extrême l'exécution des marchés et fit cesser les nombreuses malversations qui se commettaient journellement dans les divers services. Aussi s'était-il créé des ennemis et ne fut-il pas épargné dans le fameux libelle de 1809, dont l'origine n'a jamais été bien connue[2].

Ce libelle, dans lequel tous les hauts fonctionnaires, leurs filles et leurs femmes sont tour à tour mis en scène et cruellement maltraités, parut le lendemain d'un bal, donné à l'hôtel de ville par les officier de la marine russe[3], dont les vaisseaux étaient en réparation dans le port[4].

---

[1] Emeriau (Maurice-Julien), né le 20 octobre 1762 à Corbois (Finistère), fut nommé préfet maritime à Toulon, le 6 novembre 1804.

[2] On l'attribue généralement à un commis de marine nommé Chardon, qui rimaillait avec une certaine facilité. Cependant il ne s'en est jamais avoué l'auteur comme on le pense bien.

[3] *Galerie des Dames de Toulon, à l'occasion d'un bal donné par les officiers de la marine russe, le 9 mars 1809, à l'hôtel de ville.* Manuscrit assez rare, quoiqu'il fut répandu à profusion à l'époque où il parut.

[4] Voyez dans les *Guerres maritimes*, par M. Brun, l'histoire de ces vaisseaux, T. II. p. 486 et 511.

L'auteur est au bal, auprès d'un jeune russe naïf et curieux, qui l'accable de questions :

> « Ces nombreuses beautés, en déployant leurs grâces,
> « De toute la Russie auraient fondu les glaces,
> « Ainsi qu'un jeune faon, par le chasseur pressé,
> « Par mille traits brûlants mon ami fut blessé.
> « De grâce, me dit-il, quelle est cette personne
> « Que chacun suit partout, que la foule environne.
> « Avec de si beaux yeux, avec tant d'agréments,
> « Elle doit à son char enchaîner mille amants »

Mais le méchant *cicérone* lui raconte sur la famille de la jeune fille une vilaine histoire, qu'il termine par ces deux vers :

> « Car l'irréligion, la bassesse et l'audace,
> « Sont innées dans le sang de cette indigne race. »

Puis il lui fait le récit d'un conflit scandaleux entre deux dames qui se disputaient le cœur de l'amiral Emeriau.

> « Zélie quittant ces lieux [1], fut porter son ennui
> « Dans les bras d'un époux qui s'endormait chez lui. »

L'auteur de cet odieux libelle n'a qu'un mot d'éloge, et encore n'est-il là que pour faire ressortir, par la comparaison, l'égoïsme des autres fonctionnaires :

---

[1] La scène s'était passée dans les appartements de la préfecture maritime

« On en voit cependant qui n'ont pas ces travers,
« Et dont l'esprit sensé méritant plus d'estime
« Donne à leur nouveau rang un éclat légitime,
« Qui, voyant sans fierté le plus petit parent,
« Pour être son égal redevient artisan. »

Il s'agit du vice-amiral Ganteaume, prédécesseur de M. Emeriau. La note suivante l'explique :

« Un des parents de l'amiral, artisan à la Ciotat, « vint le voir à Toulon ; l'amiral le présenta à tous les « officiers qui se trouvaient chez lui et promit d'être « le protecteur de ses enfants. » « Ce trait peu com- « mun dans ce temps-ci, ajoute l'auteur de la note, « lui a fait beaucoup d'honneur. »

Le Contre-amiral l'Hermitte (Jean-Marthe-Adrien), qui succéda, en 1811, à M. le comte Emeriau [1], ne fit pas beaucoup parler de lui. Loin d'avoir, comme ses prédécesseurs, à réprimer des abus, il eut la singulière mission de calmer son ministre, qui en voyait partout.

L'amiral Décrès, en effet, ne pouvant payer les fournisseurs de la marine, les prenait en grippe et leur cherchait de véritables querelles d'allemand. — Un nom, surtout, avait le privilége de l'agacer, c'était celui d'un très honorable négociant, M. François Aguillon. « Le ministre qui rencontrait ce nom dans presque toutes les transactions, dit l'historien du port de Toulon, fut blessé d'une certaine prépondérance qu'il lui

---

[1] Il avait été nommé comte en 1810.

voyait prendre sur les affaires de l'administration, et il choisit des prétexte à son mécontentement. » [1]

Le même auteur rappelle, à ce sujet, une correspondance dans laquelle le ministre de la marine, habitué à ne voir autour de lui que des subordonnés, s'étonne d'un refus de M. Aguillon, qui n'avait pas voulu souscrire à une réduction de prix dans un marché, et l'accuse naïvement de préférer ses intérêts « au bien du service. » « Le refus du sieur Aguillon, écrivait-il, au contre-amiral l'Hermitte, a d'autant plus lieu de me surprendre, que les prix auxquels il ne veut pas souscrire sont plus élevés que tous ceux qui existaient au port de Toulon, à l'époque où il a été traité. On ne peut plus s'abuser sur les intentions de ce fournisseur, c'est un homme qui n'a que son intérêt en vue, et *jamais le bien du service n'est entré dans ses spéculations*. Veuillez, au reste, lui témoigner mon mécontentement sur la lettre peu réfléchie qu'il vous a écrite, et le rappeler au respect qu'il doit à mes décisions, sur lesquelles *mes bureaux* n'ont pas l'influence qu'il se permet de leur attribuer [2]. »

Quelques jours après, le ministre, toujours sous l'influence de ce sentiment d'irritation, blamait vertement le Préfet maritime d'avoir fait payer à M. Aguillon un à-compte de 100,000 fr. « Ce fournisseur, disait-il, ne méritait pas une pareille faveur. »

---

[1] V. Brun *Guerres maritimes de la France. Port de Toulon.* T. II. p. 576
[2] *Ibidem.* p 576.

Or cette faveur consistait, pour M. Aguillon, à recevoir la *dix-huitième partie* de sa créance : il lui était dû à cette date, *un million huit cent mille francs !* [1] En vérité, l'honorable négociant, s'il eut connaissance de la lettre du ministre, dût trouver la plaisanterie assez mauvaise.

Les exigences du ministre, les retards éprouvés dans la liquidation des comptes et, surtout, le mauvais état des affaires, éloignèrent peu à peu tous les fournisseurs. Mais l'amiral Décrès n'entrait pas dans ces considérations ; il s'irritait contre tout le monde, et, se persuadant que les fournisseurs s'étaient ligués entr'eux, pour imposer à la marine des conditions inacceptables, en rendait responsable le malheureux Préfet maritime, qui aurait dû, selon lui, prévoir et empêcher cette coupable coalition. Le contre-amiral l'Hermitte s'affligeait des reproches du ministre et lui répondait avec une certaine amertume qu'il n'existait aucune ligue, que la répugnance excessive que montraient les fournisseurs tenait aux appréhensions du moment. Mais c'est cela que le ministre de l'Empereur ne voulait pas s'avouer, ni avouer dans sa correspondance ; il trouva qu'il régnait en toutes choses un très mauvais esprit [2], et continua à tracasser son pauvre subordonné qui ne savait plus comment s'en tirer.

---

[1] *Ibidem.* p. 577.
[2] *Guerres maritimes.* p. 605.

Sur ces entrefaites arrivèrent les grands désastres de la fin de l'Empire et la Restauration. Le Préfet maritime fut maintenu par les Bourbons; mais, au retour de l'Ile d'Elbe, l'Empereur ordonna à l'amiral Décrès de le remplacer immédiatement; il lui écrivit, le 9 avril 1815 : « Otez sur-le-champ l'Hermitte du port de Toulon; il est mauvais; remplacez-le par un homme de mérite, sur lequel on puisse compter. [1] »

Le contre-amiral baron Duperré (Victor-Guy), nommé Préfet maritime en remplacement de M. l'Hermitte, arriva à Toulon, le 18 avril 1815. Son administration fut de courte durée; il n'eut, en quelque sorte, qu'à mettre et à enlever le drapeau tricolore, et à prendre des dispositions pour s'opposer à une surprise de la place par les escadres étrangères, qui rodaient autour de Toulon, n'attendant qu'un moment favorable pour s'emparer de nouveau de cette proie trop facile. L'amiral Duperré écrivait le 29 juin, au ministre de la marine : « mon plus ardent désir, comme mon devoir, est de conserver à la France l'important dépôt de l'arsenal de Toulon; je ne négligerai rien pour que l'étranger n'y mette pas les pieds. »

Cette honte, heureusement, fut épargnée à notre ville; les troupes alliées n'y entrèrent pas. On eut même quelque difficulté à y faire arborer le drapeau blanc. « Ce changement de couleurs, dit M. Brun, ne pouvait s'effectuer qu'avec beaucoup de prudence et

---

[1] *Guerres maritimes.* T. II. p. 649

après y avoir préparé les esprits pendant quelques jours ; la garnison à Toulon était devenue très nombreuse, elle comptait 5 à 6,000 hommes, qui revoquaient en doute les grands événements arrivés, et faisaient difficilement le sacrifice de leurs anciennes affections [1]. »

Le drapeau blanc fut enfin arboré à la préfecture maritime et sur tous les forts, le 21 juillet ; mais le roi qui était rentré à Paris depuis le 8, ne comprenait pas toutes ces lenteurs, et les attribuait au peu de zèle du baron Duperré ; le même jour, 21 juillet, il signait une ordonnance nommant M. le vice-amiral Burgues de Missiessy, à la préfecture de Toulon, et faisait donner l'ordre, à M. le baron Duperré, d'avoir à quitter cette ville sans retard ; il était autorisé à fixer son domicile où bon lui semblerait, à l'exception de Toulon.

Le vice-amiral Burgues de Missiessy appartenait à une famille très ancienne et très estimée de Toulon ; il y reçut cependant un accueil assez froid. Son attachement pour les Bourbons auxquels il était resté fidèle pendant les cent jours, prévenait naturellement contre lui tous les partisans de l'Empire. Mais il avait du tact et de la fermeté et il sut bientôt dominer la situation ; du reste, ses adversaires politiques, eux-mêmes, rendaient justice à l'habile et brave marin, qui avait eu le rare bonheur de battre les anglais et de leur faire

---

[1] *Guerres maritimes.* T. II. p. 662.

éprouver un terrible échec dans le port d'Anvers [1]

Le 29 novembre 1815, parut une ordonnance royale réorganisant les divers services de la marine. Les préfectures maritimes, créées en 1801, furent supprimées et M. de Missiessy dut échanger son titre de Préfet contre celui de commandant de la marine. Après lui, en 1824, M. le vice-amiral Daugier [2] exerça le commandement sous le même titre; mais, par une nouvelle ordonnance du 27 décembre 1826, les préfectures maritimes furent rétablies.

Le cadre de cet ouvrage ne me permet pas d'écrire ici la biographie des nombreux préfets maritimes qui se sont succédé à Toulon, depuis la réorganisation du service jusqu'à ce jour; je ne puis qu'en donner une chronologie très brève, faisant connaître cependant les noms et prénoms de ces fonctionnaires, la date de leur naissance, celle de leur nomination et le

---

[1] C'était en 1808; les Anglais dans le but de détruire Anvers, avaient armé 40 vaisseaux, 30 frégates et 400 transports L'amiral sir Richard Strachan dirigeait les forces de mer, et lord Chatau commandait l'expédition. Ils débarquèrent au nord de l'île de Walcheren qui n'était pas fortifiée et assiégèrent Flessingue qui se rendit après une vive résistance. Mais, pendant ce temps, Missiessy avait mis son escadre en sûreté à Anvers, et, quand l'ennemi voulut remonter l'Escaut, la ville était garnie de troupes et le fleuve bordé de batteries Les anglais durent se décider à la retraite, mais elle fut désastreuse, ils y laissèrent près de 10,000 hommes (*Gloires maritimes de la France.* p 34.)

[2] Daugier (François-Marie-Eugène Comte), vice-amiral, né le 12 septembre 1764 à Courtezon (Vaucluse).

temps pendant lequel ils ont occupé l'hôtel du Champ de Bataille.

Le vice-amiral Jacob (Louis-Léon), né le 11 novembre 1768 à Tonnay-Charente, préfet maritime, du 11 mars 1827 au 31 août 1829, ministre de la marine en 1834, est ensuite élevé à la dignité de pair de France, reçoit le titre de comte et devient aide-de-camp du roi Louis-Philippe. Il meurt à Paris, le 6 mars 1854.

V. A. comte de Rigny (Henri-Gauthier), né le 2 février 1782, à Toul (Meurthe), préfet maritime, du 1er septembre 1829 au 14 décembre 1830; ministre de la marine, du 13 mars 1831 au 4 avril 1834; nommé ensuite ministre des affaires étrangères; mort à Paris, le 7 novembre 1835.

V. A. Du Campe de Rosamel (Claude-Charles-Marie), né le 12 juin 1774, à Rosamel (Pas de Calais) préfet maritime, du 15 décembre 1830 au 19 juillet 1834; député de Toulon, en 1833; ministre de la marine, du 6 septembre 1836 au 30 mars 1839. Mort à Paris, le 17 mars 1848.

V. A. Jurien de la Gravière (Pierre-Roch), né le 5 novembre 1772 à Gannat (Allier), préfet maritime, du 19 juin 1834 au 19 octobre 1841. Mort à Paris le 14 janvier 1849 [1].

V. A. Baudin (Charles), né le 21 juillet 1784, à

---

[1] M le vice-amiral Jean-Pierre-Edmond Jurien de la Gravière, écrivain distingué, a consigné dans un ouvrage intitulé : *Les Souvenirs d'un amiral*, les principaux traits de l'honorable carrière de l'amiral Jurien, son père.

Sédan (Ardennes), préfet maritime, du 20 octobre 1841 au 26 juillet 1847; promu amiral, le 27 mai 1854; mort à Paris, le 7 juin suivant. Son nom a été donné à une rue de Paris.

V. A. Parseval-Deschênes (Alexandre-Ferdinand), né à Paris le 27 novembre 1790, préfet maritime, du 27 juillet 1847 au 26 juillet 1848 ; sénateur en 1852, amiral le 2 décembre 1854. Mort à Paris le 17 juin 1860.

C. A. Bruat (Armand-Joseph), né à Colmar, le 26 mai 1796, préfet maritime, du 27 juillet au 17 octobre 1848, vice-amiral en 1852, amiral en 1855 ; mort du choléra sur le Montebello, le 19 novembre 1855. Un monument érigé à sa mémoire, à Colmar, a été inauguré le 21 août 1864.

V. A. Casy, préfet maritime, du 18 octobre 1848 au 31 août 1849.

V. H. Hamelin (Ferdinand-Alphonse), né à Pont l'Evêque (Calvados), le 2 septembre 1796 ; préfet maritime, du 1er septembre 1849 au 8 juillet 1853 ; amiral en 1854, ministre de la marine, du 19 avril 1855 au 16 août 1856; nommé grand chancelier de la Légion-d'Honneur en 1860 ; mort à Paris, le 16 janvier 1864.

V. A. Baron Du Bourdieu (Louis-Thomas-Rose-Napoléon), né à Port de France (Martinique), le 15 juin 1804; préfet maritime, du 9 juillet 1853 au 29 juin 1857; sénateur en 1856; mort le 29 juin 1857, à Toulon.

V. A. Jacquinot (Charles-Hector), né à Nevers, le 4 mars 1796 ; préfet maritime, du 29 juin 1857 au 29 mars 1861.

V. A. Comte Bouët-Villaumez (Louis-Édouard), né le 24 avril 1808 ; préfet maritime, du 30 mars 1861 au 18 avril 1864.

V. A. Vicomte de Chabannes Curton-la-Palice, (Octave-Pierre-Antoine), né à Paris, le 16 mai 1803, préfet maritime du 19 avril 1864 au 15 février 1868.

V. A. Chopart (Louis-Narcisse), né le 6 mai 1806; préfet maritime, du 26 mars 1868 au 10 septembre 1870.

V. A. De la Grandière (Pierre-Paul-Marie), né le 28 juin 1807; préfet maritime, du 2 au 20 octobre 1870.

C. A. Baron Didelot (Octave-François-Charles), né le 2 décembre 1812; préfet maritime, du 22 octobre 1870 au 5 juin 1871.

V. A. Jauréguiberry (Jean-Bernard), né le 26 août 1815, nommé préfet maritime le 7 juin 1871.

MAISON N° 1. [1]

La grande maison à balcon, située sur le Champ de Bataille, à l'angle de la rue Saint-Roch, est une des plus anciennes de ce quartier. Elle fut construite, vers la fin du XVIIe siècle, sur un terrain concédé par

---

[1] Propriétaire actuel, M. Caire, Simon ; superficie, 217 mètres carrés.

Louis XIV à M. Girardin de Vauné, intendant de la marine [1].

Cette maison appartenait en 1707, à M. Honoré Ratouin, commissaire de marine, qui la laissa en mourant (24 mai 1720), à sa fille Lucrèce Urbaine Ratouin.

La veuve de M. Ratouin, Marie Michelle de Fressine de Grandmaison, épousa, le 31 décembre 1721, M. Levasseur de Villeblanche, commissaire de marine [2], et lui porta en dot la maison léguée à sa fille, mais rachetée par elle moyennant 6,000 livres [3].

Nommé intendant de la marine, en 1737, M. Levasseur de Villeblanche, fit de grandes réparations à la maison de sa femme et s'y installa avec un certain luxe. Il logea chez lui, en 1741, M. le marquis de Maillebois, maréchal de France et en 1744, M. le comte de Maupas, ministre de la marine [4].

L'intendant de Villeblanche fut un des meilleurs administrateurs du port de Toulon. Il était très zélé et ne pouvait supporter le moindre reproche. Un jour, M. de Maupas lui écrivit, pour l'inviter à activer l'armement d'une escadre qui aurait dû être à la mer depuis

---

[1] Brevet du 18 avril 1595 L'emplacement concédé, d'une contenance totale de 4 199 toises, formait toute l'île comprise entre le Champ de Bataille, la rue Saint Roch, la rue du Trésor et la rue Royale.

[2] M. Noël François Laurent Levasseur de Villeblanche, fils de noble Noël Levasseur, commissaire général de la marine et de dame Jeanne Escolastique Hubac (acte de mariage).

[3] *Archives comm.* Suppl. série II. art 32. Papiers de famille.

[4] *Guerres maritimes* T. 1, p 282. Invent. des arch. comm. p. 425.

longtemps déjà. Il répondit vivement, qu'il avait fait l'impossible, qu'il s'était même exposé au mécontentement de l'évêque en faisant travailler les ouvriers les jours de fête et les dimanches, et qu'ayant toujours bien servi pendant cinquante ans, il n'aurait pas commencé de négliger ses devoirs dans une circonstance aussi essentielle. Le ministre, regrettant de l'avoir ému, lui adressa quelques paroles affectueuses ; il lui rappela obligeamment que l'année précédente, dans une tournée d'inspection, il avait trouvé le service plus en règle à Toulon que dans les ports de Brest et de Rochefort [1].

M. de Villeblanche mourut le 10 août 1759, après avoir rempli les fonctions d'intendant pendant plus de 20 ans ; il était octogénaire et ne comptait pas moins de 63 ans de service [2]. Madame Levasseur de Villeblanche, sa veuve, ne lui survécut que deux ans ; elle laissa, par son testament, en date du 8 octobre 1761, la maison du Champ de Bataille à M. Charles-Louis Lantier de Villeblanche, son arrière petit-fils.

M. Lantier de Villeblanche, commissaire de marine en 1755, contrôleur en 1771, fut mis à la retraite le 1er

---

[1] Brun. *Guerres maritimes de la France*. T. I. p. 296.

[2] *Ibid. Guerres maritimes*. T. I. p. 392.

Nota. Deux noms ont été mal écrit ci-dessus, page 64 ; il faut lire, ligne première, M. de Vauvré et non *Vauré*, et, lignes 16 et 20, Maurepas, au lieu de : *Maupas*.

décembre 1777 [1]. Il rendit ensuite des services à la ville de Toulon en qualité de 1ᵉʳ consul, 1780-1782 [2].

C'est sous l'administration de M. de Villeblanche, que fut enfin démolie l'église du Champ de Bataille. Après avoir débarrassé la place d'Armes des ruines de cet édifice, il fit adopter, non sans difficulté, les plans présentés par M. Sigaud, architecte de la province, pour la construction de la nouvelle église, sur l'emplacement des Pères Capucins. Une partie du Conseil, subissant l'influence d'un architecte toulonnais, M. Votier, aurait voulu que l'entrée principale s'ouvrit sur la rue Saint-Sébastien; mais M. Lantier de Villeblanche fit prévaloir le projet de M. Sigaud, qui plaçait la grande porte au Nord, c'est-à-dire, sur la rue Saint Louis, là même où nous la voyons aujourd'hui.

D'autres travaux, non moins importants, furent entrepris sous l'administration de M. de Villeblanche. L'abattoir, qui avait été construit en 1715, à une époque où on ne tuait que 340 moutons et 20 bœufs par semaine, était devenu insuffisant en 1780, alors que la consommation hebdomadaire s'élevait à 840 mou-

---

[1] Il était fils de M. Louis Lantier et de dame Jeanne-Françoise l'Hermitte de Tamagnon; qui, elle-même, était fille de demoiselle Ratouin, fille de Mᵐᵉ de Villeblanche, née de Grandmaison et de M. Ratouin, son premier mari.

[2] Les administrateurs municipaux de la ville de Toulon n'étaient élus que pour une année, mais, par mesure exceptionnelle, et pour lui permettre de terminer l'affaire relative à la construction de la nouvelle paroisse, l'intendant de Provence fit proroger le consulat de M. Lantier de Villeblanche jusqu'au 1ᵉʳ janvier 1783.

tons et 50 bœufs [1]. On dépensa 22,000 livres pour réparer cet établissement.

Les bureaux de l'intendance sanitaire avaient également besoin de grandes réparations, on y consacra plus de 12,000 livres [2]. Deux nouvelles fontaines furent construites, l'une à la rue Sainte-Ursule (rue Lafayette), l'autre sur la place de la Halle (place Puget). Cette dernière, ornée de trois dauphins dûs au ciseau d'un artiste de mérite, « le sieur Chastel, sculpteur de la province » ne coûta pas moins de 6,000 livres.

M. de Villeblanche essaya, mais en vain, d'apporter quelque amélioration dans le service du nettoiement des rues, qui laissait beaucoup à désirer. Le ministre de la marine, sur la plainte qui lui avait été adressée par le chevalier de Fabry, commandant supérieur du port, demanda des explications à M. de Latour, intendant de Provence, qui lui répondit, le 20 octobre 1782: « Les consuls de Toulon reconnaissent qu'il y a beaucoup d'immondices dans les rues, attendu qu'ils n'ont qu'un charriot pour les enlever ; mais ils ajoutent que les choses sont à cet égard comme elles ont toujours été et que l'air n'en est pas affecté quoiqu'on en ait dit. » Cependant M. de Villeblanche proposa au con-

---

[1] Aujourd'hui cette consommation est, en moyenne, de 100 bœufs et de 500 moutons par semaine ; mais, en y joignant les brebis et les autres bestiaux, on compte 1462 têtes par semaine.

[2] Archives communales. Reg. BB. 112. fol. 283. Lettre du 21 juin 1781 adressée à M. de Latour, intendant de Provence.

seil d'imposer une légère redevance, de 5 sous sur chaque fenêtre prenant jour sur une rue, pour en employer le produit au nettoiement de la ville ; mais sa proposition fut rejetée à une assez forte majorité.

Il fut plus heureux, quelques jours après, quand il demanda des fonds pour créer un nouvel emploi, sous le titre significatif de « chasse-mendiant ». Il formula sa proposition en ces termes :

« La multiplicité des mendiants étrangers et vagabonds qui assaillissent nos citoyens, soit dans les églises, soit dans les rues, les a mis dans le cas de requérir l'administration d'aviser aux moyens efficaces d'en purger la ville. Il ne s'en présente aucun de plus assuré que la création d'un serviteur aux gages de la communauté, dont la principale occupation soit de parcourir journellement, non seulement les églises et les rues, mais encore les asiles où les mendiants se retirent pendant la nuit, pour les obliger à déguerpir de la ville. En cas de résistance, de les traduire aux prisons royaux, pour y être détenus au pain et à l'eau jusqu'à ce qu'ils promettent de se retirer dans le lieu de leur origine [1]. »

Le conseil accorda sans hésiter 360 livres pour les gages de l'agent et 40 livres pour son uniforme. Le chasse-mendiants se mit à l'œuvre avec tout le zèle d'un serviteur fraîchement promu à des fonctions publiques, et fit si bien que bientôt toutes les prisons de

---

[1] Archives communales. Reg. BB. 95. fol. 101.

la ville furent pleines de mendiants, de vagabonds et de filles prostituées. La récolte fut si copieuse que l'intendant de Provence dut inviter les consuls à y mettre plus de modération, s'ils ne voulaient ruiner la commune en frais de nourriture. « Il m'a paru, leur écrivait-il, que cette dépense devenait trop onéreuse à la communauté. Il est nécessaire d'y mettre des bornes, autrement je ne pourrais me déterminer à l'autoriser. » Répondant ensuite à M. Lantier de Villeblanche, qui lui fit connaître que les femmes prostituées très nombreuses à Toulon, avaient été comprises dans le coup de balai du chasse-mendiants, l'intendant répliqua : « Il convient, en effet, de faire enfermer les femmes de cette espèce, afin d'empêcher le scandale et les troubles qu'elles occasionnent ; mais il ne doit être question que de les détenir cinq à six jours, au pain et à l'eau, la première fois, et en récidive ce serait le cas de les déférer au procureur du roi [1]. »

Il paraît que les prisons étaient devenues des auberges trop hospitalières pour les mendiants et les petites dames. On leur fournissait de la soupe et du vin. Aussi l'intendant faisait-il remarquer que certains vagabonds y avaient séjourné plus d'un mois [2].

---

[1] Lettres de l'intendant aux consuls de Toulon. Arch. comm. Série BB. art. 140. Lettres des 4 et 22 juin 1782.

[2] « J'ai observé par l'Etat, que plusieurs de ces mendiants ont été détenus dans les prisons plus d'un mois....... Il ne faut retenir les mendiants que trois ou quatre jours, en ayant attention de ne leur faire donner que du pain et de l'eau, au lieu de la soupe et du vin. » (Lettres du 4 et du 26 juin 1782.)

Les Toulonnais, voyant avec plaisir que la municipalité était parvenue à débarrasser la voie publique des mendiants et des filles prostituées, adressèrent une pétition aux consuls pour obtenir le renvoi, hors de la ville, des chaudronniers et de quelques autres industriels dont les marteaux retentissants rendaient certaines rues inhabitables. M. de Villeblanche ne pouvait pas ordonner une pareille mesure; mais il appuya la requête des plaignants, et, par un arrêt du 26 novembre 1781, la cour d'Aix condamna « les chaudronniers et autres artisans ayant des professions bruyantes », à aller s'établir sous les remparts de la ville.

L'année suivante, les consuls eurent à s'occuper d'une autre réclamation analogue, formulée par les habitants de la rue des Marchands. Le domestique d'un officier, logé dans cette rue, avait la déplorable habitude de jouer du cor et il se livrait à cet exercice agaçant avec une persévérance désespérante, malgré les plaintes des voisins et les ordres de son maître. M. de Villeblanche crut devoir informer ce dernier, qu'il était responsable des actes de ses domestiques et qu'il se verrait dans la nécessité de l'actionner personnellement, s'il ne parvenait pas à faire taire cet ennuyeux personnage [1]. Le domestique prétendait que le cor était son gagne pain et qu'on ne pou-

---

[1] Lettre du 7 septembre 1782 adressée à M. de Boissinet, capitaine au rég. de Piémont. Arch. B. 112. fol 453.

vait le forcer à y renoncer. C'était probablement un musicien ambulant, que M. de Boissinet, capitaine du royaume de Piémont, avait arraché à ses chères habitudes pour en faire son valet de chambre. On eut raison enfin de sa résistance, mais ce ne fut pas sans peine.

Les questions de personnes et surtout celles qui se rattachent aux préséances ont toujours été la pierre d'achoppement des administrateurs. M. Lantier de Villeblanche subit le sort commun. Il se brouilla, sans y avoir mis la moindre intention, avec le parlement d'Aix, pour ne s'être pas conformé au cérémonial adopté dans quelques autres villes, à l'égard des conseillers en mission. Mais, avant de raconter ce mémorable conflit, il est juste de rappeler, à la décharge du premier consul de Toulon, les différentes circonstances dans lesquelles il s'était montré conciliant et rempli de déférence pour les autorités locales.

Un jour, M. le chevalier de Fabry, commandant de la marine, vint lui dire que les ingénieurs avaient besoin d'une belle pièce de bois d'orme, pour confectionner le second bossoir du vaisseau le *Majestueux*, et qu'il espérait que la communauté voudrait bien offrir à la marine un arbre assez grand pour remplir cet objet. M. de Villeblanche transmit immédiatement cette demande à ses administrés; mais ils répondirent tous, invariablement, que les beaux arbres étaient rares et figuraient trop bien devant leurs bastides, pour songer à en faire hommage à M. le chevalier de Fabry.

Quelques-uns ajoutaient même que le commandant de la marine était un homme difficile et désagréable et qu'ils n'éprouvaient pas le désir de l'obliger[1].

M. de Villeblanche, ancien commissaire de marine, connaissait de longue date le chevalier de Fabry et savait qu'il ne fallait pas l'avoir pour ennemi. D'ailleurs, la communauté avait besoin du concours de la marine, pour l'affaire de la nouvelle paroisse et il eut été très impolitique de ne pas tenter au moins de rendre au chef de cette administration le petit service qu'il demandait. Sans hésiter et surtout sans consulter le conseil municipal, M. de Villeblanche répondit à M. de Fabry, qu'il pouvait choisir parmi les plus beaux arbres des rues et places de Toulon, et faire couper celui qui lui conviendrait. « La communauté, lui écrivait-il, le 20 décembre 1780, sera enchantée de donner, en cette occasion, de nouvelles preuves du zèle dont elle a toujours été animée pour le service du roi. Aussi, Monsieur, sans aucun égard pour les décorations publiques, si, parmi les arbres épars dans la ville, il s'en rencontre quelqu'un de configuration propre à vous procurer une pièce aussi essentielle, vous pouvez la regarder comme à votre disposition[2]. »

Le marquis de Coincy, commandant la place, adressa, de son côté, une requête non moins embar-

---

[1] Voyez *Rue Royale*, maison n° 49, quelques détails sur le caractère de ce brave officier qui, en effet, n'était pas des plus sympathiques.
[2] Reg. BB. 112. fol. 203.

rassante à M. Lantier de Villeblanche. Il le fit prier par M. de Latour, intendant de Provence, de lui allouer une indemnité, pour le dédommager du paiement des droits de piquet [1]. Le premier consul répondit qu'il n'était pas possible d'accorder une sorte d'exemption au commandant de place sans s'exposer à recevoir, le lendemain, des réclamations analogues de la part de tous les autres fonctionnaires. M. de Latour insista, disant qu'il n'avait pas eu l'intention d'engager la communauté à déroger à l'arrêt du conseil qui supprimait toutes les franchises, mais qu'il serait facile de procurer l'équivalent à M. de Coincy, sous un titre différent, soit comme supplément de logement ou de toute autre manière. Et il ajoutait : « c'est ainsi que je l'ai entendu, quand je vous ai exhorté à faire ce petit sacrifice pour des raisons de convenance que vous sentez aussi bien que moi. »

M. de Villeblanche trouva une vive opposition dans le sein du conseil municipal, mais il parvint à faire entendre raison à tous ses collègues, à l'exception d'un seul, M. Turc, qui motiva son refus par écrit. La majorité prit néanmoins la délibération suivante :

« Le conseil, pénétré des bontés et de la protection que M. le marquis de Coincy, lieutenant général des

---

[1] C'était un droit sur les blés portés au moulin. Pendant très longtemps les hauts fonctionnaires, officiers de terre, officiers de marine et autres, avaient trouvé le moyen de se faire exempter de ce droit de consommation ; mais un arrêt du conseil d'État, avait supprimé, en 1768, toutes les exemptions.

armées du roi, n'a cessé d'accorder à la ville en général et à ses citoyens en particulier, depuis plus de vingt ans qu'il a plu à Sa Majesté de le nommer au commandement de la place, a délibéré, à la pluralité des suffrages, fors M. Turc, qui motivera son opinion ci-après, de charger MM. les consuls de faire agréer à ce commandant qu'il lui soit présenté, au nom de la ville et comme bien faible remarquage de la reconnaissance de ses habitants, à l'époque des fêtes de la Noël de chaque année, un quintal de bougies pour l'usage de sa maison [1]. »

M. Turc, juge honoraire et très ferme observateur des lois et règlements, motiva son refus sur l'art. VI d'une déclaration du roi, du 16 décembre 1764, qui prononçait la nullité de toutes délibérations relatives à des dons ou gratifications. — M. de Latour ne tenant aucun compte de cette opposition, approuva la délibération du conseil municipal. M. de Villeblanche fit porter immédiatement, chez M. le marquis de Coincy, un quintal de bougies, qui coûta à la commune 210 livres.

A la même époque, M. Lantier de Villeblanche eut à se disculper d'un défaut de surveillance à l'égard de certains marchands, qui n'observaient pas les fêtes et les dimanches. « Il n'est jamais venu à notre connaissance, écrivait-il à l'intendant, que des marchands de Toulon aient ouvert leurs boutiques, pour vendre les jours de fête et les dimanches. Les consciences timorées qui ont cru devoir vous donner cet avis eussent beaucoup mieux fait de nous en informer tout de suite, pour faire punir les contrevenants de manière à leur ôter l'envie de récidiver. Nous en avons usé de même envers un détailleur de blé, qui prenait sur lui de vendre les jours de fête. — M. de Villeblanche fut moins heureux vis-à-vis du parlement, qu'il mécontenta dans la personne d'un de ses membres.

Le mardi, 14 mai, M. de Ramatuelle, conseiller à la cour d'Aix, vint à Toulon; il était chargé d'une mission, et avait par conséquent un caractère officiel. Les consuls attendaient qu'il leur fît connaître son arrivée pour lui rendre visite. Avertis, le jeudi soir, qu'ils seraient reçus le lendemain matin; ils se présentèrent à l'heure indiquée; mais le conseiller, qui était en habit de ville, ne leur fit qu'un « demi accueil »; quand ils se retirèrent, il ne les accompagna que jusqu'à la porte de la chambre, tandis qu'il avait accompagné les officiers de la sénéchaussée jusqu'à la porte de la rue.

M. de Ramatuelle rendit leur visite aux consuls à l'instant même. Mais ici il convient de laisser la parole à M. de Villeblanche, rendant compte à M. de Latour, intendant de Provence et premier président du Parlement, des circonstances du conflit que fit naître l'exigence du conseiller.

« Nous retournâmes à l'hôtel-de-ville, où M. de Ramatuelle arriva quelques minutes après nous. Il s'arrêta à la porte d'entrée de l'hôtel et se fit annoncer par son garde. Nous nous revêtîmes aussitôt de nos chaperons et nous avançâmes jusque sur le pallier de l'escalier, pour le recevoir et le conduire dans la salle consulaire. Ne le voyant pas paraître nous nous arrêtames dans cet endroit et son garde ayant été l'informer que nous l'attendions, il le renvoya pour nous dire de descendre jusqu'au rez-de-chaussée, à défaut de quoi, il ne nous verrait point. Nous chargeâmes son message de lui rapporter que nos usages et nos coutumes ne nous fournissaient pas l'exemple de l'excès d'un pareil cérémonial; qu'il ne nous appartenait en aucune façon d'y rien innover et que quelque flattés que nous puissions être personnellement de l'honneur de sa visite, il ne nous était pas possible de l'obtenir au prix qu'il y mettait. N'ayant plus vu revenir le garde, après nous être assurés qu'il s'était effectivement retiré, nous rentrâmes dans la salle consulaire pour reprendre nos occupations journalières [1] »

M. de Latour, toujours très affectueux pour les consuls de Toulon, et qui, dans toutes les circonstances leur avait prêté un appui bienveillant, n'hésita pas à leur donner tort. Sa réponse témoigne de l'importance extrême que l'on accordait encore, à cette époque si voisine de la Révolution, aux questions d'étiquette et de préséance. « Quelque favorablement disposé que je sois pour tout ce qui peut vous intéresser, leur disait-il, dans une lettre entièrement écrite de sa main, je ne

[1] Reg. BB. 112. page 396.

saurais approuver la conduite que vous avez tenue; en supposant vos prétentions les mieux établies, je n'aurais pas balancé, à votre place, de descendre l'escalier pour recevoir M. de Ramatuelle que vous saviez en bas. Vous lui auriez fait valoir vos usages et cette démarche n'aurait pu vous nuire en aucune manière. Tous les consuls des villes principales de la Provence, comme Arles et Tarascon, n'ont fait aucune difficulté d'aller recevoir à la porte MM. les conseillers au parlement qui venaient les visiter. Je serais fâché qu'il en résultât quelque désagrément pour vous, tandis qu'il vous était si facile de le prévenir et de l'éviter [1]. »

La commune de Toulon, qui avait en ce moment plusieurs procès en appel, et qui venait de soumettre à l'arbitrage de deux présidents une prétention soutenue par M. de Magalon, avocat général, au sujet de la jouissance des eaux de la ville, avait tout à craindre, en effet, du ressentiment des membres d'une cour dont la fierté et la susceptibilité n'étaient que trop connues. Aussi M. de Villeblanche essaya-t-il d'obtenir l'appui de M. de Latour qui, en sa double qualité d'intendant et de premier président et par son influence personnelle, pouvait ramener le parlement à des sentiments moins hostiles. Il lui écrivit une longue lettre, pour lui expliquer, qu'avant 1702 les consuls n'avaient jamais rendu de visite aux conseillers ; que, depuis 80 ans, aucun consul n'était allé recevoir à la porte de l'hôtel

---

[1] Lettre du 28 mai 1782. Série BB. art 140.

de ville les membres du parlement; et qu'il se serait exposé au mépris de ses concitoyens, s'il n'avait pas soutenu les prérogatives municipales que tous ses prédécesseurs avaient su faire respecter. Cependant, en terminant, il lui disait : « veuillez bien nous juger vous même, Monseigneur ; si vous nous condamnez, entraînés par la confiance que nous avons en vos décisions, nous nous avouerons coupables. »

M. de Latour ne répondit pas et laissa tomber l'incident; mais j'ai pu me convaincre, en voyant les conclusions de certaines instances, que Messieurs du parlement n'avaient point pardonné, aux bourgeois de Toulon, la raideur de leurs magistrats municipaux, qui n'avaient pas su s'incliner suffisamment devant les représentants de la cour souveraine.

A la fin de 1782, M. Lantier de Villeblanche quitta le consulat, après avoir vu ses pouvoirs prorogés exceptionnellement pendant trois ans [1]. Il fut réélu premier consul, en 1788, et présida, en cette qualité, l'assemblée générale de la communauté, du 2 décembre, dans laquelle furent émis, sur sa proposition, les vœux suivants, relatifs à la convocation des états généraux: 1° Que le nombre des députés de la Provence soit proportionné à la masse de ses impositions; 2° que le

---

[1] Les charges municipales étaient soumises à une élection annuelle, mais le roi s'était réservé le droit de suspendre les élections et il avait prorogé, jusqu'en 1783, les pouvoirs des consuls de Toulon, élus en 1780, afin de leur permettre de terminer l'affaire relative à la construction de la nouvelle paroisse.

tiers état fournisse des députés au moins en nombre égal à celui des deux autres ordres réunis ; 3° que la charge des impôts soit répartie également sur les trois ordres, le tiers ayant jusqu'à ce jour porté le plus grand poid des impôts, etc., etc. »

Malgré son dévouement pour la cause populaire, M. de Villeblanche subit les rigueurs de la Révolution. Sa maison fut dévastée et lui même courut les plus grands dangers. Il s'était réfugié à l'hôtel-de-ville où les émeutiers vinrent le chercher. « Les émeutiers, lisons nous dans un document officiel, ayant soupçonné que les sieurs Lantier et Beaudin pouvaient bien être cachés dans la petite chambre, se portèrent avec fureur vers cet endroit, en brisèrent la porte, et en ayant arraché les sieurs Lantier et Beaudin presque mourants, ils exercèrent sur leurs personnes toutes les horreurs imaginables. Le sieur Lantier s'étant échappé des mains de ces furieux, prit retraite dans le secrétariat et se cacha dans un petit cabinet masqué par la tapisserie. Quelques-uns de ceux qui l'avaient excédé se portèrent au secrétariat, enfoncèrent la porte du cabinet dans lequel le sieur Lantier s'était caché, l'en arrachèrent avec violence, le renversèrent par terre, le foulèrent aux pieds et l'accablèrent d'injures et de coups [1]. »

M. Lantier de Villeblanche, élu plusieurs fois par

---

[1] *Procès-verbal des évènements du 23 mars 1789*, dressé par les consuls de Toulon, à la requête du parlement d'Aix.

ses concitoyens aux fonctions honorables de premier consul, avait toujours administré les affaires de la commune de Toulon avec un dévouement éclairé ; c'était d'ailleurs un homme doux et conciliant ; il n'avait donc rien fait pour exciter la haine populaire. Il disait, lui même, deux mois après cette scène : « je n'ai jamais fait que le bien de la communauté, et on n'a qu'à ouvrir les registres pour s'en convaincre. J'ai augmenté ses revenus annuels de plus de 40,000 livres, sans l'établissement d'aucun impôt ; mais bien par la suppression de quelques abus dont aucun de mes prédécesseurs n'avait osé entreprendre la destruction [1]. »

Un écrivain consciencieux, très bien renseigné sur les événements de cette époque, suppose que les personnes qui avaient eu à souffrir de la suppression des abus dont parle M. Lantier de Villeblanche, n'étaient pas restées étrangères aux excès auxquels la foule aveugle s'était portée vis-à-vis de cet administrateur.

Ce qui a pu donner quelque crédit à cette supposition, c'est que parmi les industriels les plus atteints par les réformes opérées par M. Lantier, se trouvaient les maçons, et que l'un des premiers attentats des révolutionnaires eut pour objet le pillage et un essai de démolition de la maison de l'ancien consul, de celle de son secrétaire, M. Baudin, et de l'hôtel de la préfec-

---

[1] Voir la lettre de M. de Villeblanche dans *l'Histoire de Toulon*, publiée par M. Henry. T. I. p. 49.

ture maritime. Or qui, plus que les maçons, avaient intérêt à détruire pour réédifier. Ils ne pouvaient pardonner d'ailleurs à M. de Villeblanche, d'avoir fait annuler, par la cour d'Aix, un article de leur règlement, en vertu duquel le corps des maîtres maçons prélevait un droit de un pour cent sur les travaux communaux effectués à l'entreprise[*].

La maison de M. Lantier de Villeblanche a été successivement possédée, depuis la Révolution, par M. Chaubry, trésorier de la guerre, par M. Thaneron, capitaine de vaisseau, et par M. Caire (Simon), propriétaire actuel.

Pendant 15 ou 20 ans, le premier étage de cette ancienne maison a été occupé par la bibliothèque de la ville. Le savant et sympathique bibliothécaire, M. Charles Laindet de la Londe, y avait son logement. Qui de nous (je parle de tous ceux qui aiment les livres), n'a connu et apprécié cet homme distingué, cet aimable érudit ? Quant à moi, je ne saurais oublier avec quelle obligeance affectueuse, il a guidé mes premières recherches sur l'histoire de Toulon. Et quel maître dans l'art de bien dire, quel causeur agréable! J'ai toujours eu, je l'avoue, un penchant très vif pour la so-

---

[*] « Un arrêt qui intervint sur notre requête, fit cesser l'humiliante obligation qui résultait d'une délibération prise, depuis 70 ans, par le corps des maîtres maçons, laquelle assujettissait au paiement des droits de 1 p. 0/0 le montant de tous les ouvrages de maçonnerie que la communauté faisait construire à l'entreprise. » (Rapport lu au conseil municipal par M. de Villeblanche, le 28 décembre 1782.)

ciété des vieillards instruits et communicatifs; mais je n'ai jamais écouté personne avec plus d'intérêt que ce digne et spirituel ami, qui avait beaucoup lu, beaucoup vu et beaucoup retenu. Des plumes aussi dévouées, mais plus exercées que la mienne ont raconté sa vie utile et sans reproche. Je n'ajouterai donc rien à ces quelques mots de souvenir, renvoyant le lecteur à la charmante biographie émue et vraie, publiée par M. Pietra [1], et au discours, vraiment remarquable, prononcé sur sa tombe par M. Audemar, alors maire de Toulon [2].

Le Couvent des Pères de La Merci.

Sur l'emplacement occupé aujourd'hui par les trois petites maisons n°⁵ 2, 3 et 4, situées derrière l'hôtel de la préfecture, et par la grande maison de M. Adrien Bourgarel, formant l'angle du Champ de Bataille et de la rue Royale, s'élevait autrefois le couvent des Pères de Notre-Dame de La Merci.

Les Pères de La Merci, voués à l'œuvre de la rédemption des captifs, étaient venus à Toulon, en 1646. Accueillis avec empressement par la population, ils avaient obtenu de la municipalité la concession d'un ancien hôpital, dit de Saint-Lazare ou de Saint-Ladre,

---

[1] SILHOUETTES TOULONNAISES. (*Progrès du Var*, du 25 mars 1870.)
[2] M. Charles Laindet de la Londe, est mort le 23 octobre 1869.

situé près du pont de l'Eygoutier et s'y étaient installés [1]. Mais, pendant le siége de 1707, cet édifice ayant été démoli pour les besoins de la défense, ils furent obligés de rentrer en ville, et comme ils n'avaient pas d'asile, l'évêque mit à leur disposition la plus grande partie du palais épiscopal, où ils demeurèrent pendant plusieurs années ; ce ne fut qu'en 1719, qu'ils vinrent s'établir sur le Champ de Bataille. Ils construisirent leur couvent sur l'emplacement de trois maisons appartenant, l'une, à M. le comte de Sabran [2] et les deux autres à M. François Aguillon [3].

[1] « Nous, Jean Garnier, Antoine Martiny et Antoine Gavot, consuls de la ville de Toulon attestons que le 13 mars 1646, suivant délibération du conseil de la commune, et ayant été très nécessaire et utile d'établir dans la ville les RR. PP. de N.-D. de la Merci, de la rédemption des captifs chrétiens, pour être la plus grande partie du peuple adonnés et sujets à la navigation, dont aucuns tombent bien souvent dans les mains des Turcs, qui les font esclaves et les traitent fort mal, nous être transportés le même jour à la maison St Lazare, et aurions mis et installés les RR PP. en la réelle et actuelle possession de la dite maison, église et jardin, pour y demeurer et exercer le ministère de leur ordre, et faire les fonctions du rachat des esclaves chrétiens et captifs. » (Arch. Série BB art 59. fol. 116.)

[2] « Dame Claire Dasque, épouse de messire Nicolas de Sabran, des comtes de Forcalquier, capitaine de vaisseau, vend aux RR PP. de la Merci, une maison au Champ de Bataille, et la même qui lui a été donnée en collocation en qualité de créancière de Julien Sénéquier, moyennant 2,800 livres. » (Acte du 3 août 1719.)

[3] « Le sieur François Aguillon vend aux Pères de La Merci, moyennant 18,400 livres, deux maisons situées au quartier neuf, une, faisant coin au Champ de Bataille, et une autre jointe à celle-ci ; lesquelles furent bâties par le sieur César Aguillon son père, qui acheta le terrain de M de Vauvré.

Dans ce nouvel établissement, comme dans leur ancien couvent, les religieux de La Merci n'eurent qu'une seule pensée, qu'un seul objectif, racheter le plus grand nombre possible d'esclaves chrétiens. Et, malgré les dangers auxquels ils étaient sans cesse exposés, malgré les plus cruels traitements que les Turcs leur faisaient subir[1], au prix même de leur liberté, ils poursuivaient l'œuvre admirable du rachat des captifs et méritaient le beau titre des Pères rédempteurs que le peuple leur avait décerné.

Quelle émouvante histoire n'écrirait-on pas avec les traits de dévouement accomplis par ces courageux missionnaires ! Combien de mères désolées vinrent tour à tour, dans le couvent du Champ de Bataille, implorer leur secours, et combien en sortirent consolées ! car, ces religieux, vraiment animés de l'esprit de charité, parvenaient toujours à briser les fers des malheureux qu'on leur signalait, dussent-ils les remplacer eux-même dans les bagnes. Le fondateur du couvent de Toulon, le R. P. Brugières leur en avait donné l'exemple. Retenu en ôtage à Alger, en 1644, il y était encore en 1647, quand le roi Louis XIV

---

intendant de la marine, par contrats des 26 mars 1696, 3 janvier 1697 et 3 mai 1699, not Arnaud. » (Acte du 9 juin 1717.)

[1] « Quelques menus gens de la populace, lisons-nous dans le compte rendu d'une mission des religieux de cet ordre, les traitaient avec outrage, les poussant et tirant par leurs habits, leur crachant au visage, et entreprenant de leur arracher les poils de la barbe. » *Récit véritable*, etc. REVUE DE MARSEILLE ET DE PROVENCE, p 525.

adressa la circulaire suivante à tous les évêques, pour obtenir, de la charité des fidèles, la somme nécessaire à son rachat.

« Les religieux de Notre-Dame de la Merci, disait-il, firent une rédemption en l'an 1644, dans la ville d'Alger en Barbarie, d'où ils retirèrent et menèrent en notre ville de Toulon 184 français, mes sujets, desquels 53 avaient été pris sur un vaisseau de mon armée navale, et, parce que les dits religieux n'avaient en main la somme requise pour le rachat d'un si grand nombre d'esclaves, ils laissèrent en ôtage au dit Alger un de leurs religieux, nommé le P. Brugières, pour la somme de 37,500 livres, laquelle n'étant encore payée, les Turcs d'Alger font souffrir beaucoup de tourments au dit religieux, pour la délivrance duquel j'ai cherché plusieurs moyens. Mais comme il n'en a pas été proposé de plus facile que de permettre une quête extraordinaire par toutes les villes de mon royaume, je vous écris celle-ci, par l'avis de la reine régente madame ma mère, pour vous dire que vous avez à faire exhorter, par les curés et prédicateurs, les peuples de votre diocèse, de contribuer à cette bonne œuvre, m'assurant de votre piété que vous contribuerez de tout ce qui dépendra de vous pour faire réussir la délivrance de ce bon religieux. »

M. le docteur Lambert, dans une excellente notice intitulée : *L'œuvre de la rédemption des captifs à Toulon*, s'étonne, avec raison, qu'on ait attendu trois ans pour s'occuper de la délivrance du père Brugières [1]. Cet oubli est d'autant plus singulier que, parmi les esclaves rachetés, se trouvaient un grand nombre de marins, appartenant à « l'armée du roi » et qu'à cette époque, malgré le désordre des finances, la France payait *cent millions* d'impôts [2], sur lesquels Louis XIII aurait bien pu prélever, sans recourir à une souscription publique, 37,000 livres, pour délivrer le père Brugières.

Pendant longtemps, l'œuvre de la Merci recueillit assez d'aumônes pour effectuer de nombreux rachats; mais, ensuite, la charité privée, excitée par d'autres malheurs plus voisins et plus pressants en quelque sorte, s'éloigna des pères rédempteurs pour secourir les pauvres qui étalaient leur misère dans les rues. D'autres établissements, récemment créés et ayant l'attrait de la nouveauté, appelèrent à eux les ressources de la charité; le bureau de la miséricorde, notamment, fondé vers le milieu du XVIIIe siècle, eut bientôt des revenus suffisants pour faire construire un hôpital et une chapelle; il centralisa presque tous les secours et reçut même des legs ayant pour objet la rédemption des captifs. D'ailleurs, l'initiative privée avait plus d'énergie et plus de ressources; des assurances maritimes s'étaient formées pour racheter les

---

[1] REVUE DE PROVENCE. Année 1864.— *L'œuvre de la rédemption des captifs à Toulon.*

[2] FORBONNOIS.— *Recherches sur les finances de la France depuis 1595 jusqu'en 1721* T. 1, p. 260.

navigateurs, qui tombaient au pouvoir des Algériens. Les pères de La Merci comprirent qu'ils n'étaient plus d'aucune utilité à Toulon, et n'hésitèrent pas à céder leur couvent à la marine, en échange d'une petite pension viagère, qui leur permit de finir leurs jours dans le repos et la prière. — La pension du commandeur de l'ordre, le R. P. Joseph de Beaussier, fut fixée, comme celle des autres religieux, à 400 livres [1].

Leur couvent servit d'entrepôt pendant quelques années; mais quand les grands établissements, que l'on construisait dans l'arsenal, furent terminés, la marine céda cet édifice à la municipalité, sous la condition, par celle-ci, de démolir l'église que l'on essayait d'élever sur le Champ de Bataille depuis près de 80 ans.

Dès que l'administration municipale eut pris possession de l'ancien couvent des pères de La Merci, elle s'empressa d'y installer les Carmes déchaussés et d'offrir le couvent de ces derniers aux pères Capucins, qui venaient d'être expropriés à leur grand regret.

---

[1] « Le 3 août 1773, M de Guendreville, intendant de la marine, agissant en vertu d'un arrêt du conseil d'Etat du 1er juillet, passa, au nom du roi, avec les religieux de la Merci, un acte par lequel ceux-ci lui cédèrent, en retour de 400 livres de pension viagère pour les 7 pères et de 200 livres pour le frère, qui composaient en ce moment la communauté, leur église, maison et dépendances. » (*L'œuvre de la rédemption des captifs à Toulon* par le docteur G. Lambert).

MAISON N° 9. [1]

En 1707, au moment où venait d'être créée la place d'Armes, la maison n° 9 appartenait à M. Josué de Simonet de la Grossinière, capitaine de vaisseau [2], qui l'habitait avec sa femme, Anne de Grion. — Leur fille, Anne de Simonet, épousa, le 10 août 1726, M. Annibal de Chabert, officier de marine, fils de Gaspard de Chabert, lieutenant de vaisseau et de demoiselle Jeanne de Burgues.

Annibal de Chabert de Burgues (il avait ajouté à son nom celui de son beau-père), mourut le 11 octobre 1744, d'une fièvre épidémique, qui faisait les plus grands ravages à Toulon [3]. Il laissa un fils: Michel Annibal de Chabert de Burgues, co-seigneur de Léry, qui épousa Mlle Anne Marguerite Chapelle.

De ce mariage sont nées trois filles: 1° *Marguerite*, qui apporta en dot à son mari, Charles-Marie Vidal,

---

[1] Les maisons n°s 6, 7 et 8 ont leur entrée principale dans la rue Royale.
[2] Il fut nommé gouverneur de la ville de Castellane, le 11 août 1711. (Arch. comm., papiers de famille, art. 11).
[3] En annonçant au Ministre de la marine, le 13 octobre 1744, que cet officier était mort des fièvres régnantes, M. Levasseur de Villeblanche, intendant de la marine, lui disait : « Ceux qui n'en meurent pas ont des convalescences très longues, les trois quarts de la ville en ont été affligés. (Archives de la préfecture maritime.)

la seigneurie de Léry ; 2° *Marie*, mariée le 26 juillet 1773, à M. de Venel, lieutenant de vaisseau ; 3° *Sophie*, qui légua la maison n° 9, le 28 octobre 1851, à M. Vidal de Léry, général de brigade, son neveu, à Mlle de Venel, sa nièce, et à M. le baron Godinot, son petit neveu ; lesquels l'ont vendue, le 9 avril 1857, à M. le docteur Turrel.

En résumé, cette maison est restée dans la même famille pendant un siècle et demi. C'était l'usage, avant la Révolution, de ne pas aliéner les biens patrimoniaux ; nous en rencontrerons de nombreux exemples dans les autres rues.

La maison n° 9 mérite d'être signalée à un autre point de vue ; elle a été le berceau d'un peintre de grand mérite, qui fait honneur à notre ville : M. Charles Émile Vacher de Tournemine y est né en 1814.

Le Musée de Toulon possède une des œuvres les plus estimées de M. de Tournemine : un très beau paysage qui a figuré, à l'exposition de 1865, sous ce titre : *Rue conduisant au bazar de Chabran-el-Kebir*.

Il n'est pas hors de propos de consigner ici l'opinion émise sur les œuvres de notre compatriote, par M. Ernest Chesnau, le savant critique du *Constitutionnel*. « Je ne connais pas beaucoup de tableaux plus aimables, plus agréables à regarder et à posséder, écrivait-il le 15 juin 1865, que ceux de M. de Tournemine. On ne se fatigue point de les voir, parce que le peintre, amoureux de son art, jette à profusion dans ses œuvres une multiplicité, un fourmillement de détails d'une exécution spirituelle, qui soutiennent et retiennent l'attention. L'impression de ces paysages d'Orient est toujours vivace et toute pleine d'émotions gracieuses, on sent, en présence de ces toiles, ce que le peintre a senti en présence de la nature, et c'est là le privilége de l'artiste intelligent et conscient de ses propres émotions, il nous impose comme une réalité les transformations que subit le réel à travers son imagination. »

MAISON N° 10 [1].

La maison n° 10 a presque toujours été possédée ou occupée par des officiers de marine. En 1707, elle appartenait à la veuve d'un officier supérieur, Mme de Ligondès, qui l'avait louée à M. le commandeur de Bethune de Selle, filleul de Louis XIV [2].

Depuis 1759, jusqu'à la fin du siècle, cette maison demeura dans la famille des de Cuers de Cogolin, qui a fourni à la marine de nombreux officiers de plume [3] et d'épée. Après la Révolution, elle a appartenu, il est

---

[1] Propriétaires actuels : les héritiers de M. Barry, lieutenant de vaisseau
[2] *Dénombrement de la population*, effectué en 1707. Reg. CC 50. fol. 289. *Histoire de l'ordre de Saint-Louis* par Mazas et Théod. Anne T. 2, p 108.
[3] Avant la Révolution, on appelait ainsi les employés et officiers du commissariat de la marine.

vrai, à un négociant, M. Louis Cadière, mais la marine y avait ses grandes entrées. Mme Cadière, femme très aimable et très galante, avait un faible particulier pour les jeunes officiers, qui remplissaient ses apparments du matin au soir. Affligée d'un énorme embonpoint[1], elle sortait peu et recevait volontiers. On faisait la partie chez elle.

La chronique s'occupa beaucoup de cette dame, dont le nom rappelait d'ailleurs un procès scandaleux. Son mari était le neveu germain de la trop célèbre Catherine Cadière, qui accusa le père Girard, supérieur des jésuites, de l'avoir ensorcelée[2].

MAISON N° 11 [3].

Réédifiée depuis un an, cette maison, si bien divisée, si fraîchement décorée, ne rappelle en rien la très modeste demeure de l'humble famille de travailleurs, qui la posséda pendant plus d'un siècle.—Pierre Aycard, maître poulieur en était propriétaire en 1698;

---

[1] « Vous riez à l'aspect de cette femme énorme
« D'un vaste monument, ruine trop informe. »
(*Galerie des Dames de Toulon* M^s de 1809.)

[2] Le père de Catherine Cadière possédait la maison située rue Royale n° 81, qui appartient encore aujourd'hui à Mme Saurin, héritière des MM. Cadière. V. cette maison pour les détails du procès.

[3] Propriétaire actuel : M. Victor Fauchier.

son fils, son petit fils et son arrière petit fils, tous poulieurs ou charpentiers y demeurèrent. Elle était indivise, en 1770, entre Alphonse Aycard, charpentier et la veuve de Julien le poulieur. Le fils de cette dernière, Louis Julien, maître charpentier, y mourut le 19 mai 1804.

Vers les derniers temps de sa vie, M. Louis Julien avait acquis une certaine fortune; il était consul général de Gênes et vivait fort honorablement. Son fils, Claude-Nicolas Julien, élevé avec soin fut un homme distingué. Il est mort, le 28 décembre 1852, âgé de 89 ans, dans la maison située sur la place Blancard, où est aujourd'hui la librairie Monge et qui appartenait à Mme Julien, fille de M. Pons Arnoux, pharmacien de la marine.

MAISONS N°s 12 ET 12 (bis). [1]

L'emplacement de ces deux maisons était occupé autrefois par des greniers à sel. Mme de Bideau, veuve d'un officier de marine, qui en était propriétaire en 1728, possédait, en outre, la grande maison de la sous-préfecture (rue Royale n° 51), dont le jardin, situé dans la rue Possel, venait joindre la cour et les dépendances de l'immeuble du Champ de Bataille.

[1] Propriétaires actuels : MM. de Mérona et Vincent.

L'ouverture de la petite rue Possel remonte à cette époque. On l'appela d'abord la rue de la Gabelle du sel [1], et, plus tard, quand le jardin et la maison de la sous-préfecture devinrent la propriété de M. de Possel, commissaire ordonnateur de la marine [2], on lui donna le nom de cet administrateur.

M. le contre-amiral Duquesne et ses héritiers possédèrent les greniers à sel, depuis 1759 jusqu'à la Révolution. Le 9 prairial an XI, le citoyen Pierre-Michel Ravel, aubergiste, s'en rendit acquéreur et les revendit, le 2 mars 1807, à M. le comte Edouard Thomas de Burgues de Missiessy, alors contre-amiral.

M. de Missiessy, qui naviguait et qui vint ensuite occuper à Toulon les hautes fonctions de préfet maritime, ne prit pas grand soin de cet immeuble, dont une partie servait de corps de garde à l'état-major de la place; l'autre partie était louée à tous les saltimbanques de passage.

Ce ne fut que vers la fin de sa vie, en 1834, que M. le vice-amiral de Missiessy songea à tirer parti de ce grand emplacement. Il y fit bâtir deux maisons, qui étaient à peine achevées, lorsqu'il mourut, âgé de 80 ans, le 24 mars 1837.

L'une de ces maisons, portant le n° 12, appartient à M. Tissot de Mérona, petit fils, par sa mère, de l'amiral de Missiessy.

---

[1] V. le Reg. du cadastre de 1728 fo!. 215
[2] V. *Rue Royale*, maison n° 51.

La maison n° 12 bis a été vendue en 1841, à M. l'ingénieur Antoine Vincent, par la seconde fille de l'amiral, Mme Jeanne-Marie de Missiessy, épouse de M. Rivoire, comte de la Tourrette.

Ces deux maisons, quoique appartenant à deux propriétaires différents, sont encore réunies en grande partie. Ainsi les magasins sont loués à M. Moulard, restaurateur, et le deuxième étage des deux maisons est occupé par le cercle de la Méditerranée.

Fondé depuis très peu d'années, ce cercle compte déjà plus de 300 membres [1]. Il est installé si non avec luxe, du moins avec beaucoup de confortable. Ses fondateurs ont fait une large part à la bibliothèque et ont prouvé leur bon goût littéraire par l'excellent choix des ouvrages qui la composent.

Le président du cercle de la Méditerranée, où règne la plus parfaite cordialité, est lui-même un des hommes les plus sympathiques de Toulon. M. Jordany, très connu et très aimé, relève par un esprit charmant l'austérité de sa profession.

MAISON N° 13 [2].

La maison n° 13, où nous voyons depuis longtemps déjà un magasin de musique, a été construite vers

---

[1] Sa fondation remonte à l'année 1864. Il a été successivement présidé par MM. Gras, Bourgarel et Jordany.
[2] Propriétaire : Mme veuve Gourier, née Delacquis.

1698, par un maître forgeron, le sieur Pierre Escallon; le fils de ce dernier la vendit à M. Turc, négociant, et aujourd'hui encore l'arrière petite fille de M. Turc, en est en possession [1]. — Cette maison, depuis 174 ans, n'a donc appartenu qu'à deux familles. Dans un siècle combien de fois aura-t-elle changé de propriétaires ? Nous sommes loin de l'époque où l'enfant aimait à vivre là où son père avait vécu, dans la maison où il était né lui-même, où chaque pièce, chaque meuble lui rappelait un souvenir personnel ou une tradition de famille.

MAISON N° 14 [2].

Avant d'être affectée à des bains publics, la maison n° 14 était une charmante habitation, avec cour et jardin, que M. de Riez, procureur du roi à la prévôté, s'était fait bâtir en 1698; après lui, elle fut successivement possédée par M. d'Honoré, capitaine de vaisseau, M. Jeoffroy, directeur des fermes et MM. Lambert et Bouquet, officiers de marine.—M. Caillemer,

---

[1] M. Turc, négociant, eut un fils, juge royal, dont il sera parlé à la rue de l'Arsenal n° 31. Le fils du juge laissa la maison du Champ de Bataille à sa fille Marguerite Geneviève, qui épousa, le 6 nivôse an XI M. Aimé Delacquis, médecin. La propriétaire actuelle est la fille de ce médecin.

[2] Propriétaires : les héritiers de M. le curé Richard.

commissaire général de police, l'acheta de ce dernier, le 18 avril 1813.

M. Caillemer était venu à Toulon, en 1803; il avait remplacé un M. Pérard, qui n'avait pu s'entendre avec les autorités municipales.

M. Pérard était un de ces terribles gardiens de la tranquillité publique, qui font plus de bruit que de besogne et qui, sous prétexte de ramener l'ordre dans l'Etat, mettraient volontiers tous les citoyens sous les verroux. Le caractère de ce fougueux fonctionnaire se révèle tout entier dans une lettre qu'il écrivit, le 12 janvier 1801, au maire de Toulon, M. Martelli Chautard, pour lui signaler plusieurs vols et se plaindre de la négligence apportée par la garde nationale dans le service de la sûreté publique.

« Citoyen maire, lui disait-il, je vous ai dit et redit à l'ennui, je vous ai répété hier que si vous ne vouliez pas veiller à la sûreté de vos concitoyens, en vous conformant aux lois sur la garde nationale, il arriverait nécessairement des malheurs.— Vous ne m'avez pas écouté et vous avez continué à encourager la négligence :— Les malheurs prédits arrivent. — Avant hier, un voleur s'est introduit rue Cicéron (rue des Beaux Esprits), dans la maison Déchainet; cette nuit, on a dévalisé entièrement un magasin rue de l'Egalité (rue de l'Intendance).

« Je n'ose croire que quelque raison particulière vous ait déterminé à favoriser ces événements affreux, mais je ne puis vous laisser ignorer que vous en devenez le complice, par votre mauvaise volonté.— Si demain, je n'ai pas de vous une réponse à mes sollicitations, si vous ne faites pas enfin ce que vous devez pour la sûreté de vos concitoyens, si vous persistez à abandonner leur propriété à la rapacité des brigands, je vous préviens que je vais vous dénoncer au gouvernement, à la France entière, et particulièrement aux habitants de cette malheureuse commune.—Pérard. »

Avec un pareil homme, les conflits ne pouvaient que se multiplier, et, en effet, il en faisait naître un ou deux chaque jour. « Je vois avec une nouvelle peine, —écrivait le Préfet du Var, M. Fauchet, à M. Martelli-Chautard, le 2 février 1801,—les altercations qui s'élèvent journellement entre vous et le commissaire général de police. Votre lettre, du 9 pluviôse, me fait pressentir que l'évasion des détenus si elle avait lieu, devrait lui être imputée; de son côté, il rejette tous les risques sur votre responsabilité. »

Les relations entre le maire et le commissaire général continuèrent à être des plus désagréables. Voici, entr'autres une lettre de M. Pérard, qui est un vrai modèle d'impertinence :

« J'ai reçu, citoyen maire, votre invitation à nos concitoyens, et je l'ai revêtue de mon visa.

« Recevez mon compliment sur l'attention que vous avez eue de vous occuper de ce qui me regarde, et d'ordonner ce que je fais faire journellement.

« Ce soin, étranger à vos fonctions et à vos devoirs me fait espérer qu'un jour vous vous donnerez la peine de vous occuper un peu des vôtres, et, sous ce rapport, j'en ressens une véritable satisfaction.

« J'ai l'honneur de vous saluer. Pérard. » [1]

M. Martelli Chautard, ancien chef d'escadre, possesseur d'une grande fortune et très lié avec le Préfet du Var, mit tous ses amis en mouvement pour se débarrasser de M. Pérard. Il y réussit. Un mois après, on lisait, en effet, sur tous les murs de la ville un avis annonçant le départ de ce fonctionnaire [2].

Une partie des attributions du commissaire général fut conférée au maire, mais le préfet se réserva les questions politiques. « Tout ce qui tend à former l'esprit public et à diriger l'opinion, écrivait-il à M. Martelli-Chautard, est de mon ressort, j'ai délégué à cet égard mes pouvoirs au sous-préfet de Toulon, qui me représente dans l'ordre administratif [3]. »

Le gouvernement qui s'aperçut sans doute que le sous-préfet, M. Senès, n'était pas apte « à former l'esprit des Toulonnais », ni a diriger leurs opinions dans la bonne voie, ne tarda pas à nommer un nouveau commissaire général. Le 11 thermidor de l'an XI de la République, à dix heures du matin, M. Charles-François-Louis Caillemer était installé, en cette qualité, par le conseiller d'Etat, préfet maritime, en pré-

---

[1] Lettre du 21 mai 1801. Archives modernes.
[2] Arrêté du 10 messidor an IX (30 juin 1801), (archives communales).
[3] Lettre du 22 juillet 1801.

sence de toutes les autorités civiles, judiciaires et militaires de la ville [1].

M. Caillemer ne ressemblait en rien à M. Pérard. Il était calme et réservé, très sévère quand il s'agissait d'un délit politique; mais toujours poli et bienveillant. D'ailleurs son passé honorable prévenait en sa faveur : successivement bailli du duc de Coigny, député aux états du Contentin, juge au tribunal de cassation, grand juge à la haute cour nationale d'Orléans, président de l'administration départementale de la Manche, et enfin élu membre du conseil des anciens (germinal an VII), il était entré au tribunat le 4 nivose an VIII, et s'y était fait remarquer par ses travaux et par l'indépendance avec laquelle il avait combattu le projet du code civil, présenté par le gouvernement. Cependant le premier consul ne lui en avait pas tenu rigueur, puisqu'il l'avait nommé au poste très important et très rétribué de commissaire général de police.

Les commissaires généraux étaient, à cette époque, des personnages considérables; ils avaient en main des pouvoirs en quelque sorte illimités. M. Caillemer n'était pas homme à en abuser, mais il n'hésitait pas à s'en servir quand il croyait que « la sûreté de l'Etat » l'exigeait. On cite plusieurs exemples de citoyens trop remuants, qui disparurent subitement et dont on n'entendit plus parler pendant de longues années. Un an-

---

[1] V. aux archives, l'affiche qui fut placardée le même jour dans toutes les rues.

cien fonctionnaire, qui porte vaillamment un grand nombre d'années et qui a connu M. Caillemer, me racontait dernièrement comment s'y prenait ce commissaire général, pour se débarrasser d'un adversaire« de son gouvernement. »

M. B... avait alors une vingtaine d'années. Il se promenait sur le Champ de Bataille avec un aspirant de marine et un sous-lieutenant de hussards, nommé Boisquet, qui avait manifesté, dans quelques circonstances, un certain mécontentement; il disait, sans trop se gêner, ce qu'il pensait de l'Empereur, à propos des dernières guerres; mais, en somme, ce n'était pas un conspirateur, et ses jeunes compagnons de plaisir, flanant avec lui, sous les fenêtres des dames de leurs pensées, étaient bien loin de s'occuper de politique, lorsque M. Caillemer, sortant de chez lui, (il demeurait avons nous dit, dans la maison n° 14), s'approcha d'eux et, frappant sur l'épaule du sous-lieutenant de hussards le pria, avec un aimable sourire, de le suivre dans son cabinet.—M. B... et l'aspirant de marine attendirent en vain le retour de leur ami. Après une heure de promenade, ils se séparèrent avec l'espoir de se trouver tous réunis le soir chez l'un d'eux. Mais la soirée se passa et la journée du lendemain, sans qu'il leur fut possible de rencontrer M. Boisquet.—Très inquiet sur le sort de ce jeune officier, M. B... eut la pensée de prier son père, qui était reçu chez le commissaire général, de lui demander des nouvelles de M. Boisquet que l'on n'avait plus revu, depuis le moment où il l'avait appelé dans son cabinet. M. Caillemer lui répondit que ce jeune homme causait trop volontiers, et que, dans son intérêt, il l'avait envoyé au fort Lamalgue, où il aurait le loisir de parler politique avec les murs de sa petite chambre, sans troubler l'esprit des paisibles Toulonnais, qui ne demandaient qu'à vivre en paix sous le meilleur des gouvernements. Du fort Lamalgue, Boisquet fut expédié en Corse, et y demeura sous la surveillance de la police jusqu'à la Restauration [1].

La jeunesse toulonnaise se tint pour avertie, elle évita d'appeler l'attention de ce grave fonctionnaire qui, sans éclat, simplement, en faisant un signe, pouvait vous envoyer à cent lieues, ou vous faire enfermer dans un fort, quand il le jugeait à propos, dans l'intérêt de S. M. l'empereur et roi. Mais il faut ajouter, pour être juste, que ces arrestations arbitraires étaient rares et que M. Caillemer n'y mettait aucune passion personnelle. C'est ce qui explique l'estime générale dont il jouissait, tout en inspirant une certaine terreur. Les anciens Toulonnais n'ont pas oublié avec quel respect empressé, dans lequel se mêlait peut-être un sentiment de crainte, tous les passants saluaient M. le commissaire général; les boutiquiers eux-mêmes, venaient sur le seuil de leurs portes pour avoir

---

[1] J'ai entendu raconter que le même commissaire général avait envoyé au fort Lamalgue un ecclésiastique, M. l'abbé Desmazures, qui avait fait, en chaire, une critique trop sévère des actes du gouvernement.

l'honneur de lui présenter leurs devoirs ; ils étaient bien aise de demeurer en bons termes avec le représentant de S. M.

M. Caillemer s'était créé quelques amitiés fort honorables ; il avait été reçu membre de l'académie de Toulon, et il en était président en 1813. L'année suivante, quand la loi du 10 avril, eut supprimé les fonctions de commissaire général, il écrivit au maire, M. Trulet, une lettre, qui témoigne des bonnes relations qu'il avait su conserver avec les autorités municipales : « je ne quitterai point Toulon, lui disait-il, sans aller vous exprimer, Monsieur le Maire, combien les relations que j'ai eues avec vous m'ont été agréables, combien je vous serai toute ma vie attaché, parce que j'ai été a portée d'apprécier vos excellentes qualités. Au reste, l'absence que je vais faire ne sera que momentanée, puisque je laisse ma famille et qu'il faudra bien que je revienne la chercher, si je ne me détermine à fixer mon séjour en Provence [1]. »

M. Caillemer ne donna pas suite au projet qu'il manifestait dans cette lettre ; appelé bientôt à d'autres fonctions, il ne revint plus à Toulon [2]. Il vendit sa

---

[1] Lettre du 22 avril 1814.

[2] Pendant les cent jours, il fut un des sept lieutenants généraux de police institués par le décret du 28 mars 1815 — La restauration lui offrit une place de conseiller à la Cour de cassation, dont il avait déjà fait partie en 1791 ; il refusa et se fit modestement inscrire au tableau des avocats près le tribunal de Saint-Lô (Manche). — Ce ne fut qu'en 1830, qu'il consentit à accepter du gouvernement de juillet le titre de juge de paix du canton de Tessy. A 84

maison du Champ de Bataille, le 18 août 1814, à M. Antoine Perret, qui la céda, trois ans après, le 15 décembre 1817, à Mme Henriette Claire Chautard, épouse de M. Jean-Baptiste Richard.

Cette maison a été ensuite habitée par M. le général baron de Beurmann [1], qui fut maire de la ville de Toulon pendant 6 ans, du 20 septembre 1840 au 20 septembre 1846; il mourut le 11 octobre 1850.

Le général avait un fils, Joseph de Beurmann, qui publia, en 1836, étant capitaine du 55e de ligne, un *Traité sur l'infanterie légère* [2]. Ce petit ouvrage rempli d'idées ingénieuses et pratiques, valut à son auteur les félicitations du général Schramm, directeur du personnel au ministère de la guerre, mais on ne songea pas à lui donner de l'avancement; vingt ans après, il était encore capitaine. Je serais tenté de croire que, loin de lui être profitable, cette publication fut la cause indirecte de l'oubli dans lequel on laissa ses longs services. Très souvent, les fonctionnaires civils ou militaires qui livrent leurs travaux à la publicité, sont mal vus et mal notés. Ce n'est pas, assurément, le moyen de relever le niveau de l'instruction dans l'armée ni dans les administrations civiles; mais,

---

ans, il occupait encore cette humble magistrature. Il mourut dans le courant du mois d'octobre 1843 — Il était né, le 15 novembre 1757, à Carentan (Manche).

[1] Jean Ernest de Beurmann, né, le 25 octobre 1775, à Strasbourg.

[2] Paris Anselin, libraire 1836. 1 vol in-32.

l'usage le veut ainsi. Beaucoup de chefs d'administration sont même persuadés que, si leurs employés étaient trop instruits, le service en souffrirait.

MAISON N° 15 [1].

Le 11 avril 1781, MM. de Villeblanche, Bourguignon et Caire, maire et consuls de Toulon, qui étaient parvenus, non sans peine, à faire concéder à la ville le couvent des Pères Capucins, faisaient connaître à leurs concitoyens, par la voix du crieur public, que les terrains disponibles, provenant de ce couvent et de ses annexes, seraient exposés aux enchères le 23 avril et les 1er et 10 mai suivants.

Aux jours indiqués, et en présence de M. Laugier subdélégué de l'intendant de Provence, les terrains situés sur la place d'Armes, entre les rues St-Louis et St-Sébastien, furent adjugés, après diverses enchères, à Mme Joyeuse de Lépine et à MM. Romain, Baudin, Manche, La Poype de Vertrieux, d'Evant et de Pézénas, qui avaient fait les offres les plus avantageuses. L'adjudication eut lieu au prix moyen de 80 livres la toise carrée; cependant, le premier lot, à

---

[1] Cette maison, qui portait autrefois le n° 15 sur la place d'Armes, a son entrée, aujourd'hui, dans la rue Saint-Louis; elle est possédée par M. Thouron notaire.

cause de sa situation à l'angle de deux rues, (place d'Armes et rue St-Louis), fut poussé jusqu'à 100 livres la toise, et resta à Mme Joyeuse de Lépine, qui acquit ensuite la petite maison voisine, portant le n° 1 *bis* de la rue St-Louis.

Tous les acquéreurs furent soumis aux mêmes conditions générales : 1° construire immédiatement; 2° se conformer au plan dressé par M. Sigaud, architecte de la province, et approuvé par délibération du conseil du 21 avril 1781 ; 3° faire piloter les fondations dans le cas où la nature du sol l'exigerait ; 4° ne donner à chaque maison qu'une profondeur de neuf toises, entre l'alignement de la rue du Champ de Bataille et celui des cours intérieures ; sauf à ne pas occuper la totalité des 9 toises, mais sous la condition expresse de ne pas dépasser cette profondeur, indiquée du reste par une ligne rouge sur le plan d'alignement [1].

De leur côté, les acquéreurs exigèrent, de la municipalité, la promesse formelle de ne placer qu'une seule cloche sur l'église en construction. Le conseil ne fit aucune difficulté pour prendre cet engagement : « l'assemblée, considérant que le désir des acquéreurs sur cet article, se concilie très fort (lisons-nous dans la délibération du 12 mai 1781) avec l'intérêt pécuniaire de la communauté, a unanimement ratifié la réponse déjà faite aux requérants, à l'effet de quoi elle donne

---

[1] Acte de vente du 29 mai 1781, notaire Girard.

pouvoir à MM. les maire et consuls de souscrire à cette condition dans l'acte de vente. »

D'autres difficultés plus sérieuses surgirent après l'adjudication. Le plan uniforme, adopté pour la façade, ne se prêtait pas aux différentes combinaisons des acquéreurs. Les uns ne voulaient bâtir que trois étages, d'autres trouvaient les plafonds trop élevés; d'autres, enfin, prétendaient que le couronnement de la façade était trop lourd, et que le poids de la construction ferait fléchir le terrain peu solide sur lequel il fallait s'établir.

M. Sigaud, architecte de la province[1], auteur du projet, fut chargé par le conseil municipal d'apporter au plan les modifications demandées; mais, les divers acquéreurs ne s'entendant pas entr'eux, il était impossible de leur donner satisfaction, à moins de renoncer à l'uniformité du dessin, ce qui aurait enlevé à la façade l'aspect monumental que l'administration tenait à lui conserver. Tout ce que l'architecte put faire sans détruire l'harmonie de l'édifice, ce fut de réduire la hauteur du quatrième étage. Quant à la solidité des fondations, il répondit avec raison, que c'était aux constructeurs à prendre les précautions nécessaires pour les asseoir convenablement.

Il y avait, évidemment, dans les critiques adressées au projet de M. Sigaud, une certaine jalousie de mé-

---

[1] Ce fonctionnaire désigné par l'Intendant, administrateur général de la province, résidait à Aix.

tier; car l'un des acquéreurs, M. Pierre Romain, était lui-même architecte et l'occasion était trop belle de faire valoir ses propres talents, au détriment d'un confrère, pour la laisser échapper [1]. Il dut cependant exécuter le plan de M. Sigaud, qui était bien conçu et auquel nous devons la belle apparence de cette partie du Champ de Bataille.

Vers la fin de 1783, toutes ces maisons étaient construites et la plupart d'entr'elles étaient habitées par leur propriétaires. La première maison, qui porte aujourd'hui le n° 1 de la rue St-Louis, mais qui s'ouvrait à cette époque, sur le Champ de Bataille, était occupée, en 1790, par Mme Claire de Joyeuse, veuve de M. Jean Denis de Lépine, directeur des vivres de la marine, et par ses deux filles : Sophie et Louise. Cette dernière avait épousé M. le comte Louis Marie de Simony de Broutière, lieutenant de vaisseau, frère de l'abbé Jules François de Simony, qui devint évêque de Soissons.

L'abbé Jules François de Simony, né à Toulon, le 29 juillet 1770, était fils de François de Simony, aide major de la place et de Marie Charlotte d'Astour. Il fut

---

[1] M. Romain fut un des signataires et peut être l'inspirateur d'une protestation adressée à l'intendant, dans laquelle on allait jusqu'à dire que si la marine faisait faire une plantation sur le Champ de Bataille, c'était en grande partie pour atténuer le mauvais effet de cette façade : « Le corps de la marine, autant pour cacher le mauvais goût de ces façades, que pour rendre plus régulière la place à laquelle font face ces maisons, a formé précisément à quatre toises de distance une allée d'arbres qui, dans peu de temps, les couvrira entièrement. » (Archives de l'intendance à Draguignan.)

sacré évêque de Soissons, le 24 avril 1825, et administra ce diocèse pendant plus de vingt ans [1].

Ces Messieurs de Simony étaient quatre frères : le comte Louis Marie, époux de Mlle de Lepine, mourut en 1816, étant capitaine de vaisseau. Il n'avait eu que deux filles : l'une, Louise Victoire, était mariée à M. Amédée Louis Henri Joseph de Gantès, seigneur de Roquefure, officier de marine; l'autre, Françoise, épousa, le 15 janvier 1819, M. de Cellès de Montredon, capitaine d'état-major. Le contrat de mariage fut signé dans le grand salon du premier étage de la maison n° 15, en présence de M. le marquis de Castellane Lavalette, contre-amiral en retraite, et de plusieurs autres personnages.

Un autre frère de l'évêque, M. Charles de Simony, jeune officier de marine, à peine âgé de 18 ans, fut tué, le 14 octobre 1793, pendant le siége de Toulon.

Enfin, le quatrième frère, M. Louis Victor de Simony, contre-amiral, n'a laissé qu'un fils, le comte Alphonse de Simony encore vivant.

Cette famille est aujourd'hui dispersée. Le comte Alphonse de Simony, a épousé sa cousine, Mlle Elisa de Villers et habite le Nord de la France; le fils de M. de Cellès de Montredon, qui a vendu en 1851, la maison du Champ de Bataille à M.. Thouron, résidait à cette époque à Marseille; l'autre gendre de M. de Si-

---

[1] Il mourut à Soissons, le 26 février 1849. (Biographie inédite, rédigée par M. l'abbé Grisolle, aumônier de la marine.)

mony de Broutière. M. de Gantès est mort, et son fils, le vicomte de Gantès, vit en Algérie, où il a exercé, pendant plus de 15 ans, avec distinction, les fonctions de sous-préfet. Je suis bien persuadé que le jeune fils de ce dernier, élève du lycée de Toulon, ne se doute pas, quand il va rendre visite à son camarade Piétra, qui habite la maison n° 15, qu'il est peut-être dans la chambre où est née sa grand'mère.

MAISON N° 16 [1].

Cette maison ne rappelle aucun souvenir historique. Il semble donc que le chroniqueur n'a rien à y voir. Cependant, l'événement actuel, le fait qui se passe aujourd'hui, sera oublié demain et deviendra de l'histoire dans très peu de temps. Pourquoi ne me serait-il pas permis de le consigner ici; pourquoi ne donnerais-je pas quelques renseignements, quelques détails biographiques sur les personnes que nous avons connues et aimées et qui, hier encore, étaient parmi nous?

Est-il sans intérêt, par exemple, de rappeler que la maison n° 16, a abrité, pendant de longues années, une sainte femme, charitable entre toutes, simple et bonne, qui fit le bien sans bruit, avec discernement et

---

[1] Propriétaire actuel : M. Louis Fauchier.

sans jamais se lasser? Dans la haute société, à laquelle elle appartenait par sa naissance et par sa fortune, elle a passé presque inaperçue, mais dans les mansardes, d'où bien souvent je l'ai vue descendre, on savait qu'elle existait, et quand son petit pas alerte et ferme encore, malgré son grand âge, se faisait entendre dans l'escalier, les voisins disaient voici la *bonne dame*, qui va porter des secours aux pauvres gens du 5e.— Ce nom de *Bonne Dame* lui était resté, et, dans les vieux quartiers, on n'appelait jamais autrement Mme Fauchier, née Deydier de Pierrefeu.

Mme Fauchier, décédée le 9 novembre 1866[1], était

---

[1] « Avant hier, dimanche, lisons nous dans le *Toulonnais* du 12 novembre 1866, un nombreux cortége accompagnait à sa dernière demeure, Mme veuve Fauchier, née Deydier de Pierrefeu... La femme excellente et distinguée, l'octogénaire vénérée, qui vient de s'éteindre, méritait au plus haut degré cette honorable sympathie. Sa vie a été remplie de bonnes œuvres et de bonnes actions. »

Le *Propagateur du Var* publia quelques jours après une pièce de vers, intitulée : la *Bonne Dame*, dans laquelle tout le monde reconnut Madame Fauchier.

 Elle était d'illustre maison.....
 A quoi bon vous dire son nom ?...
 Bien des gens l'ignoraient sans doute..
 Le bon riche qu'elle implorait,
 Les pauvres qu'elle secourait,
 Sans compter ni le temps, ni la route.

 Tous l'appelaient la Bonne Dame.
 Ce beau nom, la voix populaire,
 La voix de Dieu le lui donnait;
 La bonne dame en plaisantait,
 Et n'en était jamais plus fière.

la fille de M. Louis Joseph François Deydier de Pierrefeu, chef d'escadre, et de dame Gabrielle Rosalie Le Blanc de Castillon. — Son grand père, Jean François Le Blanc de Castillon, procureur général au parlement de Provence, fut un des magistrats les plus distingués de nos anciennes cours [1]. Mais bien qu'elle fut heureuse d'entendre louer l'éloquence de son aïeul, elle avait une prédilection marquée pour un autre membre de sa famille, pour le vénérable évêque d'Ascalon, Mgr Deydier, son grand oncle paternel, qui fut un des premiers apôtres des missions étrangères [2].

Elle avait épousé, le 29 janvier 1806, M. Jean Louis Bernard Fauchier, négociant de cette ville, fils de M. Louis Antoine Fauchier et de D^{lle} Marie Madeleine Panon. — Un des messieurs Panon, cousin germain de M. Fauchier, épousa, vers la même époque, Mlle Charlotte Thiers, sœur du président actuel de la République [3].

Je ne dirai rien de M. Adrien Fauchier, digne fils de la *Bonne Dame;* il est peu de personnes de notre ville qui ne l'aient connu et apprécié.

---

[1] *Biographie de M de Castillon, procureur général de Provence*, par M. J. de Séranon Aix. Aubin 1847.

[2] *Biographie de Mgr Deydier*, par M. l'abbé Verlaque.

[3] Mlle Marie-Charlotte-Rosalie-Victoire Thiers, fille de Pierre-Louis-Marie Thiers et de Marie-Claudine Fougasse, née à Marseille le 21 juillet 1786, épousa, le 29 juillet 1807, M. Jean-Pierre-Félix Panon, né à Toulon, le 10 mai 1781, fils de Félix-Antoine Panon, bijoutier, et de Marie-Anne-Suzanne Caron.

MAISON Nº 17 [1].

M. Beaudin, avocat, archiviste de la municipalité, qui se rendit acquéreur, en 1782, du terrain sur lequel cette maison a été construite, fut une des premières victimes de la révolution de 1789.—Peu de jours après l'émeute populaire du 23 mars, dans laquelle il faillit périr, les consuls rendirent compte en ces termes de cet événement dramatique :

« Le 23 mars 1789, nous trouvant assemblés dans l'hôtel de ville, avec les délégués des corporations, des citoyens et des paysans, pour procéder à l'élection des députés de la cité, le peuple remplit peu à peu la salle basse de l'hôtel de ville, l'escalier, la salle joignant celle où nous étions assemblés, et enfin la rue et le quai; à des rumeurs sourdes succédèrent des cris effrayants, et la population annonça par des injures, des invectives de toute espèce, le projet affreux de prendre pour victimes le sieur Lantier de Villeblanche, ci-devant maire premier consul, l'un des membres de l'assemblée, et le sieur Beaudin, avocat en la cour, archiviste de la communauté. Pour parvenir à ce double but, les mutins tentèrent de forcer les

---

[1] Propriétaire actuel : Mme de Combaud, née Fauchier.

portes du secrétariat et celle de la salle où se tenait l'assemblée.

« Le péril croissant, nous et tous les membres de l'assemblée, dans le but de soustraire à la fureur du peuple les deux personnes qu'il désignait, nous les fimes cacher dans une petite chambre dont la porte donne dans la salle où nous étions. Cela fait, reconnaissant que le courroux de la populace était excité par la cherté des denrées de première nécessité, nous lui fimes annoncer une diminution de prix sur le pain, la viande et l'huile.

« L'annonce de cette diminution fut insuffisante pour arrêter les effets de la sédition. Sans respect pour le lieu, méprisant tous les avis, la populace continua à exhaler sa fureur contre les dits sieurs Lantier et Beaudin, et menaça de se porter aux derniers excès.

« Cependant la porte extérieure du secrétariat fut forcée; la populace s'introduisit dans la salle de l'assemblée. Elle demanda à grand cris les sieurs Beaudin et Lantier, et refusa de se retirer, bien qu'on l'assurât que ces messieurs n'étaient point à l'hôtel de ville. Quelques soldats du corps de garde de St-Jean étant accourus pour essayer de ramener l'ordre, le peuple les désarma.

« Les mutins ayant soupçonné que les sieurs Lantier et Beaudin pouvaient bien être cachés dans la petite chambre, se portèrent avec fureur vers cet endroit, en brisèrent la porte, et en ayant arraché les sieurs Lantier et Beaudin presque mourants, ils exercèrent sur leurs personnes toutes les horreurs imaginables.

Le sieur Lantier s'étant échappé des mains de ces furieux, prit retraite dans le secrétariat, et se cacha dans un petit cabinet masqué par la tapisserie. Quelques-uns de ceux qui l'avaient excédé se portèrent au secrétariat, enfoncèrent la porte du cabinet dans laquelle le sieur Lantier s'était caché, l'en arrachèrent avec violence, le renversèrent par terre, le foulèrent aux pieds et l'accablèrent d'injures et de coups. Les mêmes horreurs étaient exercées sur la personne du sieur Beaudin, qui était resté dans la salle de l'assemblée.

« Cependant, quelques personnes courageuses et honnêtes qui, au péril de leur vie, avaient arrêté en partie la fureur du peuple, parvinrent à enlever les sieurs Lantier et Beaudin; ils les firent monter au haut de l'hôtel de ville et évader par les toits [1]. »

Pendant ce temps, une autre partie de l'émeute se dirigeait vers la place d'Armes, envahissait la maison de M. Beaudin, la pillait et la démolissait ensuite. « En quelques heures dit l'auteur de l'*Histoire de la Révolution dans le département du Var*, la maison Beaudin, sise sur le Champ de Bataille, n'était plus même une ruine. Au milieu d'une grêle de cailloux, on vit sortir des décombres une dame suivie de sept enfants, c'était madame Beaudin... [2]. »

---

[1] Procès-verbal dressé, le 6 avril 1789, par les consuls, à la requête du Parlement d'Aix. (HENRY. *Histoire de Toulon*. T. 1. p. 43.)

[2] H. Lauvergne. *Histoire de la Révolution française dans le département du Var*. p. 11.

La maison de M. Beaudin ne fut reconstruite qu'en 1809. Une note mise en marge des registres du cadastre de cette année, fait connaître que l'immeuble vient d'être réédifié et que Beaudin n'est pas riche : « cet homme étant dans un état de disgrâce, les autorités décideront la manière selon laquelle sa propriété doit être traitée. » On eut égard à cette recommandation, en ne taxant l'immeuble que d'après la valeur du terrain.

Mme Malaussène Victoire, épouse Sapet, possédait cette maison en 1828 ; sa fille Mme Verse, la vendit en 1856, à Mme Breton, épouse Boisselin. C'est de Mme Boisselin que Mme Angèle de Combaud, née Fauchier, l'a acquise il y a quatre ans environ.

MAISON N° 18 [1].

Il n'est pas, à Toulon, de maison plus connue que celle-ci. Amiral ou matelot, commissaire général ou magasinier, ouvrier de l'arsenal ou garde chiourme, riche négociant ou marchand au détail, grand propriétaire ou laboureur, chacun y est venu, tour à tour, pendant plus de soixante ans, apporter ses économies, retirer ses revenus, toucher son salaire ou recevoir le prix de ses fournitures.— Il a été compté, dans cette

---

[1] **Propriétaire actuel : M. Louis Coulombeau.**

maison, occupée successivement par quatre receveurs généraux et aujourd'hui par un banquier, plus d'argent qu'il n'en faudrait pour débarrasser la France de ses envahisseurs.

Au commencement de ce siècle, M. Cagniard s'y installait avec M. Armand, son teneur de livres et plus tard son caissier [1]. Les premiers, ils établirent à Toulon la nouvelle comptabilité publique de l'an VIII, que M. le comte Corvetto devait perfectionner en 1816 [2] et M. de Villelle en 1820.

M. Cagniard conserva la recette générale jusqu'en 1823; il fut remplacé, l'année suivante, par M. le comte Littardi, auditeur au conseil d'Etat, gendre de M. le comte Corvetto, qui avait quitté le ministère des finances depuis quelque temps [3].

---

[1] M. Armand fils, qui était encore caissier de la Trésorerie générale l'année dernière, avait succédé à son père en 1823. C'est entre leurs mains honnêtes que tant de millions ont passé depuis 60 ans.

[2] « Un arrêté du 10 novembre 1816, rendu par le ministre des finances, M. le comte Corvetto, fit succéder un mode régulier et uniforme d'écritures aux méthodes insuffisantes et variables, qui étaient autrefois suivies par chaque régie financière et par leurs nombreux préposés. (Marquis d'Audiffret. *Système financier de la France*. T. I. p. 329.)

[3] M. le baron Nervo rappelant, dans une remarquable étude sur le comte Corvetto, la dernière entrevue du roi avec son ministre, fait connaître, en ces termes, dans quelles circonstances eut lieu la nomination de M Littardi. « Louis XVIII, entrant dans un détail de famille qui fait un bien grand honneur à M. Corvetto, lui dit : « Tant que vous avez gardé le portefeuille « des finances, vous n'avez pas voulu me proposer pour receveur général M. « Littardi. Actuellement, je ne trouverai plus d'obstacle en vous, et je vous

Bien que M. le comte Littardi nous ait quittés depuis près de 14 ans, et qu'il se soit éteint loin de nous, dans un âge très avancé [1], son souvenir est si vivant à Toulon, qu'une biographie n'apprendrait rien à personne. Pendant trente-cinq ans, il a eu des relations avec la population tout entière, et a su gagner l'estime et l'affection de toutes les classes de la société. Son abord aimable et bon, est encore présent à la mémoire de nous tous; il joignait, à une haute distinction, une charmante affabilité, qui le faisait aimer surtout de ceux qui avaient besoin de lui. Fondateur et bienfaiteur de plusieurs œuvres de charité, il faisait le bien avec une grâce parfaite. Combien de pauvres familles ont perdu en lui un ami et un soutien!

La sympathie dont il était entouré et qu'il méritait à tant de titres, se manifesta avec une touchante unanimité, en 1848, quand une crise financière irrésistible le força à suspendre ses paiements. Ses créanciers vinrent en masse lui offrir du temps pour s'acquitter. Il était ruiné, mais aidé par le gouvernement qui le laissa en fonctions et fortement soutenu par le crédit que son honorable caractère lui assurait partout, il reprit les affaires et parvint en très peu de temps à rembourser tout ce qu'il devait, capital et intérêts;

« annonce que je lui réserve la première recette générale vacante. » Le Comte Corvetto, *ministre des finances sous Louis XVIII*, par M le baron de Nervo, *trésorier général*, p. 467.

[1] Il est mort à Gênes, le 28 février 1871, à l'âge de 82 ans.

mais il n'avait reculé devant aucun sacrifice pour atteindre promptement ce résultat; il avait aliéné l'immeuble qu'il occupait, réduit son train de maison, vendu sa voiture, ses chevaux, ses bijoux et jusqu'à son argenterie.

Tout cela se fit simplement, naturellement, sans modifier en rien l'aménité et l'égalité de son caractère. Il fut aussi accueillant, aussi charitable que par le passé, et quand il eut reconquis sa fortune il en fit encore un noble usage. C'est de cette époque que date la fondation de l'œuvre des Sœurs de l'Espérance, qui a pour but de donner des soins aux malades; il leur procura les ressources nécessaires pour s'établir, et y contribua personnellement dans une large mesure.

M. le comte Littardi ne fut propriétaire de la maison n° 18 que pendant une douzaine d'années, de 1837 à 1849; mais il l'habita si longtemps, qu'elle a conservé son souvenir et en quelque sorte son empreinte; pour beaucoup de Toulonnais, elle demeurera la maison Littardi pendant bien des années encore.

MAISON N° 19 [1].

M. le marquis Louis Armand La Poype de Vertrieux, chef d'escadre, qui fit bâtir cette maison, en

---

[1] Propriétaires actuels : MM. Legras.

1782, appartenait à une très ancienne famille du Dauphiné. Il était seigneur de Vertrieux, et c'est sur ses terres que les religieuses de Salettes avaient élevé leur couvent [1].

Elu député par la noblesse de la sénéchaussée de Toulon, en 1789, M. La Poype de Vertrieux siégea à l'assemblée nationale et ne revint plus dans notre ville. Sa maison fut acquise, le 29 juillet 1796, par la dame Marianne Blancard, veuve Orange, qui la revendit, le 2 janvier 1822, à M. Désiré Legras, capitaine de vaisseau, père de l'amiral.

MAISON N° 20 [2].

Le premier propriétaire de cette maison, fut M. François Armand d'Evant, ancien sous-commissaire de marine, qui la vendit le 11 novembre 1807, à M. Jean-Baptiste Crassous, négociant. Elle appartient aujourd'hui à Mme Henri Aguillon.

---

[1] « Il y a différend entre M. de Vertrieux et les religieuses du couvent de Salettes, sur ce qu'en l'année 1606, les religieux et religieuses du dit couvent, passèrent reconnaissance au profit du seigneur de Vertrieux. » Délibéré à Grenoble, le 20 juin 1661. (*Arch. comm. de Toulon.* Suppl. II. art. 8.)

[2] Propriétaire actuel : Mme Aguillon.

MAISON N° 24 [1].

M. Laurent-François-Xavier de Pézénas, lieutenant de vaisseau, acquit, en 1781, l'emplacement formant l'angle du Champ de Bataille et de la rue Saint-Sébastien, et y fit bâtir deux maisons qui sont aujourd'hui réunies. Il avait deux filles : 1° Olympe-Marguerite Marie, à laquelle il laissa la maison située sur le Champ de Bataille ; 2° Gabrielle-Thérèse-Ursule, qui reçut la petite maison de la rue Saint-Sébastien. (Acte de partage du 1er juillet 1806.)

Mlle Olympe de Pézénas épousa, le 11 mars 1807, M. Jean-Baptiste Lacroix, vicomte de Charrier Moissard, capitaine de frégate [2].

M. le vicomte de Charrier Moissard était contre-amiral honoraire, en 1822, quand il plut à S. M. Louis XVIII de lui confier l'administration de sa bonne ville de Toulon. Le contre-amiral accepta cette mission sans hésiter et ne la remplit pas plus mal qu'un autre. Secondé par des adjoints expérimentés [3], entouré d'un conseil royaliste avec lequel il était en parfaite com-

---

[1] Propriétaire actuel : M. Mourraille.
[2] Né à Bagnols (Gard), le 14 septembre 1765
[3] MM. Gairoard, François-Antoine, âgé de 75 ans, adjoint depuis le 9 novembre 1815 et Laugier, Jean-Joseph, âgé de 70 ans, adjoint depuis le 4 février 1816

munauté d'idées, il géra les affaires de la ville de manière à ne mécontenter que ses adversaires politiques.

Ce conseil, comme on le pense bien, accueillait plus volontiers les demandes de crédit, ayant pour objet la restauration et l'embellissement des églises, que les demandes de subvention pour le théâtre. Cependant, il serait inexact de dire qu'un de ces intérêts fut sacrifié à l'autre. Ainsi, après avoir voté avec empressement 3,000 francs pour acheter un orgue à l'église de Saint-Pierre, 5,400 francs pour carreler en marbre la grande nef de la cathédrale, et 300 fr. pour aider les Trappistes établis à la Sainte-Baume à relever leur monastère, le conseil fit quelques difficultés pour accorder une subvention de 3,000 fr. au directeur du théâtre; mais ensuite il porta cette subvention à 7,000 fr. et s'occupa avec ardeur d'un projet pour la construction d'une nouvelle salle de spectacle.

Cette question si souvent et si longtemps débattue, fut cause d'une division dans le conseil, qui était resté uni jusqu'alors. Tous les conseillers reconnaissaient l'utilité de la dépense et se montraient disposés à voter les fonds nécessaires, mais ils n'étaient pas d'accord sur le choix de l'emplacement. On en proposait cinq : le premier et le second, rue Lafayette, entre les rues Maireau et Roche, ou entre les rues Fougassière et des Trois Mulets; le troisième et le quatrième, sur la Place Puget; au nord, en face de la fontaine, ou au sud, entre les rues de la Miséricorde et du Pradet; le cinquième, sur le Champ de Bataille, à l'angle de la rue de l'Intendance.

L'emplacement situé entre les rues Roche et Maireau (aujourd'hui rue de Lorgues), fut adopté à une assez grande majorité; mais le sous-préfet fit connaître au Maire, que ce choix était généralement désapprouvé et que l'opinion publique, à laquelle il se rangeait personnellement, se prononçait en faveur de l'emplacement situé au nord de la place du Lys (Place Puget).

M. de Charrier Moissard, en communiquant au conseil municipal les observations du Sous-Préfet, fit remarquer que les immeubles situés sur la place du Lys avaient une grande valeur, et qu'il faudrait consacrer au moins 345,000 francs à l'acquisition des 23 maisons comprises dans ce projet; il ajouta, qu'à défaut de l'emplacement de la rue Lafayette, il n'en trouvait pas de plus avantageux que celui du Champ de Bataille, où on n'aurait à acquérir que sept maisons d'une valeur totale de 160,000 francs; sa situation sur une belle place permettant, du reste, de louer à bon prix les magasins que l'on avait l'intention de construire au-dessous de la nouvelle salle de spectacle.

Cet emplacement offrait de grands avantages et paraissait devoir être préféré aux autres; mais les conseillers n'oublièrent pas assez qu'ils étaient propriétaires dans les vieux quartiers; ils remarquèrent un peu trop, peut-être, que le Maire, qui défendait ardemment ce projet, possédait une maison sur le Champ de Bataille, et qu'il devait profiter de la plus value que procurerait aux immeubles situés sur cette place, la construction d'un beau monument. Sa proposition fut donc accueillie avec froideur. Après s'être rapidement consultés du regard, les conseillers demandèrent la nomination d'une commission, pour étudier l'affaire qui ne leur paraissait pas suffisamment instruite.

Les membres de cette commission, MM. Gérard, Pignol, Trabaud, Henry et Julien se livrèrent à de nombreux calculs et s'attachèrent surtout à démontrer que les chiffres présentés par M. de Charrier Moissard étaient erronés. Ainsi, ils firent ressortir que le Maire portait le prix de la toise des terrains de la place du Lys à 1,212 fr., tandis qu'il n'évaluait le prix des terrains du Champ de Bataille, qu'à 673 fr. la toise carrée.

M. de Charrier Moissard expliqua, en peu de mots, que la différence signalée portait entièrement sur la valeur des constructions : qu'il n'existait sur l'emplacement du Champ de Bataille que quatre maisons, deux greniers et un jardin, tandis que celui de la place du Lys était occupé par 23 maisons; puis, entrant dans un autre ordre d'idées, il dit que, dans le premier cas, on n'aurait à déloger que 37 locataires et dans le second 327; que les experts et les architectes avaient évalué la dépense totale (acquisition du terrain et construction de l'édifice) à 711,000 ou à 1,200,000 francs, suivant que l'on choisirait le premier emplacement ou le second, et, enfin, que sur le Champ de Bataille on pourrait donner à la principale façade du monument un développement de 45 mètres, tandis qu'il serait impossible de lui en donner plus de 24 sur la place du Lys.

Après une longue discussion, on alla aux voix et les deux projets furent successivement repoussés par un égal nombre de suffrages.

Le projet de construire une nouvelle salle de spectacle fut donc abandonné. Mais la question s'imposait chaque année, à propos de la location de l'ancien théâtre. Les propriétaires de cet édifice ne voulaient plus traiter directement avec les artistes, ils ne consentaient à le louer qu'à la ville et moyennant le prix exagéré de 7,000 francs. Leur but était connu, ils entendaient forcer la municipalité à acquérir leur théâtre. Ils l'estimaient 100,000 fr. On leur offrit 60,000 fr., et, après deux ans de négociations, l'affaire fut conclue à ce prix [1]. C'est ainsi que la commune de Toulon est devenue propriétaire de ce vaste immeuble qui n'est utilisé que pendant la période électorale.

On remarquera, peut-être, avec quelque étonnement, que les mêmes conseillers qui avaient refusé, en 1823 et 1824, d'allouer au directeur du théâtre une subvention de 3,000 fr., n'hésitèrent pas, en 1829, à voter 60,000 fr. pour l'acquisition d'une salle de spectacle. C'est que l'exercice prolongé du pouvoir avait modifié leurs idées sur beaucoup de questions. Ils ne croyaient plus, comme aux premiers jours de leur installation,

---

[1] Délibération du 8 mai 1829 Le crédit fut voté par les conseillers dont les noms suivent : MM. Bourges, Court, Aug. Pignol. Th, Arnaud, Gabriel Honorat, Racord, Cauvin, Ventre, Trabaud, Julien, marquis de Clinchamp, Henry, Jean Gérard, Verse, Ferrand, Godet, Duplessis-Ollivaut, Sermet, Colle, Fournier, Gaillard, Sénès et vicomte de Charrier Moissard.

que ce qui était très utile la veille était devenu complètement inutile le lendemain, par ce seul fait qu'il avait plu au souverain de les placer à la tête de l'administration communale ; ils ne disaient plus, avec la même conviction, que tous leurs prédécesseurs avaient marché dans une voie déplorable et qu'eux seuls étaient entrés dans la bonne voie.

M. de Charrier Moissard et son conseil, obéissant à la loi commune, ne s'étaient préoccupés, au début de leur gestion, que d'une seule chose : affirmer leurs convictions politiques et prouver leur dévouement au Roi. Le 23 mai 1823, ils votaient 20,000 fr. pour organiser des fêtes à l'occasion du voyage de la duchesse d'Angoulême ; le 23 décembre ils en dépensaient 5,000 pour recevoir le 7me régiment de ligne, qui venait de combattre sous les ordres du duc d'Angoulême, et, le 30 mars 1824, ils s'associaient à la souscription ouverte pour élever un monument à la mémoire du général Pichegru ; enfin, le 30 décembre de la même année, ils faisaient rédiger par M. Pons, professeur de rhétorique, un mémoire tendant à prouver, « que la contre-révolution, opérée en 1793, n'avait eu pour but que le rétablissement de la monarchie légitime, et que les vaisseaux et les troupes des puissances coalisées n'avaient été introduits dans notre port et dans nos murs, que comme auxiliaires et alliés du souverain légitime [1]. »

[1] Cet ouvrage fut imprimé à Paris, chez Trouvé, aux frais de la ville, et publié sous ce titre : *Mémoire pour servir à l'histoire de la ville de Toulon, en 1793.* Les frais de cette publication s'élevèrent à 5,065 fr.

Satisfaction étant donnée « à l'opinion publique » (toutes les délibérations d'un conseil récemment installé tendent vers ce but), MM. les conseillers songèrent enfin aux intérêts matériels de la cité, et comme ils étaient intelligents, instruits et dévoués, ils n'administrèrent pas plus mal que leurs prédécesseurs. Ils ont même laissé quelques bons souvenirs de leur passage aux affaires. Nous leur devons, notamment, la restauration des caryatides, qu'ils eurent la sagesse et le bonheur de confier à un artiste vraiment digne, par son talent, de toucher à cette œuvre immortelle. Louis Hubac, notre illustre compatriote parvint, non sans peine, à réparer les parties du monument qui avaient été endommagées, et il le fit avec une telle sûreté de main, avec un soin si délicat, que l'œuvre du grand maître revint en quelque sorte à la vie et nous fut rendue dans toute sa splendeur primitive [1].

Louis Hubac fut ensuite chargé par M. de Charrier Moissard d'exécuter un ornement pour la fontaine du port, située à l'extrémité de la rue de l'hôtel de ville, et il fit cette belle tête de Janus, qui a été transportée au Musée sous l'administration de M. Audemar et remplacée par un moulage en plâtre.

La reconstruction de la fontaine de la rue des Bons frères fut également exécutée d'après les ordres de

---

[1] V. les délibérations du conseil municipal des 9 mars et 30 novembre 1827 et 7 janvier 1828.

M. Charrier Moissard[1], ainsi que la réparation du pavé du Cours Lafayette[2].

C'est sous la même administration, que la caisse d'épargne a été fondée à Toulon[3], et que le Mont de piété a acquis la maison qu'il occupe sur la place St-Jean[4]. Enfin, M. de Charrier Moissard fit, le premier, des démarches auprès de la Marine, pour obtenir l'autorisation de construire le port marchand dit de *La Rode*[5], qui n'a été ouvert, cependant, qu'en 1835.

A cette date, le vicomte de Charrier Moissard n'était plus à la mairie; il avait été remplacé, le 5 août 1830, par M. Fournier, notaire, qui ne consentit à y demeurer quelques semaines, que pour donner le temps aux nouvelles autorités de se reconnaitre et de reconstituer la municipalité[6].

M. de Charrier Moissard vendit sa maison à M. le docteur Reynaud et s'éloigna de Toulon.

M. Reynaud, 1er chirurgien en chef de la marine, membre de l'académie de médecine de Paris, que l'école de médecine navale de notre ville est heureuse

---

[1] Délibération du 22 avril 1824.
[2] Délibération des 22 avril et 10 novembre 1824.
[3] Délibération du 8 septembre 1826.
[4] « Le conseil délibère, le 3 novembre 1829, qu'il y a lieu d'autoriser l'administration du Mont de Piété à acquérir, moyennant 35,600 fr. la maison de M. de Missiessy. » (M. de Missiessy venait de la vendre à M. Charles Senès, qui la céda au Mont de piété.)
[5] Délibération du 20 novembre 1825
[6] V. rue Bourbon, n° 62, maison de M. Fournier, notaire.

de compter parmi ses illustrations, était aussi bien-veillant, aussi aimable qu'il était savant et distingué [1].

RUE DE L'ARSENAL.

L'ancien faubourg, à travers lequel ont été ouvertes, sous le règne de Henri IV, la rue de l'Arsenal et les petites rues qui viennent y aboutir, était presque entièrement occupé, vers le milieu du XVIe siècle, par deux grandes savonneries appartenant, l'une, à M. de Thomas, seigneur de Millaud, l'autre, à M. Signier de Poisin [2]. On y voyait, cependant, du côté du Sud, baigné par la mer [3], quelques cabanes de de pêcheurs.

Au commencement du XVIIIe siècle, la plupart des maisons situées au nord de la rue de l'Arsenal appartenaient encore à des fabricants de savon, et presque toutes les maisons situées en face, étaient possédées par des patrons pêcheurs; et, chose singulière, la rue elle-même portait deux noms : la partie Nord,

---

[1] V. rue de l'Arsenal n° 2, la biographie de M. le docteur Reynaud.

[2] Cadastre de l'année 1550. Fol. 48. — Archives. Série CC. art 7.

[3] «.....Le procureur du roy nous a demandé acte de la dite déclaration, que toutes les maisons qui visent à la place Saint-Pierre, à la rue St-Louis (rue de l'Arsenal) et par derrière, à celle de Bourbon, ont été bâties dans les avances de la mer. » (Procès-verbal de M Guidy., commissaire du roi, chargé de la vérification des directes, en 1668 Archives. série CC. art 86.

(comprenant les numéros impairs), s'appelait la rue de la *Fontaine du roi* et la partie Sud, la rue des *Bohêmes*[1].

L'étymologie de ces deux noms s'explique facilement. Il existait, autrefois, devant la porte de l'arsenal, une belle fontaine servant aux besoins de la marine royale, et qui, par ce fait, était appelée la *Fontaine du Roy*[2]. Située sur la petite place qui domine, à droite et à gauche, toutes les maisons portant les numéros impairs, elle servait à les indiquer et donna son nom à cette partie de la rue.— Les maisons situées de l'autre côté, n'étaient habitées, en 1707, que par des pêcheurs, des matelots, des savetiers[3], et sans doute par un certain nombre de bohêmes ou bohémiens[4]. Ces mendiants nomades, qui faisaient tous les métiers, s'arrêtaient quelquefois dans les villes populeuses, et s'y réfugiaient dans des cabanes ou dans des maisons en ruines. Il y en avait à Marseille à la même époque, et leur présence avait été assez remarquée pour donner à la population de cette ville, comme à

---

[1] Cadastre de 1728

[2] « Prise qui donne l'eau à la *Fontaine du Roy*, proche la porte de l'arsenal » *Etat de tous les plans des reposoirs des eaux qui sont dans l'enclos de cette ville.* ARCHIVES Série DD. art. 46.)

[3] Dénombrement de la population, ann e 1707. (ARCHIVES. — Série CC. art 50).

[4] « Bohêmes, ainsi dits parce qu'on croyait qu'ils venaient de la Bohême; Bohême a aussi signifié marchand de vieux habits (LITTRÉ. *Dictionnaire de la langue française*).

à celle de Toulon, la pensée de désigner la rue qu'ils habitaient sous le nom de rue des Bohémiens [1].

La rue de l'Arsenal s'appelait donc des *Bohèmes* et de la *Fontaine du Roy*, en 1728; mais ce n'était pas la première fois qu'elle avait reçu deux noms. En 1668, la partie de la rue qui fait suite à la place Saint-Pierre, était dite de *Saint-Pierre*, et la partie qui s'étend, de la porte de l'arsenal à la place d'Armes, s'appelait rue *Saint-Louis*. Précédemment, on donnait à la rue de l'Arsenal le nom de quartier des *Savonnières* ou du *Seccan* (séchoir). — Ces hésitations ne cessèrent que lorsque la construction de la grande porte de l'arsenal, faisant face à la rue, fit oublier toutes les autres dénominations. Depuis 1738, elle a toujours été désignée sous le nom de rue de l'Arsenal. Par une faveur spéciale, elle traversa la période révolutionnaire sans subir aucune transformation; on essaya, il est vrai, pendant la Restauration, de lui donner le nom de rue d'Angoulême, mais cette modification ne fut pas adoptée par les habitants, qui persistèrent à l'appeler rue de l'Arsenal.

---

[1] « Au milieu du dix-huitième siècle, il y avait encore des Bohémiers à Marseille. La rue de la Panoucherie était alors dite de la *Fontaine des Bohémiennes*. » (AUG. FABRE. *Notice historique sur les anciennes rues de Marseille*. p. 156.)

[2] « Les travaux du mur de clôture furent terminés le 19 janvier 1837; mais la porte de l'arsenal, dont les ouvrages de sculpture exigeaient plus de temps, ne fut achevée qu'en 1738. Les dessins de cette architecture furent faits par Bernard Toro, maître sculpteur du port de Toulon, l'exécution en fut confiée à Lange, Verdiguier et Hulac, l'ancien. » (Archives de la marine. Direction des travaux hydrauliques.)

MAISON N° 1 [1].

En 1815, après les Cent jours, le gouvernement de la Restauration se vit obligé de licencier un grand nombre d'officiers et de sous-officiers. Parmi ces derniers, se trouvait le jeune Bellue, sergent dans le 9ᵉ régiment de ligne, qui tenait garnison à Toulon depuis quelque temps [2].

Jean-Pierre Bellue, originaire de Saint-Bonnet (Hautes-Alpes), savait lire, écrire et compter. Il se demanda à quoi pourrait lui servir cette instruction dans son village, et, après mûre réflexion, il prit le parti d'en chercher l'emploi dans notre ville. — Tout compte fait, il reconnut avec un certain désappointement que son avoir disponible se réduisait à la somme de sept francs, cinquante centimes [3]. C'était une mise de fonds bien maigre pour entreprendre un commerce; mais Bellue n'était pas homme à se décourager; il avait cette persévérance, cette finesse, cet instinct commercial dont ses compatriotes sont généralement pourvus, et qui leur permet de se tirer d'affaire et

[1] Propriétaire actuel : M. Bellue, fils, libraire à Marseille.
[2] Ce régiment était caserné dans une grande maison de la rue des Riaux, portant aujourd'hui le n° 15
[3] Il a raconté bien souvent à ses amis qu'avec 7 fr. 50 c. il était parvenu par un travail opiniâtre, à se créer 10,000 francs de revenus.

même de prospérer dans des positions où d'autres mourraient de faim. — Il alla s'installer dans la rue des Prêcheurs, tout près de la petite porte du collége et là, assis sur un banc qu'il s'était fait prêter, il offrait aux jeunes élèves qui sortaient du collége, de leur acheter les livres dont ils ne se servaient plus. A la rentrée, il revendait ces mêmes livres à ceux qui en avaient besoin, ou à leurs parents. Il achetait une grammaire 0, 25 c., un catéchisme 0,15 c. et les revendait invariablement 0,50 centimes. A la longue, cet échange fructueux fit entrer une grande quantité de gros sous dans la poche de Bellue, qui ne les y laissa pas improductifs. Il se construisit lui-même une échoppe et joignit aux livres classiques, quelques bons bouquins, acquis au prix du papier.

Tout en faisant ce commerce, le sergent Bellue ne négligeait pas ses anciennes connaissances : il causait avec les officiers en demi solde, qui n'étaient pas contents, comme ou le pense bien, du nouveau régime. Il eut la pensée de se faire adresser et de leur vendre secrètement les brochures politiques et les chansons de Béranger, dont la vente était interdite. Tous les libéraux vinrent, peu à peu, le trouver et lui formèrent une nombreuse clientelle. — La fortune lui souriait, il l'attira à lui et sut la retenir. En très peu d'années, il amassa une somme assez ronde pour acheter la grande maison de la rue de l'Arsenal n° 1 [1], où on a

---

[1] Cette maison appartenait à Mme Monnier, sœur de M. Charbonnier, ancien député à la Convention nationale ; Bellue s'en rendit acquéreur, le 19 février 1824.

vu, pendant plus de 30 ans, son vaste établissement littéraire, connu sous le nom de *Galerie universelle*.

Bellue ouvrit, dans cette même maison, en 1825, un cabinet de lecture, qui devint le rendez-vous de tous les mécontents, et ils étaient nombreux à cette époque; mais il sut se tenir en dehors de tous les petits complots qui se tramaient autour de lui. Il traversa ainsi la Restauration, sans se compromettre et en faisant d'excellentes affaires.

La librairie Bellue était la plus importante et la mieux fournie de notre ville [1]. On y trouvait toutes les nouveautés scientifiques et littéraires. M. Bellue édita lui-même quelques bons ouvrages sur la marine et sur l'histoire de Provence. La première édition des *Promenades à Hyères*, de M. A. Denis, député du Var, fut publiée chez lui. Il aurait pu également éditer s'il l'avait voulu, le premier roman d'Eugène Sue; mais il ne devina pas, sous l'uniforme du chirurgien de marine, le futur auteur des *Mystères de Paris*. Voici, d'après ce que m'a raconté un bibliophile très connu, la petite scène qui se passa entre le libraire et l'écrivain.—M. Bellue avait fourni à Eugène Sue quelques ouvrages de médecine, qui ne lui avaient pas été payés. Il apprend que son débiteur va quitter Toulon et qu'il n'y reviendra pas de longtemps. Averti de l'heure du départ, il se rend sur la place au Foin, et

---

[1] *Statistique morale de la France ou Biographie par département*. Var, page 48.

s'interposant entre la diligence et le voyageur, lui réclame, avec quelque vivacité, le montant de sa facture. Eugène Sue, un peu déconcerté, cherche en vain dans son porte-monnaie la somme exigée, et finit par offrir au terrible libraire de lui céder le manuscrit de *La Salamandre*, qu'il avait dans une de ses poches. Bellue, manquant de flair pour la première fois de sa vie, refusa net et se fit remettre quelques pièces de monnaie. Il dut s'en repentir, quand il vit avec quel empressement les grands journaux de Paris publiaient les feuilletons de son débiteur, et, surtout, quand il apprit que les libraires de la capitale achetaient à des prix énormes les œuvres du célèbre romancier.

Après avoir exercé pendant plus de 40 ans la profession de libraire, Bellue songea à se retirer des affaires; mais il ne se sépara pas immédiatement de tous ses livres; il en céda diverses collections pour fonder ce qu'il appelait les succursales de sa galerie universelle. C'est ainsi qu'il établit son fils à Marseille, et qu'il confia des dépôts à MM. Rumèbe, Demeaux, Guillemin et Dégrange, pour ouvrir des magasins dans les principaux quartiers de notre ville. Il a dit, dans un *Prospectus*, qu'il avait fondé 16 librairies ou imprimeries [1], mais il ne s'appartenait déjà plus à

---

[1] « Le public, écrivait-il, sera stupéfait et abasourdi quand il saura que c'est moi, l'ex-libraire de Toulon, fondateur de 16 librairies et imprimeries, qui ai écrit tout cela. » *Napoléon 1er, ses confessions, ses paroles*, etc.

cette époque ; son esprit affaibli trébuchait dans les rêveries dangereuses du spiritisme ; la lecture des ouvrages d'Allan-Kardec et de Castle avait troublé son cerveau.

Ce pauvre Bellue entretenait les relations les plus fantastiques avec ses chers héros. Le capitaine Vallé, qui périt victime de ses croyances politiques, lui donnait des conseils dans l'intérêt de sa santé [1]; Napoléon l'appelait son« cher vieux sergent et ami »; il lui disait le 13 mai 1867 : « persiste dans ta tâche, car elle est noble ! le genre humain t'en sera reconnaissant et t'élèvera une statue dont le piédestal sera aussi solide que tes doctrines [2] ». Bellue invoquait souvent l'esprit de Voltaire et celui de son illustre ami Béranger. Il recevait, en outre, les inspirations d'Hérodote, qui venait, dans son cabinet, collaborer avec Voltaire.— Lui-même écrivait l'*Histoire du Monde avant le Monde*, sous la dictée de Moïse et de Jésus-Christ.— Dans ses moments perdus, il ne dédaignait pas de cor-

---

[1] Bellue rappelle lui-même, en ces termes à, quelle occasion feu son ami Vallé lui écrivit : « Le 28 mai, M Bellue dépose une couronne sur la tombe de Vallé. Ce jour M. Bellue mange à son diner une cotelette de veau entourée d'oseille, qui n'était pas assez macérée, ce qui lui donne de violentes coliques et un poids sur l'estomac. M. Bellue rentre chez lui à huit heures et trouve dans son cabinet de travail, fermé à clef, le billet dont voici la copie : « Ami Bellue, tu souffres des coliques, prends : tisane de menthe « et une infusion d'écorce d'orange. — Adieu, ami, merci mille fois de la « couronne d'immortelle que tu as bien voulu déposer sur ma tombe. »

[2] *Bellue à ses lecteurs*. (Circulaire imprimée chez M. H. Vincent, à Toulon.)

respondre avec les saints, notamment avec saint Cyprien. Un jour, il vint me soumettre, à la Mairie, l'écriture de ce saint patron de l'église de Toulon, en me priant de la comparer avec les autographes que les archives communales possédaient évidemment. Il me fit admirer, par la même occasion, un magnifique bouquet, que le saint évèque lui avait envoyé avec l'expression de ses meilleurs sentiments. Je vis plus tard ce bouquet orner la tête du mouton mystérieux[1], que Bellue promenait dans la ville et qui fut son fidèle compagnon jusqu'à sa dernière heure.

On sait comment finit ce malheureux vieillard. Il avait annoncé depuis longtemps qu'il s'envolerait par la fenêtre de sa chambre, à la suite des *mediums* qui venaient le visiter. Un matin, en se levant, il eut sans doute la pensée de quitter notre sphère, où il ne rencontrait que des incrédules, et il essaya de se lancer dans l'espace. Le fait est qu'il fit une chûte dans la cage de l'escalier de sa maison, en compagnie de son mouton, et que le surlendemain, 15 décembre 1869, il rendait le dernier soupir.

Les écrits de Bellue ne supportent pas la critique; son *Histoire du Monde avant le Monde*, dont quelques livraisons seulement ont été publiées en 1865, est l'œuvre d'un cerveau complètement troublé. Au mi-

---

[1] Comme tous les spiristes, Bellue n'était pas éloigné de croire à la métempsycose; il voyait dans son mouton, qui le suivait partout, un *medium* et peut être l'*esprit* d'un ami doux et patient qu'il avait perdu.

lieu d'une dissertation sur l'origine du monde, il fait intervenir pêle-mêle : Cambronne, Pierre Legrand, Béranger, Mathieu, Benjamin Constant, Foy, Lafayette, Voltaire, Arago, Talma, Michel-Ange, Hérodote, Berton et Puget, qui répondant à son appel, lui prennent la plume des mains et approuvent toutes les folies qu'il vient de débiter : « Nous nous permettons de signer et de vous dire, écrivent-ils, que si de pareils détails nous avaient été donnés sur terre, nous aurions réfléchi avant de condamner ces communications. *Ainsi, peuples, réfléchissez, la fin du monde avant le monde sera pour vous tous un nouveau monde.* »

Cette publication insensée ne fut pas continuée; les imprimeurs comprenant enfin qu'ils avaient affaire à un auteur privé de raison, lui refusèrent le concours de leurs presses.

MAISON N° 3 [1].

En parcourant le recensement de la population de Toulon, effectué en 1759, j'ai été surpris de trouver six ouvriers « du pays de Six-Fours », réunis dans une des chambres de la très petite maison qui porte

---

[1] Propriétaire actuel : M. Chewabel.

aujourd'hui le n° 3 de la rue de l'Arsenal ; mais, lorsque, continuant la lecture de ce document, j'ai compté jusqu'à 71 six-fournéens dans les maisons environnantes, j'avoue que ma curiosité a été vivement excitée. Je me suis cru tout d'abord sous l'influence d'une hallucination, tant de six-fournéens à la fois, cela me paraissait fantastique. J'ai donc relu le recensement et j'ai pu me convaincre que les maisons n°s 3 et 9 de la rue de l'Arsenal en contenaient 18, et que les n°s 11 et 15 de la rue de l'Equerre, en renfermaient 16; j'en ai trouvé ensuite 4 dans la boutique de la maison Eydoux, située rue Notre-Dame, n° 1, et 31 (je dis : *trente et un*) dans la maison voisine, n° 3.— Total 71. Mais je me suis aperçu bientôt que ce n'était là qu'un faible appoint, et que toutes les rues de ce quartier pouvaient offrir un pareil nombre de travailleurs six-fournéens : j'en ai vu 12 dans la rue de Larmodieu et 41 dans la rue du Canon. C'était une véritable invasion.

Quel événement a pu ainsi déterminer des centaines de six-fournéens à déserter leur beau village, si aéré, si riche et si important autrefois ? Je me suis posé cette question sans pouvoir la résoudre. J'ai consulté envain les *Annales de Six-Fours*, publiées sous les auspices de M. le comte d'Audiffret, j'ai vu le vieux manuscrit du savant Denans, notaire de la Seyne ; j'ai même parcouru toutes les géographies et toutes les histoires de Provence, sans trouver l'explication de cette irruption des six-fournéens.

On comprend d'autant moins l'émigration des habitants de Six-Fours, que d'après les renseignements fournis par les historiens du dernier siècle, ils avaient tout à perdre en quittant leurs foyers. Voici ce que le docteur Achard disait de leur pays, en 1788 : « Le climat de Six-Fours est très sain. L'on y voit plus de vieillards que dans les autres lieux de Provence. Les habitants de ce village ont une taille très avantageuse et l'attention que les anciens avaient de marier les garçons avec des filles du pays, a contribué à entretenir cette vigueur et cette taille. »

Le docteur Achard ajoute à ces renseignements un détail assez piquant, qui démontre que les parents des jeunes filles à marier ne négligeaient aucun moyen pour les caser promptement. Ils ne se bornaient pas à prévenir, par un signal convenu, les jeunes gens du pays, que telle maison renfermait un cœur disponible, mais encore ils les retenaient devant cette même maison en leur offrant des rafraîchissements. « Les pères et mères, dit-il, qui avaient des filles nubiles, faisaient pratiquer au mur de leur maison, une ouverture en forme de niche. Ils y mettaient la veille des fêtes un gâteau nommé *fougasso*, une bouteille de vin et une cruche d'eau. Lorsqu'ils étaient couchés, les jeunes gens venaient avec leurs tambours et leur fifre jouer des sérénades. Ils chantaient des chansons honnêtes ou récitaient des vers, et ils mangeaient et buvaient à la santé des propriétaires, après quoi ils se retiraient [1] »

---

[1] *Géographie de la Provence.* T. 2 p. 386.

Le procédé des six-fournéens n'était pas si primitif qu'on pourrait le croire. On ne pratique plus « des ouvertures en forme de niche »dans les murs des maisons qui renferment des jeunes filles à marier, pour inviter les galants à se présenter; mais les bals ont-ils un autre but?... A tout prendre l'idée des six-fournéens n'était pas mauvaise.

MAISON N° 5 [1].

En 1866, quand on démolit cette maison, pour la reconstruire, les habitants de ce quartier remarquèrent qu'elle faisait face à la rue de l'Equerre, et que si on ne la réédifiait pas, il s'établirait sur ce point, un passage direct entre les rues de l'Arsenal et de l'Equerre. Ils demandèrent, en conséquence, à la municipalité, d'acheter cet immeuble et de l'affecter à la voie publique. — Quelques personnes proposèrent, en même temps, d'acquérir de M. Sénès, la maison portant les n°s 14 de la rue des Savonnières et 17 de la rue Neuve, qui est située à l'autre extrémité de la rue de l'Equerre, afin d'ouvrir un second passage de ce côté.

Cette double proposition fut portée devant le conseil municipal par un conseiller influent; mais le Maire, M. Audemar, fit observer qu'avant de délibérer sur le

---

[1] Propriétaire : Mme Thérèse Laure, née Galopin.

percement projeté, il importait de savoir si le propriétaire de la maison n° 5, consentirait à la céder de gré à gré ou s'il faudrait recourir à une expropriation. Une commission composée de MM. Ricoux, Allègre et Pons Peyruc, fut chargée, en conséquence, d'examiner l'affaire à ce point de vue (12 novembre 1866). Peu de jours après, cette commission fit connaître au conseil, par l'organe de M. Ricoux, que Mme Laure, propriétaire de la maison n° 5, ne voulait la céder à aucun prix.

Le refus de Mme Laure était inspiré par un sentiment filial, fort honorable, qui a son explication dans l'origine même de l'immeuble. Cette maison, qui a été bâtie pour la première fois, vers 1680, par un de ses ancêtres, n'est jamais sortie de sa famille et il lui aurait été pénible de ne pas finir ses jours sur le lieu même, si non dans les appartements où sa mère, son grand père, son bisaïeul et son trisaïeul ont vécu et sont morts.

MAISON N° 7.

La propriétaire de la maison n° 7, Mme Désiré Madon, a tenu, pendant plus de 40 ans, le magasin de parfumerie et de coiffure, qui est aujourd'hui dirigé par son fils Eugène.

Ce magasin, adopté depuis longtemps par les officiers de marine, est devenu, en quelque sorte, un lieu de ralliement, où les officiers de tous âges, de tous grades et de tous les ports viennent tour à tour prendre des nouvelles de la grande famille maritime; où ils causent librement, comme s'ils étaient chez eux, sans crainte d'indiscrétion.

Mme Désiré Madon, paraît encore quelquefois dans ce magasin où elle a vécu si longtemps; elle est heureuse de revoir ses anciens clients; elle les a vus jeunes; ils débutaient dans la carrière, les uns étaient aspirants, les autres enseignes; les voilà capitaines de vaisseau, ou amiraux; beaucoup sont représentés par leurs fils. Elle est connue et estimée de tous; obligeante et empressée, elle a su acquérir et conserver leurs sympathies.

On prête à cette excellente femme une foule de jolis mots d'une naïveté charmante. Je n'en citerai qu'un seul, parce qu'il dépeint bien la marchande, distraite par mille détails et voulant être, cependant, aimable pour tout le monde.—Un jeune lieutenant de vaisseau entre dans son magasin, après une longue absence, et s'informe de l'état de sa santé; elle s'empresse de le remercier; puis, pour n'être pas en reste de politesse, elle lui demande d'où il vient.— J'arrive de la Chine, chère madame Madon. — Ah! monsieur, vous venez de si loin, asseyez-vous donc, vous devez être bien fatigué!...

MAISON N° 11 [1].

M. François Chapelle, constructeur de la marine [2], qui possédait cette maison, en 1759, ne l'habitait pas. Il demeurait dans une très belle maison, située en face, et formant avec le logement de M. Vidal d'Audiffret, et les bureaux du contrôleur général, toute l'île comprise entre la rue Trabuc et l'arsenal [3]. La maison n° 11 était entièrement occupée par M. de Sabran Grammont, capitaine de vaisseau et par ses nombreux domestiques.

La famille de Sabran est une des plus anciennes et

---

[1] C'est à dessein que je n'ai pas mentionné la maison n° 9 : je ne puis signaler, dans les *Rues de Toulon*, que les maisons sur lesquelles je possède des renseignements complets et parfaitement authentiques.— Tous les détails intéressants qui me parviendront dans le cours de cette publication, sur les maisons omises, seront consignés dans un supplément.

[2] On appelait, ainsi, autrefois, les ingénieurs de la marine.

[3] La grande porte de l'Arsenal, construite en 1738, était complètement dégagée à droite et à gauche. Ce n'est que depuis 1769, que l'on a construit le mur à angle droit, qui renferme l'île de maisons où se trouvaient le logement du contrôleur et l'élégante demeure de l'ingénieur Chapelle Cette dernière était située là même où nous voyons aujourd'hui le bureau du receveur des douanes.

des plus illustres de Provence ¹. Elle a fourni à la marine et à l'armée de terre plus de vingt officiers ². Plusieurs d'entr'eux s'étaient établis à Toulon. Le comte Nicolas de Sabran-Baudinard, oncle du capitaine de vaisseau de Sabran-Grammont, avait épousé, le 2 mai 1701, Mlle Claire Dasque, fille d'un commissaire général de la marine ³. Il était lui-même capitaine de vaisseau et lieutenant colonel d'artillerie pendant le siège de Toulon en 1707 ; ses cousins Elzéar de Sabran et de Sabran-Bagnols, lieutenants de vaisseau, servaient à ses côtés ⁴. Ces deux derniers étaient

---

¹ Les Sabran ont été comtes souverains de Forcalquier et sont allés aux croisades. Saint Elzéar et sainte Delphine appartenaient à cette famille, ainsi que le Pape Urbain V.— Le duc de Sabran (Elzéar-Louis-Zoxime) lieutenant général, pair de France, etc., né à Aix, le 3 janvier 1764, est mort à Marseille le 23 janvier 1847. Il avait adopté, le 18 juillet 1827, n'ayant pas d'enfants, les deux neveux de sa femme, MM. Marc Edouard et Joseph Léonide de Pontevès.— Le marquis de Pontevès-Sabran, qui a été un moment candidat à la députation du Var, en 1871, est le fils du duc Marc-Edouard de Pontevès-Sabran.— Les armes des Sabran sont de *gueules à un lion d'argent*, et leur devise *Noli irritare leonem*. Le roi René, qui avait donné des sobriquets à toute sa noblesse, disait *simplicité des Sabran, prudence des Pontevès*

² Les auteurs de l'*Histoire de l'ordre royal et militaire de Saint-Louis*. (T 2. p. 143) en ont compté seize dans la marine.

³ Ce commissaire général était propriétaire de la maison n° 13, située à côté de celle qui était occupée par M de Sabran-Grammont, en 1759. Une sœur de Mme Sabran Baudinar, Mlle Madeleine Dasque, avait épousé M. d'Antrechaus, et fut la mère du consul Jean d'Antrechaus, qui se distingua par son dévouement, pendant la peste de 1721.

⁴ Ch. Laindet de la Londe *Histoire du siège de Toulon par le duc de Savoie*. p. 152.-138.

encore à Toulon, en 1721, pendant la peste, et s'y firent remarquer par leur dévouement[1].

Trois autres officiers de marine de ce nom et de la même famille, s'étaient également établis à Toulon et y moururent à un âge très avancé. 1° le lieutenant de vaisseau Nicolas Auguste de Sabran-Montblanc, le 17 août 1744, 71 ans; 2° le commandeur Michel de Sabran, capitaine de vaisseau, le 12 octobre 1745, 75 ans; 3° Elzéar Alphonse de Sabran, lieutenant de vaisseau en retraite, le 9 juillet 1749, 80 ans[2].

Le capitaine de vaisseau de Sabran-Grammont, qui habitait la maison de la rue de l'Arsenal, n° 11, en 1759, se conduisit héroïquement, dans un combat naval qu'il eut à soutenir, dans le courant de cette même année, contre une escadre anglaise. Ce fait si honorable pour Sabran-Grammont est ainsi raconté par M. Brun, dans son *Histoire des guerres maritimes*: « L'escadre de M. Laclue, appareilla le 4 août... Aussitôt qu'elle eut passé le détroit, elle se vit poursuivie. Malheureusement, pendant la nuit, et à la suite d'un signal qui fut mal compris, cinq vaisseaux et trois frégates se séparèrent d'elle, et relachèrent à Cadix. Les autres sept vaisseaux se virent bientôt atteints par quatorze vaisseaux de l'amiral Boscawen; mais ils songèrent plus à se sauver qu'à disputer une défaite

---

[1] G. LAMBERT *Histoire de la peste de Toulon* en 1721. p. 16.

[2] Il avait été blessé d'un coup de mousquet et amputé en 1710, à l'âge de 44 ans. (*Histoire de l'ordre de Saint-Louis*. T. 2. p 122.)

inévitable. Un seul vaisseau soutint hardiment le combat : ce fut le *Centaure*, capitaine de Sabran-Grammont, qui arrêta sur lui presque toute l'escadre anglaise. Après quelques heures de résistance, délabré et toute sa mature tombée, le capitaine Sabran, se voyant dans l'impossibilité de manœuvrer, fit descendre à la première batterie tout ce qui restait de son équipage pour combattre encore, espérant par ce moyen tenir plus longtemps et donner au reste de l'escadre le temps de se sauver. Enfin, réduit à l'extrémité, le vaisseau faisant eau de toutes parts, percé de trois cent dix boulets sous la flottaison, et ses poudres mouillées, il se rendit. »

M. de Sabran-Grammont, élevé au grade de chef d'escadre, était encore à Toulon en 1764; nous le voyons assister, le 5 novembre de cette même année, à la pose de la première pierre du fort Lamalgue [1].

M. Chapelle, propriétaire de la maison n° 11, avait marié sa fille Thérèse Rose, le 11 juin 1754, à M. Joseph-Marie-Blaise Coulomb, constructeur en chef de la marine, qui fut anobli en 1779 [2].

Le fils du constructeur Coulomb, M. Louis-Joseph-Hyacinthe de Coulomb, entra dans les gardes du corps du roi, devint capitaine et épousa, le 17 avril 1798, Mlle Rose Valwassori.

Les époux Coulomb n'eurent que trois filles : Rose-

---

[1] *Inventaire des archives communales*. p. 423.
[2] V. Place de l'Intendance. *maison* n° 5.

Annunciade ; Marie-Thérèse-Adelaïde ; et Marie-Thérèse-Rose.

A la mort de leurs parents, ces trois demoiselles héritèrent de la maison paternelle, et les voisins, au lieu de plaindre ces jeunes orphelines, qui restaient sans protection, ne trouvèrent pour exprimer leurs sympathies, qu'un jeu de mots, sans esprit, mais qui était de nature à faire le malheur d'un étymologiste ; ils appelèrent leur demeure : la maison des trois cents hommes. (*Trois, sans hommes*).

Mais les demoiselles Coulomb, qui étaient charmantes et qui avaient de la fortune, firent bien vite mentir ce méchant jeu de mots ; les deux cadettes épousèrent deux capitaines d'infanterie : MM. Auguste Bertin et Eugène Laserre.

Cette nombreuse et honorable famille n'est représentée aujourd'hui que par M. Auguste-Camille-Marie Laserre, employé des télégraphes, ancien rédacteur en chef de la *Sentinelle Toulonnaise*.

MAISON N° 13.

Cette maison, très vaste et surtout très profonde, dans laquelle nous avons vu fonctionner, pendant une vingtaine d'années, l'imprimerie Aurel, a été possédée et habitée par trois générations de commissaires généraux de la marine.

1° Antoine Dasque, conseiller du roi, qui avait épousé, le 13 mai 1664, Mlle Catherine de Rippert, et qui remplissait, en 1669, les fonctions de commissaire général [1]. — L'une de ses filles, Madeleine, épousa, le 28 novembre 1690, M. Jacques d'Antrechaus, dont le fils fut 1er consul pendant la peste; l'autre fille, Claire, épousa, le 2 mai 1701, M. le comte de Sabran—Beaudinar.

2° Nicolas-Antoine Dasque, fils du précédent, commissaire général vers 1720.

3° Antoine-Félix Dasque (fils de Nicolas), commissaire général de 1768 à 1776, dont la fille Henriette-Sophie, épousa, le 26 janvier 1779, M. Jacques-Jean-Baptiste de Combis-d'Augustine, enseigne de vaisseau.

M. Jean Gerard, propriétaire actuel de cette maison, l'a acquise des héritiers de Mme de Combis, née Dasque.

MAISON N° 31.

La maison n° 31 appartient, depuis un siècle et demi, à la famille Turc. Elle était habitée, avant la Révolution, par l'ancien juge royal Antoine Turc, qui périt

---

[1] Voir l'acte de naissance de sa fille, du 23 mai 1669. (Arch. comm.)

sur l'échafaud, après avoir présidé pendant quelque temps, le tribunal du district.

Antoine Turc, fils de François Antoine, fournisseur de la marine, et de Gabrielle Escallon, était né le 16 novembre 1733 ; il épousa, le 31 juillet 1776, étant conseiller du roi, juge royal, civil et criminel de la sénéchaussée, Mlle Thérèse Suzanne Remouit, fille d'un négociant en blé. Sa jeune femme lui apporta une dot de 20,000 livres, et un trousseau évalué à 2,788 livres, ce qui représente à peu près 6,000 francs de notre monnaie. C'est la somme que l'on affecte actuellement aux trousseaux des jeunes mariées de la classe moyenne.

En comparant les objets renfermés dans ce trousseau, avec ceux qui composent aujourd'hui une corbeille de noces, on est étonné de voir qu'à cette époque déjà, comme de nos jours, le linge était sacrifié à la toilette. La comparaison serait même en notre faveur. Nous remarquons, en effet, qu'au lieu des six douzaines de chemises, de paires de bas et de mouchoirs, que l'on trouve dans la plupart des trousseaux actuels, celui de Mlle Remouit ne renfermait que trois douzaines de chemises, douze paires de bas et douze mouchoirs. Mais il en était autrement pour les robes et les autres objets de toilette. En 1776, comme en 1872, les jeunes mariées voulaient avoir « ce qui se faisait de plus beau. » Il n'est pas douteux, que l'*habit de printemps*, estimé 298 livres, (soit 600 francs de notre monnaie), devait être une magnifique parure, ainsi que la garniture de coiffe qui est évaluée à 260 livres (520 francs) [1]. Le lecteur fera lui-même d'intéressantes observations en parcourant l'inventaire des objets composant le trousseau de Mlle Remouit, que je transcris *in extenso* :

Estimation des hardes et trousseau de ma fille aînée, savoir :

36 chemises à 7 l. 10 s.................	270 livres.
12 corsets, bazin raillé, à 4 l............	38 id.
4 corsets à manche, à 7 l. 10 s.........	30 id.
6 jupes de bazin, à 9 l.................	54 id.
9 paires bas de coton, à 3 l. 10 s.......	32 id.
3 paires bas de soie, à 7 l.............	21 id.
5 deshabillés, la pièce 20 l.............	100 id.
1 deshabillé satin blanc................	42 id.
1 habit gros de Tours..................	86 id.
1 habit taffetas, couleur de rose........	123 id.
1 deshabillé taffetas bleu...............	76 id.
1 habit de printemps, canellé...........	298 id.
1 manteau de mousseline fleurie	56 id.
1 manteau taffetas blanc...............	16 id.
3 manteaux, dont un blanc et deux noirs	60 id.
1 chapeau garni en blonde..............	24 id.

---

[1] Je n'hésite pas à doubler le pouvoir de l'argent, en voyant, dans ce même trousseau, des souliers de nouvelle mariée évalués à 7 livres, alors qu'aujourd'hui ces mêmes souliers seraient payés de 15 à 20 francs.

1 corps à baleine......................	15	livres.
1 thérèse noire (?).....................	3	id.
1 paire bracelets......................	80	id.
5 robes de chambre, avec leurs jupes...	300	id.
1 garniture coeffe et façon.............	260	id.
1 coeffe assortie en blonde et façon......	138	id.
1 autre assortiment en dentelles valenciennes................	150	id.
1 autre assortiment en blondes.........	50	id.
1 autre coeffe pour le satin blanc........	36	id.
3 coeffes basses à demi jour, à 21 l......	63	id.
6 coeffes de nuit, à 4 l................	24	id.
2 peignoirs à 6 l......................	12	id.
2 tabliers, dont un taffetas noir et l'autre merlin........................	18	id.
1 tablier mousseline rayée en fleur......	18	id.
1 tablier indienne...................	6	id.
1 montre en or......................	204	id.
4 coquettes.........................	36	id.
12 mouchoirs de nez blanc, à 1 l. 10 s....	18	id.
Total....	2788	livres.

La jeune mariée qui portait toutes ces belles choses, avait à peine vingt ans, elle devait être charmante avec son habit de taffetas, « couleur de rose », son manteau de mousseline fleurie et sa petite coiffe assortie en blonde. M. Turc était lui-même un galant cavalier, si j'en juge par le portrait au pastel, que j'ai vu chez sa petite fille [1] ; mais il avait deux fois l'âge de sa femme, et l'habitude de siéger dans un tribunal lui donnait une certaine raideur, qui était d'ailleurs dans son caractère.

C'était, cependant, à cette époque, un homme heureux. Il avait de la fortune, une position honorable, une femme jeune, bien élevée, jolie, spirituelle, très attentive à ses devoirs de maitresse de maison, et nullement coquette quoiqu'elle fut fort entourée [2]. Mais ce bonheur était trop complet pour être durable ; il n'était marié que depuis trois ans et comptait à peine 46 ans, quand son office de juge royal, qu'il avait acheté 30,000 livres [3], fut supprimé et réuni à l'office de lieutenant général de la sénéchaussée ; le roi, en prononçant cette réunion par un édit du mois de septembre 1779, avait déclaré que M. Turc pourrait continuer ses fonctions sa vie durant [4] ; mais un mois après, le 26 octobre, M. Granet, lieutenant général, lui remboursait le prix de son office et ne lui laissait que le titre de juge honoraire.

[1] Madame Gourrier, qui habite la maison du Champ de Bataille, léguée à M. Turc par sa mère, Gabrielle Escallon

[2] Le juge royal, qui avait vingt ans de plus que sa femme, en était, dit-on, un peu jaloux.

[3] Il l'avait acquis des héritiers de M. Joseph Beaussier, décédé en 1759.

[4] « Et cependant, voulons que les dites suppression et réunion n'aient lieu qu'au décès ou à la démission volontaire du sieur Turc, titulaire actuel, et dans le cas de démission volontaire, voulons que le sieur Turc, conserve les honneurs, rang, séance et prééminence du juge royal honoraire. »

Il paraît que cette réunion ne s'était pas effectuée avec le complet assentiment de M. Turc; car, une année après, il y pensait encore et faisait allusion, dans une lettre adressée aux consuls de Toulon « aux ennemis » qui lui avaient créé des loisirs : « J'ai reçu, leur disait-il le 13 décembre 1780, la lettre que vous m'avez fait l'honneur de m'écrire pour me notifier ma nomination à une place de conseiller de la ville. Les priviléges de mon ancien état m'ont aussi peu servi que mon obscurité. La ville y perd et moi aussi : elle eut pu faire un meilleur choix, et je continuerais de *jouir du loisir que m'ont procuré d'utiles ennemis.* Il ne me reste plus qu'à désirer de remplir dignement ma place pour ne pas tromper l'attente de ceux qui m'ont fait la grâce de m'y nommer. Je suis très respectueusement, etc. Turc, juge honoraire [1] ».

L'ancien juge prit à cœur l'accomplissement du mandat qui lui était confié et apporta, dans l'exercice de ses nouvelles fonctions, la rectitude de jugement, le zèle et la fermeté dont il avait déjà donné des preuves pendant qu'il siégeait et qui lui avaient mérité l'estime publique. Mais il avait les défauts de ses qualités; son zèle et son amour de la règle, son respect pour la loi, le rendaient sévère, peut être même trop rigoureux dans l'examen des actes de l'administration municipale, et sa fermeté devenait, dans certains moments, de la rigidité. Nous l'avons vu repousser le vote d'une

---

[1] Archives. Série BB art. 1025.

indemnité en faveur du général de Coincy, alors que tous ses collègues étaient d'avis de l'accorder, et que l'intendant lui-même appuyait la réclamation de ce personnage influent, qui pouvait rendre des services à la ville de Toulon.

Dans une autre circonstance plus importante, M. Turc fit une vive opposition à l'administration municipale et attira à lui une forte minorité. Il s'agissait de la construction de l'église St-Louis, qui ne lui paraissait pas opportune. Il disait que l'état des finances de la ville ne permettait pas d'entreprendre une œuvre aussi considérable, et que d'ailleurs les plans présentés par M. Sigaud étaient mal conçus et mal étudiés ; il critiquait l'ensemble et les détails du projet, et affirmait que cet architecte avait dissimulé l'énormité de la dépense, en établissant des devis inexacts.

Les consuls répondaient que M. Sigaud était un architecte habile, qu'il avait toute la confiance des autorités provinciales, et que ses plans ne pouvaient pas être aussi défectueux que le prétendaient M. Turc et ses adhérents. Le conseil prit, cependant, en sérieuse considération les observations de M. Turc et nomma une commission, pour examiner et faire examiner par un architecte le projet de M. Sigaud.

Cette commission, dont M. Turc fut naturellement le rapporteur, fit connaître au conseil, le 22 août 1782, que, d'après les évaluations de M. Votier, architecte toulonnais, le projet, tel qu'il avait été conçu par M. Sigaud, coûterait 367,200 livres, alors que les devis rédigés par cet architecte ne portaient la dépense qu'à 174,000 livres ; que l'église était trop vaste, mal orientée et venait s'ouvrir sur une rue étroite ; ce qui nécessiterait l'expropriation de plusieurs maisons pour former un parvis présentable, et augmenterait encore la dépense de 200,000 livres environ. Enfin, après avoir rappelé que la situation déplorable des finances de la ville, commandait de renoncer à cette construction, le rapporteur ajoutait : « mais, si telle est la fatalité des circonstances, que la communauté ne puisse se soustraire, sans encourir un préjudice notable, à l'édification d'une nouvelle paroisse, optons du moins pour le plan (présenté par M. Votier), qui réunit à divers avantages celui d'être le moins coûteux et le seul commode aux habitants ; et, que la vue de nos finances obérées, serve à nous mettre en considération sur les autres dépenses qui, par une administration plus économe, peuvent être différées, ou éludées, ou réduites. »

Ces observations furent soumises à M. Sigaud, qui refit son projet primitif, en réduisant les dimensions de l'édifice, de manière à diminuer la dépense et à laisser, devant la principale porte, un emplacement assez vaste pour former une place. Ce nouveau projet ne trouva pas grâce aux yeux de M. Turc et fut renvoyé, sur sa demande, à la commission dont il faisait partie.— Mais comme les plans actuels de M. Sigaud étaient mieux étudiés, le rapporteur en éprouva un certain dépit et se laissa entraîner à des critiques de détail, qui n'étaient pas toujours fondées. Le procès qu'il fit notamment, aux marches du maître autel, était assez singulier et on est étonné de trouver, sous la plume d'un grave magistrat, des considérations dans le genre de celle-ci : « La hauteur et le nombre des marches du maître autel, présentent, dit-il, un inconvénient que la décence ne permet pas de laisser subsister. Les femmes qui voudront monter à la Sainte Table pour recevoir la communion, seront vues jusques aux jarretières par les personnes qui seront à genoux au bas de ces marches ! »

Cette observation jeta le trouble dans l'esprit des époux et des pères de famille, qui siégeaient dans le conseil; mais, aussitôt, le 1er consul, M. Lantier de Villeblanche prit la parole et rassura ses collègues. « Les femmes, dit-il, communieront à la chapelle des communions, où il n'y a que trois marches et là il n'y aura pas de quoi alarmer la pudeur; quant aux personnes dont la dévotion aime l'apparat et qui pour se faire remarquer, voudront communier au sanctuaire, elles n'auront que les huit premières marches à monter, parce que les trois autres sont au delà de la table de communion et dans le cercle du sanctuaire, et si cette hauteur pouvait satisfaire des regards indiscrets, ils seraient arrêtés par un obstacle ordinaire et impénétrable; les femmes, quand elles communient, laissent trainer leurs robes et même laissent pendre leurs coeffes; il n'y a donc rien à voir. »

M. Turc comprit qu'il était allé un peu loin dans ses

critiques et n'insista pas pour obtenir la suppression des marches incriminées; mais il trouva encore l'occasion de signaler les défectuosités du projet de M. Sigaud, et il le fit avec une certaine vivacité. « Au surplus, dit-il, il nous convient de nous justifier sur un reproche venu jusqu'à nous, qui est, que nous avons éludé de clore notre rapport, pour filer le temps et arriver à une administration nouvelle. Qui nous connaît sait bien que de pareils subterfuges sont indignes de nous. Ce qui fait que nous touchons à une administration nouvelle, sans que l'ouvrage de la paroisse Saint-Louis soit commencé, c'est la défectuosité constante du travail du sieur Sigaud. Son premier plan présentait un tas d'inconvénients que nous relevâmes et il n'allait à rien moins qu'à ruiner la communauté, et son second plan a besoin de redressements, sans lesquels il ne serait pas prudent de le mettre à exécution. Voilà des causes toutes vraies, toutes naturelles : on y devait regarder, plutôt que de mettre sur le compte de la morosité des commissaires, des délais qu'il n'était pas en leur pouvoir d'abréger.— Il était loisible au conseil de retirer à soi la commission dont il nous avait chargé, mais aucune considération ne devait, ni ne pouvait nous obliger à délivrer notre avis, avant que nous l'eussions mûrement réfléchi [1]. »

Cette fière réponse était tout à fait dans le caractère de l'ancien magistrat, qui disait haut et ferme ce qu'il avait sur le cœur ; mais ne méritait-il pas un peu, personnellement, le reproche de morosité adressé à la commission dont il était rapporteur ? La veille même du jour où il faisait cette réponse (le 5 décembre 1782), il avait écrit aux consuls : « *Chaque jour ajoute au dégoût que j'éprouve, depuis que j'ai été traîné dans votre maison commune.* »

A l'expiration de son mandat de conseiller municipal, M. Turc s'éloigna des affaires et manifesta l'intention de ne plus accepter aucune fonction publique. Les électeurs s'imaginèrent qu'il ne parlait ainsi que par dépit et qu'en lui offrant la position de premier consul, ils le feraient revenir sur sa décision. Mais c'était bien peu le connaître. Sa volonté, une fois exprimée, devenait pour lui une loi, et rien au monde ne pouvait le déterminer à l'enfreindre. Aussi fut-il vivement contrarié quand il apprit, le 13 novembre 1785, qu'il avait été élu, le jour même, premier consul, à l'unanimité des suffrages. Il déclara à l'assemblée qu'il allait se mettre en instance pour obtenir, sinon l'annulation du vote, du moins l'autorisation de ne pas accepter le mandat qui lui avait confié contre son gré. Il savait très bien, cependant, que la loi, dont il avait toujours été le fidèle observateur, ne lui permettait pas de donner sa démission. Un règlement royal, en date du 1er novembre 1776, le lui interdisait en termes très formels : « Ceux qui seront élus aux places de consul et de conseiller, disait l'article 35, seront tenus de les accepter et d'en faire assidûment les fonctions, sans qu'ils puissent s'en dispenser à cause de leur naissance, des priviléges particuliers qui pourraient être attachés à leurs anciens services de terre et de mer, à la vétérance des offices de judicature, etc. »

L'ancien juge n'ignorait pas cette disposition de la loi; mais il s'était bien promis de ne plus rentrer à l'hôtel de ville, et il lui aurait été extrêmement pénible de se dédire. Il préféra prendre le rôle de solliciteur, qui ne lui convenait en aucune façon, et mettre en mouvement tous ses amis, pour obtenir la faveur singulière de refuser ce que tout autre à sa place aurait été heureux d'accepter. Il fit valoir, sans doute, auprès du roi ou des ministres, qu'aux termes des lettres patentes portant réunion de son office de juge à celui du lieutenant général de la sénéchaussée, il aurait dû rester en exercice jusqu'à la fin de ses jours, ce qui l'aurait exempté des charges municipales; et qu'il n'avait accepté le remboursement immédiat du prix de cet office que pour faciliter l'organisation du service de la justice. Ses démarches eurent un plein succès. Le roi voulut bien, dérogeant à l'article 35 du règlement de 1776, « l'exempter pour toujours de remplir aucune fonction municipale [1]. »

Voilà donc notre ancien magistrat satisfait: MM. les conseillers pourront construire des églises, dilapider les fonds de la ville, augmenter les impôts, ruiner les

---

[1] Lettres patentes du 26 août 1786 — ARCHIVES. *Registre des délibérations.*

habitants; il n'y sera pour rien, il s'en lavera les mains.

Mais M. Turc n'avait pas songé aux ennuis de l'oisiveté; il avait maintenant vingt-quatre heures à dépenser chaque jour, et quoique son intérieur, paisible et bien conduit par une femme charmante, lui fut extrêmement agréable, il regrettait parfois les soucis et les tracas de la vie publique, dont il avait voulu se débarrasser. Aussi, quand vint la Révolution et que les emplois de la magistrature furent soumis à l'élection, il se laissa nommer président du tribunal civil du district. Ce fut un malheur bien grand pour lui et pour sa famille; car cette position le mettait en évidence, et son caractère étant donné, il devait être fatalement entraîné dans le tourbillon révolutionnaire et y périr.

En effet, quand la faction royaliste eut proclamé le roi Louis XVII, le magistrat de la République se rappela qu'il avait été juge royal, et trouva tout naturel de conserver son siége de président : se disant, sans doute, que la magistrature n'avait rien de commun avec la politique, et qu'il était permis à un juge intègre de rendre la justice sous tous les gouvernements. Du reste, il jouissait d'une telle considération qu'il ne vint à la pensée de personne de lui reprocher ses services pendant la République, et il resta en place, précisément parce qu'il avait su se désintéresser des questions politiques. Son unique passion était la justice; il était né magistrat et il serait mort paisiblement sur son siége de président, s'il n'avait pas été obligé, dans le cours de la contre-révolution, de prononcer l'annulation d'un mariage, qui s'était accompli dans les circonstances les plus anormales.

L'histoire de ce mariage nous éloigne un peu de la rue de l'Arsenal, mais elle est trop intéressante pour être passée sous silence dans cette étude de mœurs.

Le 15 septembre 1792, Jean-Baptiste Thollon, originaire de Solliès, greffier du tribunal du district, était à souper, vers huit heures du soir, chez son frère, vicaire de la paroisse St-Louis, lorsque deux hommes armés entrent brutalement et lui déclarent que si, le lendemain, jour de dimanche, il n'épouse pas la D^{lle} Marie Robert, il sera pendu à une lanterne [1].

Après la sortie de ces deux ambassadeurs d'un nouveau genre, qui ne lui ont laissé que l'alternative de la corde ou du mariage, le sieur Thollon comprend bien qu'il sera contraint d'épouser la demoiselle Robert et que toute résistance est inutile ; mais il veut consigner une protestation en règle dans les minutes d'un notaire, afin d'être en mesure, dans des temps meilleurs, de faire annuler son mariage, ne se sentant aucun goût pour la vie à deux avec une « donzelle » [2] qui usait d'un procédé aussi sauvage pour se faire

---

[1] Ce récit est extrait, presque toujours textuellement, du jugement dont il sera parlé plus loin, et qui est transcrit en entier dans les registres de l'état civil, année 1792.

[2] Ce n'était pas précisément « une demoiselle », elle était mère et c'était pour donner un père à son enfant, qu'elle avait fait *prier* le sieur Thollon, qui possédait quelque fortune, de vouloir bien devenir son époux.

épouser. Il sort donc et se met à la recherche d'un notaire; mais les notaires se cachent; il n'en trouve aucun. Ne sachant plus comment se tirer de ce mauvais pas, il a l'idée de se dérober aux recherches des parents de la jeune fille. Avant tout, cependant, il veut prévenir son frère, afin qu'il s'éloigne lui-même et ne devienne pas la victime de ses persécuteurs. Il se rend au corps de garde de la porte d'Italie, où se trouvaient son cousin Thollon et un de ses meilleurs amis; il les prie d'aller avertir le vicaire et de l'engager à fuir au plutôt, s'il en est temps encore.

Après une heure d'anxieuse attente, Thollon voit revenir son cousin et son ami, qui lui racontent que son frère a été arraché de son lit, traîné dans la rue et qu'il allait être pendu à un reverbère, quand un officier municipal était parvenu à le dégager; que, néanmoins, les jours de son frère sont toujours en danger et que, de l'avis même de l'officier municipal, ce qu'il a de mieux à faire, c'est de se résigner à épouser la fille Robert, s'il ne veut exposer toute sa famille à une mort certaine.

Thollon se rend chez l'officier municipal; mais, en route, il est entouré par des hommes armés de sabres et de pistolets, qui lui enjoignent de les suivre sans balancer, le mariage devant se faire le soir même.

Cédant à la force, il obéit, « mais son indignation est trop sentie pour lui fermer entièrement la bouche, et dans l'explosion de son désespoir : c'est un horreur, s'écrie-t-il, d'avoir traité mon frère d'une manière aussi barbare, et si je...... »

Il n'a pas le temps d'achever sa phrase, un des forcenés qui l'accompagnent, dégaine son sabre, se jette sur lui, et le tuerait infailliblement, si son cousin, qui l'a rejoint, et un nommé Autran, maçon, ne retenaient le bras de l'assassin.

Thollon s'impose dès lors le silence le plus absolu.

Arrivé devant la maison d'habitation de la demoiselle Robert, un des furieux de l'escorte va chercher la jeune fille, et revient un instant après la tenant sous son bras. La foule, toujours menaçante, entre avec eux chez le curé, où doit être dressé l'acte de mariage... Je laisse la parole aux personnes qui assistèrent à ces événements, et qui en firent le récit, plus tard, devant le tribunal présidé par M. Turc.

« Le sieur Thollon fut conduit chez le sieur Roux, curé de la paroisse Saint-Louis ; toute la bande y entra cumulativement.— Alors survint le frère aîné de cette demoiselle, et tous, de concert, forcèrent le curé à dresser un acte de mariage entre le sieur Thollon et la demoiselle Robert, conçu dans le style ordinaire et de même que si tous les préalables exigés par la loi avaient été religieusement observés et remplis.

« Le sieur Thollon, qui ne pouvait retenir son indignation, requit le curé de faire cette rédaction d'une manière conforme à la vérité.— Des mouvements de fureur éclatèrent à l'instant pour que le curé n'adhéra pas à cette réquisition ; le sieur Thollon avait pourtant obtenu que le curé mit, par renvoi, au bas de l'acte, les mots suivants : *la publication faite au moment du mariage, sur les onze heures du soir.*— Mais le sieur Robert exigea que le renvoi fut rayé et la rature eut lieu.

« De la maison du curé, le sieur Thollon fut conduit aux pieds de l'autel ; le curé annonça à haute voix le mariage qu'il allait célébrer.

« Le sieur Thollon s'adressant alors aux spectateurs, déclara protester contre cet acte qui n'était que l'effet de la violence et de la contrainte ; cette protestation alluma de nouveau la fureur des satellites de la demoiselle Robert, qui le forcèrent de se mettre à genoux à côté de cette dernière.

« Après quoi, l'un d'eux, toujours armé, monta sur les marches de l'autel et eut l'audacieuse témérité de s'adjoindre au pasteur.

« Ce digne curé, commençant la célébration du mariage, demande au sieur Thollon, s'il prend Marie Robert pour femme et légitime épouse.

« Le sieur Thollon répond négativement et réitère ses protestations.

« Nouvelles violences, nouvelles menaces de la part des satellites et dangers plus pressants pour les jours du sieur Thollon ; les spectateurs effrayés, le curé craignant pour lui-même, tous réunissent leurs instances auprès du sieur Thollon, afin de l'engager à donner une réponse affirmative.

« Eh bien ! répond ce dernier, *je dis* oui, *par force et pour en finir !*

« Le curé lui demande l'anneau, symbole de l'union ;

le sieur Thollon répond qu'il n'en a point. Le même satellite, qui était resté à côté du curé et qui avait accompagné la demoiselle Marie-Rose Robert, fournit lui-même cet anneau.

« Cette irréligieuse cérémonie achevée, le sieur Thollon fut conduit dans la sacristie, pour apposer sa signature au bas de l'acte ; il eut cette attention de ne signer que le dernier, quel que fut le nombre des coopérateurs à la chose, et n'éprouva, par ce moyen, aucun obstacle au désir qu'il avait d'accompagner sa signature de ces mots : *protestant de sa contrainte*.

« Les signatures apposées, tous les assistants sortirent de l'église ; le sieur Thollon se rendit auprès de son frère et la demoiselle Robert resta au pouvoir de ceux qui l'avaient si bien servie dans ses projets. »

Le nouveau marié passa la nuit de ses noces à courir après un notaire ; mais il ne fut pas plus heureux qu'avant la célébration du mariage. Il se rendit le lendemain matin à Solliès, où il eut enfin la bonne fortune de mettre la main sur un tabellion, qui voulut bien transcrire tout au long, sur ses minutes, la légitime protestation du *marié malgré lui*.

Thollon était greffier du tribunal du district ; il était connu et estimé du président ; il aurait pu porter devant lui sa protestation et faire casser son mariage. M. Turc n'était pas homme à hésiter un instant à remplir ce devoir, quelque dangereux qu'il fut en un pareil moment. Mais le greffier préféra attendre un temps plus calme pour obtenir satisfaction pleine et entière.

Malheureusement pour M. Turc, son greffier crut pouvoir profiter de la contre-révolution, pour faire juger cette affaire. Le président n'y fit pas obstacle et rendit, le 2 novembre 1793, « sous le règne de Louis XVII, » le jugement suivant :

« Louis, par la grâce de Dieu et par la loi constitutionnelle de l'Etat, roi des Français, etc.

« Le tribunal du district de Toulon :

« Considérant qu'un jugement rendu par le tribunal populaire, le 2 août dernier, contre Balthazard Jassaud [1], contient la preuve des violences exercées tant contre Thollon, que contre son frère, pour opérer forcément le mariage du dit sieur Thollon avec la demoiselle Robert.

« Le tribunal a déclaré et déclare le prétendu mariage entre le sieur Thollon et la demoiselle Marie Rose Robert, en date du 15 septembre 1792, nul et de nul effet et valeur ; comme tel, l'a cassé et annulé et a remis et remet les parties au même état où elles étaient avant icelui..... Condamne la dite demoiselle Marie Rose Robert aux dépens, taxés à sept livres, pour n'avoir point comparu....... Fait à Toulon, le 2 novembre 1793. Signé A. Turc [2]. »

---

[1] Il fut condamné à la peine de mort par ce tribunal, auquel M. Turc resta complètement étranger.

[2] V. les registres de l'état civil. Année 1792. fol. 70.

Cet épisode de la Terreur à Toulon, était fait pour tenter un romancier ; aussi M. A. Dominique en a-t-il tiré un roman très dramatique, mais peut être un peu trop réaliste, qui, sous le titre de *Un mariage aux bayonnettes*, après avoir été annoncé par deux journaux, n'a pas été publié encore.

Ni la D^lle Robert, ni ses parents ne comparurent devant le tribunal civil du district; la condamnation à mort de Balthezard Jassaud, qui les avait aidés à faire violence au sieur Thollon [1], leur fit craindre sans doute pour eux-mêmes une sentence très sévère; ils se cachèrent et le jugement fut rendu par défaut, ne les condamnant, du reste, qu'à une amende de 7 livres. Mais les Robert et leurs complices confondirent dans leur haine les juges de Jassaud et celui qui venait de casser le mariage de Thollon. Et, plus tard, quand les républicains eurent repris possession de la ville de Toulon, ils dénoncèrent les uns et les autres au tribunal révolutionnaire, qui prononçait, chaque jour, des centaines de condamnations à mort. On ne put pas s'emparer de M. Garnier, président du tribunal populaire, qui avait condamné Jassaud, parce qu'il s'était dérobé aux violences de la réaction, en émigrant. Mais M. Turc était resté à son poste, ne croyant pas s'être créé des ennemis, en remplissant scrupuleusement son devoir de juge, sans haine, ni passion. Du reste, aurait-il supposé qu'il y avait du danger à demeurer à Toulon, que personne n'aurait pu le décider à descendre de son siége de président, pour échapper à une responsabilité quelconque.

La commission révolutionnaire accueillit avec empressement les dénonciations dirigées contre le magistrat, qui avait osé rendre la justice sous le règne éphémère de Louis XVII, et, sans autre forme de procès, après avoir pris l'avis du citoyen Blondy et du patriote Gauffinet, un nommé Danloup, président de la commission, le condamna à la peine capitale, en même temps que quatre jeunes femmes, « qui avaient tenu des propos incendiaires contre la République. » (12 germinal an 2).

M. Turc avait été avisé la veille (31 mars 1794), qu'il serait jugé le lendemain, et comme les jugements du justicier Danloup étaient exécutés sur l'heure, il s'était préparé à mourir en chrétien et en honnête homme, comme il avait vécu.

J'ai sous les yeux son testament rédigé « la veille de sa mort. » Il ne trahit en rien l'émotion d'un homme qui se sait à sa dernière heure. On sent qu'il s'est recueilli et qu'il a fait le sacrifice de sa vie; il ne songe qu'à régler honorablement ses affaires, afin de laisser un nom sans tache à ses enfants. Je ne transcrirai que les premières et les dernières lignes de ce document intime.

« Après avoir mis devant Dieu toute ma vie, que je vais lui rendre, je dois compte au public et à ma famille de quelques affaires temporelles.

....
......mes enfants auront soin d'acquitter cette dette.

« Je les embrasse tendrement, ainsi que mon épouse. Je leur souhaite une meilleure fortune qu'à moi et je pardonne à mes ennemis.

« La veille de ma mort, le 11 germinal, l'an second

de la République française, une et indivisible. — Turc. »

Ces derniers mots : LA VEILLE DE MA MORT, la date et la signature, sont écrits d'une main ferme, et aussi correctement, aussi posément, que les premières lignes ; le document lui-même est en tout semblable à ses écrits antérieurs ; c'est-à-dire, très net, sans rature et d'un style soigné.

Le lendemain, 12 germinal an II, la commission révolutionnaire rendait son jugement et, quelques heures après, Antoine Turc avait cessé de vivre [1].

Les jugements de cette commission sont très peu connus. M. Berriat Saint-Prix, conseiller à la cour de Paris, qui a publié un travail très complet sur *la justice révolutionnaire dans les départements*, n'a jamais pu en trouver un exemplaire, ni connaître la composition de ce terrible tribunal. Un hasard heureux a mis entre mes mains l'affiche qui contient la sentence prononcée, le 12 germinal, contre le président Turc [2]. Je la transcris ci-après :

---

[1] Une lettre écrite de Port-la-Montagne (Toulon), et datée du 13 germinal, insérée au *Moniteur* du 22 germinal, an II, page 818, contient ce passage : « Le 12 on a guillotiné quatre femmes et trois hommes. »

[2] Ce document appartient à la famille du président. C'est le seul acte qu'elle ait jamais pu se procurer pour constater son décès. Le registre de l'état civil contient, à la date du 12 germinal, sept feuillets blancs, que l'on avait laissés libres, sans doute pour y transcrire les actes contenant les noms des sept victimes, mais ces feuillets n'ont jamais été remplis.

JUGEMENT

DE LA COMMISSION RÉVOLUTIONNAIRE

Prononcé en présence du peuple, au port de la Montagne, en face de la maison dite du Palais, le 12 germinal, l'an II de la République française, une, indivisible, impérissable et démocratique.

La commission révolutionnaire, considérant que les femmes, par leur incivisme, ont contribué de tout leur pouvoir, aux projets de la tyrannie, soit par leurs démarches ou leurs propos incendiaires ;

Considérant, enfin, qu'il est de l'intérêt de la patrie d'en extirper tous les traîtres, en faisant tomber la hâche de la loi sur leurs têtes coupables;

D'après les dénonciations et les propres aveux des ci-après nommés :

CONDAMNE A MORT :

Thérèse CAGE (femme Bérenguier), âgée de 30 ans, native de Solliès, y résidant, boulangère, convaincue de s'être portée, à différentes époques, dans les groupes pour ameuter le peuple, et s'être émigrée de son pays pour se rendre en cette ville.

Magdelaine BARRALY (veuve), âgée de 28 ans, native de cette ville, y demeurant, rue Pomme-du-Pin, isle 27, n° 15, contre-révolutionnaire reconnue, excitant le peuple à crier vive Louis XVII, lorsque l'on conduisait les patriotes au gibet.

Marie-Audibert Martégal, âgée de 21 ans, native du Martigues, département des Bouches-du-Rhône, résidant en cette ville, rue Sainte-Claire, n° 20, tailleuse; même cause que Barraly.

Rosalie Bouge, âgée de 20 ans, native de cette ville, y demeurant, rue Sainte-Claire, isle 64, n° 18; idem.

Antoine Turc, âgé de 60 ans, natif de cette ville, y demeurant rue de l'Arsenal, isle 112, n° 12, convaincu d'avoir été président du district et d'avoir continué ses fonctions du temps des sections.

Balthazard Brun, âgé de 73 ans, natif de cette ville, y demeurant rue de l'Oratoire, isle 79, n° 23, ancien commissaire de la marine, convaincu d'avoir présidé la section n° 7, et auteur d'un ouvrage dédié aux huit sections, intitulé la *Révolution toulonnaise*, signé l'an premier de Louis XVII.

Jean-Louis-François Roumieux, âgé de 42 ans, natif de cette ville, y demeurant, convaincu d'avoir servi avec les ennemis sur le « brique » l'Alerte.

Conformément à la loi, les biens des susnommés sont confisqués au profit de la République.

La commission révolutionnaire charge le commandant de la place de faire mettre à exécution le présent jugement, lequel sera imprimé et affiché partout où besoin sera.

Fait et prononcé, d'après les opinions de Jean-Pierre Danloup, président, Michel Blondy et Etienne Gauffinet, tous membres de la commission.

Ainsi signés à l'original : *Danloup*, président, *Blondy* et *Gauffinet*.

Pour copie conforme à la minute :

LALLEMENT, secrétaire greffier.

En vertu de ce jugement, tous les biens de l'ancien président du district devaient être confisqués au profit de la République. En conséquence, des agents furent envoyés dans sa maison, pour prendre possession de tout ce qui pourrait être saisi. Mme Turc, seule avec ses trois enfants, dont l'aîné avait à peine 16 ans, leur ouvrit toutes les portes des chambres, des armoires et des meubles, et le pillage commença. Cependant, soit par commisération, ou parce qu'ils étaient troublés par la pensée de la mauvaise action qu'ils commettaient, les délégués de la commission révolutionnaire ne dépouillèrent pas entièrement la pauvre veuve, qui allait se trouver sans ressources pour nourrir sa famille.

Mme Turc ne se laissa pas abattre par le malheur. Après avoir apaisé, par sa soumission, les colères des patriotes, elle vécut prudemment dans son intérieur, et on l'oublia. Elle parvint ensuite à organiser dans sa maison, sans éveiller le moindre soupçon, une petite chapelle, où ses enfants et sa famille joignaient leurs prières aux siennes ; on y dit même plus d'une fois la sainte messe, ce qui n'était pas sans danger, car le seul fait de recevoir des prêtres non assermentés était puni de mort. Mais on usait de mille précautions, et les ecclésiastiques n'y venaient jamais avec le même costume ; tantôt c'était un étameur de casseroles qui se présentait, tantôt un marchand fripier, tantôt un mendiant.— Après la Terreur, quand la République devint plus tolérante, la chapelle de la maison n° 31 fut fréquentée par les voisins ; on y célébrait la messe tous les jours, plusieurs enfants y reçurent le baptême. On montre encore, dans la famille Turc, la commode sur laquelle fut baptisée Mlle Ambroisine Marin, qui épousa, quelque vingt ans après, M. Quintius Thouron, ancien élève de l'école normale, le savant et regretté président de la société académique du Var.

Mme veuve Turc mourut en 1845, à l'âge de 89 ans, laissant cette ancienne maison à son fils Pierre-Antoine Turc, contrôleur des douanes, qui lui-même est décédé l'année dernière.

MAISON N° 25.

Cette maison appartient à M. Ferdinand Bourgarel, qui a été pendant cinq ans, de 1855 à 1860, maire de la ville de Toulon.— Je n'ai pas l'intention d'écrire la biographie de cet honorable toulonnais, qui est encore plein de vie ; mais je puis, sans m'écarter de la réserve que je me suis imposée sur les questions politiques, rappeler, en quelques lignes, les principaux actes de son administration, à laquelle nous devons des améliorations utiles, et surtout — ce fut son *desideratum* — la construction d'une très belle salle de spectacle.

M. Bourgarel prit en main la gestion des affaires communales, au moment même où s'effectuait l'agrandissement de la ville. Les remparts venaient d'être reculés, on achevait les derniers travaux de la nouvelle enceinte, et le chemin de fer, en voie de construction, devait être inauguré dans un bref délai. Entouré d'un conseil intelligent et dévoué [1], le maire de Toulon se mit à l'œuvre avec confiance ; il espérait que, plus à l'aise dans l'enceinte agrandie, et, stimulés par l'ardente activité des marseillais, leurs voisins, les toulonnais voudraient suivre le mouvement général.

Cet espoir était d'ailleurs dans tous les esprits, et, quand les locomotives arrivèrent pour la première fois dans notre gare, dont les abords avaient été reliés à la ville par des avenues construites en toute hâte, le rédacteur en chef de la *Sentinelle toulonnaise* se fit l'écho du sentiment public dans un article éloquent, qui concluait en ces termes : « Cet immense progrès qui nous arrive en déchirant le sol, en perçant les montagnes, ce géant à la poitrine de feu, qui va sous peu nous amener ses incessants convois de voyageurs, c'est la garantie la plus sûre que le progrès en tout va

---

[1] Ce conseil était ainsi composé : MM. Auban, Pons Peyruc, de Selles, Fournier, Brest, Jean, Michel, Villers, Rouquerol, Brun, Mille, Grué, Nègre, Léon, Briet, Vollée, Riquier, Blond, Bourgarel (Adrien), Gas, Berthier, Roux, Ritt, Sirand, Brousset, Grimaud et Guis. — Les adjoints étaient MM. Bravet, docteur Clément et Victor Parian.

nous arriver, par cela seul que Toulon ne sera plus une impasse, mais bien le point qui doit relier l'Italie et la France. »

Mais pour recevoir ces voyageurs et les retenir à Toulon, il fallait leur offrir des logements aérés dans des rues propres et bien entretenues, des promenades publiques, un théâtre, un musée, de belles églises et un grand lycée. Or, rien de tout cela n'existait et Méry, dans une piquante réponse à la *Faible revue d'une ville forte*, récemment publiée par Charles Poncy, avait pu faire de notre ville la triste description que voici :

> En ce temps là, Toulon était inhabitable,
> Augias, dans ses murs, avait mis son étable,
> N'ayant pour se laver qu'un souffle aérien,
> Hercule qui balaye, et ne demande rien :
> La lèpre des Laïs, la lèpre de la boue !
> Les jets fangeux, sifflant à l'orbe d'une roue,
> Les squalides amas, aux tronçons des trottoirs
> Les ossements rougis du sang des abattoirs,
> Les cadavres hideux des races domestiques,
> Les haillons secoués sur le pain des boutiques,
> Tout ce cahos sans nom, qui croupit au chemin,
> Qui s'amollit au pied, et répugne à la main,
> S'étalait au soleil, ou dans les recoins sombres
> Que délaye en étang l'humidité des ombres,
> Et narguant, à l'abri de l'hémisphère austral,
> Ce grand balai du ciel qu'on nomme le Mistral.

> On jouait ce soir là, dans cette hutte immonde
> Que vous nommez théâtre en langue du beau monde,
> On jouait l'opéra qui m'a tant réjoui,
> Fernand Cortez, chanté par monsieur de Jouy.

Un toulonnais très vieux, assis dans une stalle,
Près de moi, comparait Cortez et la Vestale,
Et disait : ce théâtre est un bouge hideux ;
Ces opéras n'ont point un palais digne d'eux,
Mais on va leur bâtir un superbe édifice ;
La ville enfin consent à ce grand sacrifice ;
Hélas ! c'est un peu tard pour moi, car je l'attends
Ce théâtre nouveau, promis depuis 30 ans !
Encore, il m'est bien doux, en marchant vers ma tombe,
De la voir démolir cette salle qui tombe,
Et de m'asseoir, avant de me fermer les yeux,
Sur un banc de velours promis à mes aïeux.

Un quart de siècle après, visitant vos murailles,
J'ai vu la même fange au fond de ses entrailles,
Et l'on disait encor sur un air triomphant
Ce qu'avait entendu mon oreille d'enfant ;
On disait : « Grâce à l'or de nos économies
Nous allons réveiller nos caisses endormies ;
Toulon est riche, il faut que dans un an, Toulon
Soit, aux pieds du passant, poli comme un salon,
Nos montagnes de l'Est, voisines ou lointaines,
Nous versent, par torrents, l'eau de mille fontaines.

L'administration Bourgarel devait réaliser une partie des améliorations, si longtemps attendues et si souvent ajournées, qui nous avaient valu l'amère critique du spirituel marseillais. — Son premier soin fut de relier l'ancien Toulon avec l'enceinte agrandie, et de tracer, dans la nouvelle ville, de grandes et belles voies. Un plan d'alignement très bien conçu et auquel on a reproché à tort ses vastes proportions [1], fut adopté

---

[1] La commission mixte, chargée d'établir ce plan, entendit les observations du délégué de l'administration municipale, M. Pons-Peyruc, dont on retrouve le nom et l'intelligente participation dans toutes les choses utiles exécutées à Toulon depuis une vingtaine d'années.

et promptement exécuté. L'administration faisait étudier en même temps divers projets pour la construction des monuments et des établissements dont la ville était privée.

Le théâtre fut un des premiers édifices qui fixèrent l'attention de la municipalité. L'emplacement était déjà choisi ; il avait été convenu qu'on affecterait, à cette construction, les terrains laissés vacants par la démolition de l'ancien hôpital civil, en empiétant sur les remparts qui venaient d'être déplacés. L'architecte lui-même était prêt ; il ne s'agissait plus que de trouver les fonds nécessaires pour payer les travaux. Le conseil n'hésita pas à comprendre cette dépense dans un projet d'emprunt de deux millions, qui était à l'étude, et qui avait pour objet : le percement des nouvelles voies, la construction d'une église au Mourillon et l'établissement du boulevard de l'Eygoutier.

Le Ministre de l'Intérieur, qui n'était jamais venu à Toulon, ignorait, sans doute, que les Toulonnais réclamaient depuis un demi siècle la construction d'une nouvelle salle de spectacle, et que la municipalité, en mettant cet édifice en première ligne dans ses projets, donnait satisfaction à un besoin réel et même urgent, puisque l'ancienne salle menaçait de s'écrouler. Quoiqu'il en soit, le Ministre ne voulut pas autoriser la totalité de l'emprunt, et prescrivit de le réduire à 1,100,000 francs, en supprimant les 900,000 francs destinés à l'édification du théâtre.

L'édilité toulonnaise était fort embarrassée. En insistant auprès du Ministre pour obtenir le maintien de cette dépense, on risquait de voir ajourner indéfiniment la réalisation de l'emprunt, qui était impatiemment attendu. Le maire eut alors une heureuse inspiration ; il proposa au conseil d'accepter la réduction exigée par le Ministre de l'Intérieur et de ne pas abandonner, cependant, le projet relatif à la construction d'une nouvelle salle de spectacle : « Nous renonçons, dit-il, à affecter à l'érection de notre théâtre une portion de l'emprunt; mais, s'en suit-il, doit-il s'en suivre que nous devions ajourner indéfiniment cette érection? telle ne saurait être votre pensée, telle n'est point la mienne.— Ce bel édifice, assis sur les anciennes fortifications, ayant façade sur la rue Royale agrandie et sur le futur boulevard, sera, pour ainsi parler, *le trait d'union entre les deux villes*. Il n'est pas douteux qu'il devra servir à activer les constructions particulières dans la nouvelle ville. - - J'allais presque dire que notre honneur, comme citoyens toulonnais, est attaché à la construction d'une salle de spectacle; à coup sûr, et dans une certaine mesure, la prospérité de la ville en dépend : on bâtira d'autant plus volontiers dans la nouvelle enceinte, que nous ferons nous mêmes diligence pour bâtir notre théâtre.— L'affluence des étrangers à Toulon, attirés qu'ils y seront par notre beau climat et par la facilité et la promptitude du voyage, résultant de l'établissement de la voie ferrée, l'affluence des étrangers sera d'autant plus grande, qu'ils sauront pouvoir y trouver un délassement agréable, dans un lieu décent. »

Après avoir développé ces considérations, M. Bourgarel proposa au conseil municipal de réaliser, sur le budget ordinaire, quelques économies, et d'en employer le montant à la construction de la salle de spectacle, sans recourir à la voie des emprunts. Cette proposition fut approuvée par un vote unanime. La suppression de la subvention théâtrale, qui s'élevait à 40,000 fr., et de deux ou trois autres dépenses facultatives, ayant permis de réaliser une économie totale de 100,000 fr., il fut décidé que les travaux de la nouvelle salle seraient mis en adjudication et que le paiement en serait effectué, par annuités, pendant 9 ou 10 ans. Et c'est ainsi, en effet, que sans recourir à un emprunt, M. Bourgarel put engager l'affaire, qui prit ensuite, mais après son départ de la mairie, de très grandes proportions. La dépense qui ne devait pas dépasser 900,000 francs, a atteint le chiffre énorme de 2,400,000 fr., en y comprenant les frais d'expropriation des maisons démolies pour former la place du théâtre.

En somme, la ville de Toulon possède un très beau monument, et il est juste de rappeler qu'elle le doit à l'administration Bourgarel.

D'autres améliorations moins coûteuses ont été effectuées par cette administration. Parmi les plus utiles, figure la création du Musée communal, qui n'existait jusqu'alors qu'à l'état de projet. Un certain nombre de tableaux, acquis à différentes époques, dépérissaient faute d'entretien ; on en voyait un peu partout, dans les bureaux et dans les diverses salles de l'hôtel de ville, dans l'entrepôt des objets hors de service et même dans des greniers [1]. — La chapelle de l'ancien hôpital civil, qui n'était pas comprise dans l'alignement de la place du théâtre, fut approprié avec intelligence par M. Jacques, architecte de la ville, et moyennant une faible dépense de 12,000 fr. on put y installer un commencement de musée, qui a prospéré sous la direction d'un conservateur habile et dévoué [2].

La même administration fit l'acquisition de deux maisons, situées rue de la République (rue Bourbon), n°s 47 et 51, qui devaient être affectées à des services publics. La première est aujourd'hui occupée par les bureaux de l'octroi, et par la bibliothèque communale. La société académique du Var y a, elle-même, reçu l'hospitalité. La seconde maison est une annexe de l'hôtel de ville. Nous y avons vu l'état-major de la garde nationale; M. le commissaire à la défense, et, précédemment, le Préfet du Var.

J'aurais voulu pouvoir dire, en terminant cette rapide revue de l'administration de M. Bourgarel, que l'état de malpropreté dix fois séculaire, dans lequel il avait trouvé la ville de Toulon, s'était amélioré pendant sa gestion; mais en historien « esclave de la vérité », je dois déclarer que ses efforts comme ceux tentés par

---

[1] Délibération du 16 novembre 1857.
[2] M. Bronzi, qui accepta les fonctions laborieuses et très peu rétribuées de conservateur, pour faciliter l'installation de cet utile établissement.

beaucoup d'autres administrateurs pour assainir nos rues, sont restés complètement infructueux, et que Méry, s'il sortait de son tombeau pour venir nous visiter, demanderait à y rentrer de suite, plutôt que de respirer de nouveau l'air délétère qui s'exhale de certaines rues et notamment de la rue de l'Arsenal.

MAISON N° 37.

Le nom du docteur Fleury, médecin en chef de la marine, qui a passé les derniers temps de sa vie dans cette maison, rappelle aux toulonnais une époque des plus douloureuses. A côté de la personnalité aimée de ce grand médecin, se dresse, en effet, le sombre tableau du choléra de 1835, qui fit tant de victimes à Toulon, et jeta comme un vaste suaire sur notre pauvre ville désolée; lui-même, le vaillant médecin, qui usait les dernières forces d'une merveilleuse vieillesse en luttant contre le terrible fléau, termina, par cet acte de dévouement, une longue carrière honorablement parcourue.

Dernière et illustre victime de l'épidémie, Fleury succomba, le 11 juillet 1835, à l'âge de 72 ans. Sa mort est ainsi racontée dans un remarquable discours, prononcé sur sa tombe, par M. le docteur Jules Roux.

« Au milieu des angoisses publiques, un vieillard, la gloire et l'ornement de la médecine, allait, nuit et jour, portant dans les hôpitaux, dans les maisons, les bienfaits de sa charité. Sa seule vue relevait partout le courage abattu et l'espérance prête à s'éteindre. Un jour, c'était le 10 juillet, après avoir visité de nombreux malades, il rentra chez lui épuisé de fatigue, et l'âme accablée de l'impuissance d'un art qui, pour la première fois, lui était infidèle. Alors sa belle tête s'assombrit, ses yeux perdirent de leur éclat, son cœur se ralentit, le froid de la mort s'empara de toute sa personne, il devint triste et rêveur... puis, comme si Dieu l'avait touché de la pensée qu'au jour des batailles il révèle aux soldats de la France, à savoir, qu'il est beau de mourir quand on ne peut vaincre, il redevint calme, et le soir il expira..... »

Je n'entrerai dans aucun détail sur la vie de cet illustre médecin, parce que déjà une plume dévouée et compétente, a fait connaître les services qu'il a rendus à la science et à l'humanité. Que pourrais-je dire qui ne soit connu de tous ? M. le docteur Lauvergne a publié, en effet, sur le savant et regretté Fleury, une de ces biographies complètes qui ne laissent rien dans l'oubli. Je ne puis que renvoyer le lecteur à cette œuvre filiale, qui parut peu de mois après la mort de Fleury, sous ce titre : CHOLÉRA MORBUS EN PROVENCE, *par M. Lauvergne, suivi de la biographie du docteur Fleury* [1].

---

[1] Toulon, 1836. Impr. d'Auguste Aurel.

MAISON N° 45.

Cette maison appartient, comme la précédente à un médecin, le docteur Bertulus, dont le nom a souvent retenti dans la presse marseillaise, à propos de la question des quarantaines.

Le grand père paternel du docteur Bertulus, Nicolas-Marie Bertulus, sculpteur de la ville de Gênes, vint à Toulon, au commencement du dernier siècle et s'y établit. Il exécuta, vers 1730, les sculptures de la chapelle de la Vierge, dans l'église cathédrale. Le voisinage de l'œuvre de Veyrier, élève du célèbre Puget, nuit beaucoup à la composition de l'artiste génois; M. Adolphe Meyer, sous le charme des admirables sculptures du *Corpus Domini*, a porté un jugement trop sévère sur celles de Bertulus [1].

Jean-Evariste Bertulus, professeur de dessin, fils du sculpteur, épousa, le 9 novembre 1808, Mlle Thérèse Domenge, qui devint propriétaire, à la mort de son père, de la maison située rue de l'Arsenal n° 45.

Les Domenge étaient savonniers de père en fils; le dernier, nommé Joseph, débuta comme ses parents

---

[1] « On ne voit là, dit-il, que des jambes et des pieds s'agitant en tumulte au milieu des nuages bénévolement arrondis. » (*Promenade sur le chemin de fer de Marseille à Toulon*. p. 204.)

et fut apprenti savonnier, mais la République l'appela sous les drapeaux, et après avoir parcouru péniblement les premiers grades de la hiérarchie maritime, il conquit l'épaulette d'enseigne de vaisseau. Il fut nommé plus tard capitaine du port marchand de Toulon.

Le vieux Domenge, excellent marin et causeur agréable, racontait volontiers ses campagnes ; il avait connu Infernet et Masséna.

Avant de s'engager dans le royal Italien, Masséna avait servi dans la marine. Infernet, Domenge et lui, qui se disaient tous cousins, se rendaient souvent dans une guinguette, située sur le versant sud du côteau de Lamalgue, tenue par une jeune femme qui fut plus tard la fameuse tante Claire ; ils y faisaient la partie de boules et y dégustaient cet excellent bœuf à la daube, qui avait fait la réputation de la guinguette.

Vingt ans après, Masséna revint à Toulon ; il était maréchal de France, Infernet était capitaine de vaisseau et Domenge capitaine du port marchand. Masséna revit avec bonheur ses anciens camarades, et leur proposa, un jour, d'aller rendre visite à tante Claire. La brave femme se livrait encore à la confection du bœuf à la daube ; seulement sa taille s'était un peu courbée, elle portait des lunettes et maugréait contre les mauvais sujets, qui consommaient beaucoup et ne payaient que très rarement.

Arrivé devant la guinguette, Masséna, interpellant la bonne femme, lui dit en provençal : « tante Claire, vous souvenez vous d'un mauvais garnement, nommé

Massène (sic), qui était au royal Italien et qui venait souvent ici »? « Je ne m'en souviens que trop, répondit l'excellente femme ; le coquin ! il m'a emporté plus de 150 francs de consommation ». — N'en dites pas de mal, reprit aussitôt Masséna, car le pauvre homme est mort et sa dernière pensée a été pour vous. Il m'a chargé de venir vous voir et de vous remettre ses petites économies que voici. — Le maréchal jeta sur la table une bourse qu'il avait préparée *adhoc* et qui contenait une assez forte somme. — Tante Claire se mit alors à pleurer et à regretter ce coquin de Massène. Elle ne sut que bien longtemps après qu'il était mort soldat, pour renaître prince et maréchal, et qu'elle avait reçu sa visite.

MAISON N°. 2 [1]

La maison où nous voyons aujourd'hui les grands magasins du *Gamin de Paris*, en formait deux avant la Révolution ; l'une ayant son entrée dans la rue de l'Arsenal, l'autre dans la rue Trabuc. Elles appartenaient l'une et l'autre, en 1790, à M. Manne, chirurgien aide-major de la marine.

Laurent-Mathieu Manne, ancien séminariste, né à

---

[1] Propriétaire actuel, Mme Bourgarel, née Reynaud.

Gap, en 1734, était venu à Toulon vers le milieu du siècle. Il avait abandonné la soutane, pour étudier la chirurgie et, peut être aussi, parce qu'il se sentait plus de goût pour le mariage que pour l'état ecclésiastique. Il épousa, en effet, le 21 février 1764, Mlle Anne Guinand, fille de Claude Guinand, maître fondeur, et de Catherine Hûtre. On lui donne, dans l'acte de mariage, le titre d'élève chirurgien de la marine. Il avait fait de fortes études chirurgicales sous la direction de M. Verguin, l'un des praticiens les plus distingués de cette époque, et ne tarda pas à occuper lui-même une chaire de professeur, dans l'école de chirurgie que son maître avait fondée, à Toulon, depuis une trentaine d'années. En 1780, il était prévôt des chirurgiens, en 1790, aide-major et dix ans après, chirurgien en chef de la marine. Il fut ensuite nommé chevalier de la Légion-d'honneur, et mourut, le 19 mars 1806, dans sa maison de la rue de l'Arsenal.

Dans le nombreux cortége qui accompagna ce chef de service à sa dernière demeure, se trouvait un jeune chirurgien de marine, dont la vie avait eu et devait avoir une grande analogie avec la sienne. Etranger à la ville et ancien séminiariste, comme lui, Jean-Joseph Reynaud était venu à Toulon pour étudier la chirurgie, et se destinait au professorat; il devint, comme M. Manne, un habile opérateur, occupa une chaire d'anatomie et après avoir conquis, par son travail, et son talent les divers grades de la hiérarchie, parvint également à la haute position de chirurgien en chef de la marine. Il lui succéda, dans sa propre maison, qu'il acheta de ses héritiers peu d'années après sa mort et y rendit lui-même le dernier soupir. Comme lui, il fut aimé et vénéré par tous ses élèves, mais plus heureux que lui, il eut l'honneur de former une de nos illustrations chirurgicales de la marine, qui, joignant à un grand savoir, un cœur reconnaissant, a recueilli les divers traits de sa vie et les a retracés dans une remarquable biographie.

M. le docteur Jules Roux que je viens de désigner, a lu la biographie de son maitre, du savant et sympathique docteur Raynaud, dans une séance d'ouverture des cours de l'école de médecine navale de Toulon. Guidé par un sentiment de modestie qu'il me permettra de ne pas approuver, l'éminent professeur n'a pas cru devoir livrer son œuvre à la publicité; mais il a bien voulu me la communiquer, et j'y ai puisé les éléments de la notice biographique que je place sous les yeux des lecteurs des *Rues de Toulon*.

Jean-Joseph Reynaud naquit, le 27 mars 1773, à la Roquebrussanne (Var). Ses parents, petits propriétaires, vivaient du produit de leurs champs, n'ayant d'autre ambition que de léguer à leurs enfants, avec leur modeste patrimoine, la réputation de probité dont ils jouissaient. Orphelin de bonne heure, Reynaud fut mis à l'école de son village. Plus tard, le manque de superflu aurait peut-être empêché sa famille de lui donner une éducation suffisante et il eut été condamné à rester dans son pays, quand une heureuse circonstance vint lui permettre d'en sortir. L'abbé Jeangron, secrétaire particulier de M. de Boisgelin, archevêque d'Aix, possédait le prieuré de la Pomme, paroisse de Garéoult, voisine de la Roquebrussanne, dont chaque année les revenus lui étaient obligeamment envoyés par un membre de cette famille. En échange de ce service, le prieur accueillait avec distinction et recevait à l'archevêché les parents de son correspondant, et s'empressait de solliciter les faveurs qu'ils pouvaient lui demander. Ce fut par son influence que le jeune Reynaud entra au petit séminaire d'Aix avec une demi bourse.

Dans cet établissement, Raynaud prit la soutane; il s'y montra élève studieux, intelligent et très empressé dans l'accomplissement de ses devoirs religieux; car alors, comme M. Manne, après ses premières études, il se destinait à l'état ecclésiastique. Il serait entré dans les ordres si la Révolution, en fermant les séminaires, ne l'eut renvoyé dans son village, où il arriva, en 1791, avec l'habit qu'il avait adopté. Ce vêtement et l'austérité de caractère du jeune séminariste, qui se révélait par sa vie isolée et pieuse, faillirent lui devenir funestes : un jour, en sortant de la messe, il fut entouré par une bande de mauvais sujets, et comme il refusa de les suivre et de chanter avec eux, sa soutane fut déchirée ; il ne dut qu'à l'énergique intervention de son frère de ne pas être massacré.

Vivement impressionné par cette scène, Reynaud s'éloigna de la Roquebrussanne, et vint se réfugier à

Garéoult, près de son parent, M. le docteur Canolle, à qui il devait déjà la demi bourse qui l'avait fait admettre au petit séminaire d'Aix. M. Canolle lui donna les premières notions de chirurgie, et, appréciant ses heureuses dispositions, l'engagea à se rendre à Toulon, pour se perfectionner dans les hôpitaux de la marine, où les besoins du service assuraient un emploi aux étudiants qui se présentaient.

Reynaud s'empressa de céder aux conseils de son parent.— Admis, dès son arrivée à Toulon, à l'hôpital de la marine, en qualité de chirurgien auxiliaire de troisième classe (mars 1793), il était embarqué, trois mois après, et commençait le service pénible de la navigation.

Reynaud parcourut péniblement les premiers grades de la hiérarchie médicale; souvent embarqué et perdant un temps précieux, il ne lui fut permis de concourir pour une chaire que vers la fin de 1814; il se présenta, soutint la lutte contre des adversaires redoutables et, le 1er décembre, il fut nommé professeur. Quatre ans après, une place de second chirurgien en chef était devenue vacante; or, d'après les règles qui présidaient à l'avancement dans les grades supérieurs, elle devait être donnée au professeur le plus ancien. Reynaud, plus jeune que ses collègues dans l'enseignement, mais qui comptait plus d'années de service, fit valoir ses prétentions à ce grade, sollicita et obtint qu'exceptionnellement cette place serait mise au concours.

Les annales de l'école de médecine de Toulon ne renferment pas d'exemple d'une lutte semblable entre les professeurs. Reynaud et Marquis, son compétiteur, devaient se mesurer, non pas dans un concours où les candidats ont à faire preuve des connaissances qu'on est en droit d'attendre d'eux, mais dans un tournoi scientifique, où les professeurs devaient mettre tout en œuvre pour faire prévaloir la portée de leur esprit, la supériorité de leurs vues, la maturité de leur jugement, la prédominance de leur aptitude à enseigner. Le jour fixé étant enfin arrivé, un auditoire plus nombreux avait pris place en face du jury, déjà assis dans des fauteuils rangés en demi cercle, l'heure était donc déjà sonnée ! Reynaud seul se présenta... parcourut toutes les épreuves avec beaucoup de distinction et fut promu au grade de second chirurgien en chef de la marine, le 1er octobre 1818. — Nommé premier chirurgien en chef, en 1829, il parvint ensuite à la position la plus élevée de la hiérarchie médicale dans les ports, à celle de président du conseil de santé.

Pendant vingt-cinq ans, Reynaud a pris part, comme chef, à la direction du service de santé. Toujours exact dans l'accomplissement de ses devoirs, il apportait, dans ces fonctions délicates, la sévérité, la sagesse, la bienveillance, l'élévation de pensée et de sentiment qui distinguent les chefs de service; aussi l'influence que, sous tous les rapports, il avait acquise auprès des autorités maritimes et du gouvernement, a contribué à l'avancement du corps médical et au progrès de ses institutions.

Le 16 janvier 1829, il avait succédé, dans le grade de 1er chirurgien en chef à M. Sper, homme d'un esprit cultivé et d'un mérite réel, et ce fut en 1835, qu'il arriva à la présidence du conseil de santé, lorsque le 10 juillet, le choléra eut frappé le docteur Fleury, et ajouté ainsi par cette mort, un malheur de plus à la calamité publique.

Dans cette cruelle maladie qui répandait partout, dans notre ville, l'effroi, la désolation et la mort, Reynaud, par son zèle, son courage, son dévouement, resta toujours à la hauteur des nécessités du moment et des dangers inséparables d'un fléau d'autant plus terrible pour nos populations, qu'il lui était jusqu'alors inconnu. Durant deux longs mois d'angoisses et de deuil, on le vit sans cesse dans les hôpitaux, dans les différents quartiers de la ville, au conseil de santé, auprès des autorités, partout où l'appelaient les exigences du service et de l'humanité; et lorsque ses amis lui faisaient remarquer que ses forces ne suffiraient pas longtemps à de telles fatigues, il répondait: « qu'il n'y aurait de repos, de tranquillité pour lui, que lorsqu'il n'y aurait plus de malades ». C'est après ce combat, et pour ainsi dire sur le champ de bataille, qu'il reçut la croix de la légion-d'honneur. — Mais, dans une épidémie, un médecin de sa valeur ne se contente pas d'être soldat, il faut qu'il soit savant; il considéra donc comme un devoir d'écrire l'histoire du choléra de 1835, à Toulon, et c'est ce qu'il fit dès que l'épidémie eut cessé de sévir [1].

Reynaud n'accepta jamais de prendre part aux fonctions administratives de la ville qu'on lui offrait, dans la crainte de ne pouvoir pas leur donner tout le temps qu'elles méritent; mais il rechercha les titres académiques plus en rapport avec ses goûts, ses relations scientifiques et sa position à la tête d'un corps savant. C'est ainsi qu'il fut : membre correspondant de l'académie de médecine de Paris, de la société d'émulation de la même ville, de la société royale de médecine de Marseille et membre titulaire de la société des sciences, belles lettres et art de Toulon.

Ces détails sur la vie de l'illustre médecin, qui honora la ville de Toulon et le corps médical tout entier, sont extraits de la biographie que M. le docteur Jules Roux a bien voulu me communiquer; mais j'ai dû réduire l'œuvre si remarquable du digne successeur de Jean-Joseph Reynaud, aux proportions d'une modeste notice. Je ne saurais mieux terminer cette

---

[1] Cet ouvrage, imprimé aux frais de l'Etat, fut publié en 1838, sous ce titre : *Mémoire sur le choléra morbus-asiatique, qui a régné à Toulon pendant l'année 1835*. 1 vol. in-8°.

Reynaud a publié plusieurs mémoires remarquables dans divers recueils scientifiques. (*Mémoires de l'académie de médecine*, séance du 19 septembre 1827.— *Bulletin de thérapeutique*, années 1838 et 1839.— *Gazette médicale de Paris*, 1837, et le *Journal des connaissances médicales pratiques*, année 1839.

étude intéressante à tant de titres qu'en cédant la plume au biographe lui-même.

« Reynaud, dit-il, occupait depuis longtemps une place élevée dans la science et la hiérarchie du service; il était honoré de la confiance publique, aimé d'une population à laquelle il avait donné tant de gages de savoir et de dévouement; il était entouré de l'estime et de la considération générales. Aussi, tous voulaient l'avoir dans leurs jours de fête, comme tous le désiraient dans leurs jours de souffrance. Il vivait heureux de la position que, seul, il s'était faite et du bonheur de sa fille unique, objet de sa plus vive tendresse [1]. Insistons donc encore sur une époque qui fut pour notre maître un temps de douce satisfaction, de prospérité et de gloire : l'orphelin si docile de la modeste école de Roquebrussanne, l'écolier studieux du petit séminaire d'Aix, l'élève empressé, recevant dans son village les premiers éléments de chirurgie, avait conquis un rang honorable dans la science, le grade le plus élevé de la hiérarchie médicale des ports, le plus haut degré de réputation dans son département, l'estime et l'affection de ses concitoyens. A l'exemple d'une foule d'hommes remarquables qui ne doivent leur élévation qu'à eux-mêmes, il honorait le corps auquel il appar-

---

[1] Il avait épousé, le 5 floréal an VI (25 avril 1798) Mlle Marie-Claire Pouverin, née à la Roquebrussanne. Leur fille unique, dont il est ici question, Mlle Claire Reynaud, épousa elle-même, le 1er juin 1829, M. André-Ferdinand Bourgarel, qui a été maire de Toulon.

tenait, l'école où il professait; il était une illustration pour son pays : il avait donc tout obtenu, bonheur, distinction, fortune, renommée, juste récompense du travail et du talent.

« Mais les jours heureux s'envolent avec le temps, qui ne s'arrête pour personne, et qui m'entraîne malgré moi vers une période de deuil : la vie humaine a ses limites sur la terre et la somme de vitalité que Dieu dispense à chaque homme en naissant, s'épuise comme l'huile du flambeau qui brûle, et finit comme la flamme qui s'éteint. Doué d'une forte constitution, Reynaud n'avait jamais éprouvé que de légères indispositions. il redoutait l'apoplexie et c'est en vue de la conjurer qu'il s'était exercé à se saigner lui-même. Ce n'est cependant pas de ce côté, que partirent les coups qui devaient le frapper. Subitement atteint d'une fièvre rémittente grave à caractère insidieux, dont deux ans auparavant, il avait déjà été affecté, il ne fut malade que quelques jours. Ces jours semés de crainte et d'espérance, de joie et d'angoisses cruelles, tinrent toute la population en émoi. Le riche et le pauvre assiégeaient le seuil de sa porte et venaient en foule s'informer de son état, et tous ceux qui partaient de Toulon pour les localités environnantes, avaient ordre de ne pas quitter la ville sans s'enquérir de ses nouvelles. On assure même que, dans quelques villages, on faisait pour lui des prières publiques.

« Un jour, Reynaud s'était levé, il avait même pu recevoir quelques personnes et régler des affaires de service; sa famille, ses amis, pleins de sécurité et de joie se laissaient aller à l'espérance d'un rétablissement prochain, lorsque, dans la nuit, la scène changea tout à coup : les symptômes graves reparurent, le paroxyme redoubla, la fièvre brûlante, le délire, signe d'un état pernicieux, firent redouter une issue promptement funeste.....

« Agé de 69 ans, Reynaud venait à peine d'expirer entre les bras de sa fille, entouré de sa famille et de ses amis, de ses collègues, de ses élèves, que le bruit de sa mort se répandit dans la ville et le département. Ce fut un jour de deuil général que le jour du 25 janvier 1842, et ce n'est pas un homme ordinaire que celui dont la mort provoque tant de regrets [1] ».

Je n'ajouterai qu'un mot à ces lignes éloquentes, et ce sera pour corroborer par le témoignage d'une célébrité médicale, les éloges que le docteur Jules Roux a si justement décernés à celui qui fut son maître et son ami.

Un parent de Reynaud se trouvant à Paris, peu de mois après sa mort, et causant avec le docteur Récamier de ce triste événement, Récamier lui dit : « Si vous m'aviez prévenu par le télégraphe dès les premiers symptômes de la maladie, j'aurais tout quitté pour aller me placer à son chevet; je ne l'aurais pas

---

[1] ÉLOGE BIOGRAPHIQUE DE JEAN-JOSEPH REYNAUD, *prononcé à l'ouverture du cours de pathologie externe, le 2 mai 1855, par le docteur* JULES ROUX, *chirurgien en chef de la marine.*

sauvé, puisque mes savans confrères n'ont pu y parvenir, mais je lui aurais donné un dernier témoignage de la vive affection que je lui portais et de la haute estime qu'il m'inspirait. » « Vous avez perdu, ajouta-t-il, un homme d'une très grande valeur ; si Reynaud s'était décidé à venir à Paris, il y aurait occupé, je ne dis pas un rang distingué, mais le premier rang [1]. »

Il est certain que sur un plus grand théâtre, le talent et le dévouement de Jean-Joseph Reynaud se seraient fait jour avec plus d'éclat ; il aurait peut être obtenu quelques distinctions de plus et amassé une plus grande fortune ; mais cela aurait-il pu compenser, dans ce cœur généreux, le bonheur de vivre au milieu d'une famille et d'une population qui le chérissaient ?

MAISON N° 4.

La maison n° 4, était possédée, au commencement du XVIII° siècle, par un commissionnaire en marchandises, nommé Honnoré Raisson, qui fut élu troisième consul, le 13 juin 1702. Cet honnête commerçant dut maudire plus d'une fois, pendant l'année de sa gestion, ceux de ces concitoyens qui l'avaient

---

[1] Récamier qui fit ses débuts dans la médecine navale, à Toulon, avait connu Reynaud et avait navigué avec lui de 1793 à 1716 ; ils s'étaient liés d'une étroite amitié.

gratifié du chaperon [1] ; car jamais magistrature municipale ne fut semée de plus d'épines que la sienne.

A peine entrés en fonctions, le consul Raisson et ses honorables collègues, MM. Garnier de Fonsblanche et François Brun, se virent aux prises avec un ancien militaire, le major Brissac, qui avait accablé leurs prédécesseurs d'incessantes réclamations et qui venait d'adresser au ministre Chamillart, une plainte des plus vives : « Ce que je trouve de plus rude, disait-
« il, en parlant des Toulonnais, c'est d'avoir affaire à
« la *nation du monde la plus revêche*, me faisant
« difficulté surtout, jusques à m'empêcher d'aller
« moudre ailleurs que dans les moulins de la ville,
« pour m'obliger à payer un certain droit. » M. de Brissac ajoutait qu'il n'avait pour vivre que ses modestes appointements, et qu'après avoir servi le roi pendant trente ans, et avoir reçu huit coups de mousquet, il était bien triste pour lui de se trouver en butte aux tracasseries des consuls de Toulon.

Piqués au vif par le ton et les termes de la réclamation du major, les consuls ripostèrent de manière à lui enlever l'envie de recommencer : « Sans entrer dans la discussion de son patrimoine, écrivaient-ils, il n'a pas raison de dire qu'il n'a pour tout bien que les appointements que le roi lui donne. Il est devenu à Tou-

---

[1] Le chaperon était un petit manteau que les consuls portaient dans l'exercice de leurs fonctions; celui des consuls de Toulon était en velours rouge et doublé de satin blanc.

lon, laboureur, boucher et geôlier. Il laboure et sème les glacis, le chemin couvert et une partie du fond des fossés, dont l'autre partie est en pré, quoique cela soit expressément défendu par les ordonnances du roi. Il a fait une bergerie et un poulailler dans la demi-lune de la Porte Royale, attenant au bureau de la Consigne, où il nourrit des vaches, des moutons, des brebis et des poules, des lapins et des pigeons dont il fait un trafic très lucratif.— Pour satisfaire tout à la fois son avarice et la haine qu'il a conçue contre nos habitants, il a inventé une maltote sur tous ceux qu'on met dans les cachots des corps de garde de la ville, d'où ils ne peuvent sortir, soit innocents soit coupables, sans payer un droit qu'on a fait monter jusqu'à trente sols par tête, et qui a été souvent exigé avec tant de rigueur, que les soldats du corps de garde ont berné, battu et dépouillé des misérables, qui y avaient été mis pour des fautes très légères, parce qu'ils n'avaient pas de quoi racheter la vexation.— On peut juger par là que si le sieur Brissac est malheureux d'avoir été placé à Toulon, comme il le dit, le peuple de Toulon l'est encore bien plus, d'avoir pour aide-major un vieux routier, qui, pour réparer les injustices de la fortune, a besoin d'employer des moyens si peu dignes d'un guerrier comme lui.— Nous n'en dirons pas davantage sur cet article, Monseigneur, de peur d'ennuyer votre Grandeur. La fidélité au service de Dieu et du Roy a toujours fait le caractère et la devise de nos habitants. — M. le duc de Vendôme, M. le comte de

Grignan, M. le comte du Luc et tous les commandants de la province et de la marine, qui connaissent mieux que le sieur Brissac, l'honneur et le génie de notre nation, seront garans de cette vérité, aussi bien que nos seigneurs les ministres, à qui depuis tant d'années nous avons l'honneur de rendre compte de nos actions et de l'exécution des ordres de Sa Majesté. »

Les consuls disaient vrai, quand ils parlaient de leurs excellentes relations avec les ministres ; mais ils savaient ce qu'il en coûtait à la caisse communale, et leurs prédécesseurs avaient failli payer, de leurs propres deniers, une très forte somme employée en cadeaux et rejetée par la cour des comtes de Provence. Un arrêt de cette cour, en date du 9 septembre 1700, les avait condamnés à rembourser 2,360 livres, dépensées pour « les présens ordinaires offerts à MM. les ministres secrétaires d'Etat et autres. » Fort heureusement pour eux que le roi, siégeant en conseil d'Etat, avait bien voulu les exonérer de cette condamnation. (25 juillet 1702 [1].)

L'affaire des présents n'était pas terminée qu'une autre question plus importante, soulevée par les procureurs du pays, jetait les consuls de Toulon dans de nouveaux embarras. Il était d'usage, à cette époque, de loger toutes les troupes chez l'habitant et de payer à

---

[1] « Le roy en son conseil, a deschargé les suppliants de la condamnation prononcée contr'eux, au jugement du compte de la comptabilité du sieur Ricand, trésorier. »(Arrêt du conseil d'Etat). Arch. com Série CC. art. 611.

chaque propriétaire, une indemnité, dont l'avance était faite par la commune, qui se faisait ensuite rembourser par la province. Des fonds spéciaux étaient alloués, à cet effet, par les Etats, et la répartition en était confiée à des administrateurs, qui prenaient le titre de *Procureurs du Pays*, parce qu'ils faisaient les affaires du pays, c'est-à-dire, de la province.

En exécution des ordres donnés par le comte de Grignan, gouverneur de Provence, la ville de Toulon avait logé, pendant l'année 1701, 10 sergents et 240 hommes de milice, et le trésorier avait payé, aux propriétaires des maisons occupées par ces militaires, une somme totale de 22,815 livres. Or, les procureurs du pays prétendaient que, dans le cours de l'année, la ville avait reçu des troupes régulières qui pouvaient faire le service de la place, et que pendant ce temps, la milice aurait dû être licenciée. Faisant un calcul exact des journées pendant lesquelles les troupes régulières avaient tenu garnison dans la ville, ils réduisaient à 7,518 livres la somme à rembourser pour le logement de la milice.—Les consuls répondaient qu'ils avaient obéi exactement aux ordres du gouverneur, qui, seul, avait le droit de régler le nombre des troupes nécessaires pour garder la ville, et de faire faire le service de la place par telles ou telles troupes.

Indépendamment de cette somme de 22,815 livres, dont il est parlé dans cette lettre, la ville dépensa, pendant la gestion de MM. de Fonsblanche, Brun et Raisson, 42,742 livres pour le même objet. Les revenus ordinaires de la commune ne permettant pas de faire de pareilles avances, on avait emprunté un peu à tout le monde.

Honnoré Raisson et ses collègues ne savaient déjà plus comment se tirer d'embarras, lorsque survint une complication désagréable, qui les bouleversa complètement. L'intendant de Provence, M. Lebret, leur avait déjà réclamé plusieurs fois le rôle de la capitation de l'année courante; le délégué de l'intendant reçut l'ordre de placer, dans leurs foyers, un certain nombre de soldats et d'huissiers, qui devaient vivre à leurs dépens jusqu'au jour où ils auraient remis ce travail. C'était une mesure extrêmement rigoureuse. Les consuls en furent très émus : « Nous avons été fort surpris, écrivaient-ils le 13 mars 1703, à M. Lebret, de voir, par la lettre que M. de La Garde nous a communiquée de la part de votre Grandeur, au sujet du rôle de la capitation, les ordres fulminants qu'il a reçus contre nous, et qu'il a en même temps fait exécuter, en mettant garnison dans nos maisons. Il nous est bien fâcheux d'être traités de la sorte, dans un temps où nous n'avons rien à nous reprocher et où nous donnons tous nos soins et toute notre application aux affaires du roi et du public. Mais, quelque zèle que nous ayons à remplir tous nos devoirs, vous jugerez aisément, Monseigneur, que l'amour de nos familles, alarmées par la présence des huissiers et des soldats, ne nous laisse pas toute la liberté et la tranquillité dont nous avons besoin dans le grand détail dont nous sommes accablés. Nous espérons, qu'ayant égard à de si bonnes raisons, vous voudrez bien envoyer vos ordres pour faire retirer cette garnison [1]. »

Mais l'intendant qui voulait ses rôles au plutôt, pour les mettre en recouvrement immédiatement après, ne s'inquiétait pas beaucoup des ennuis que la garnison pouvait donner aux familles de MM. les consuls; il lui était assez indifférent d'apprendre, par exemple, que Madame Raisson rendait la vie dure à son mari, parce qu'elle avait à loger des huissiers et des soldats, et à faire manger tout ce monde qui avait bon appétit. La garnison fut maintenue. — Le 1er avril, les consuls, promettant une prompte expédition des rôles, demandèrent grâce de nouveau. Leurs dames insistaient, et comme ils le disaient fort bien, les tracas de l'intérieur n'étaient pas de nature à leur rendre la liberté d'esprit dont ils avaient besoin pour accélérer leur besogne : « Enfin, Monseigneur, lui écrivaient-ils, nous faisons tout ce qui nous est humainement possible, et Votre Grandeur jugera aisément que si on pouvait faire plus, étant aussi attachés à notre devoir et aussi délicats sur le point d'honneur que nous le sommes, il n'y a rien que nous ne missions en usage pour éviter les menaces et les chagrins auxquels nous sommes tous les jours exposés. Et la garnison, bien loin d'avancer ce travail, ne sert qu'à nous faire des frais, à épou-

---

[1] Arch. comm. Série BB. art. 117.

vanter nos familles et à nous détourner de nos occupations ordinaires. »

A travers ces dernières lignes, on entend le tapage que les bonnes ménagères devaient faire à leurs maris; elles leurs reprochaient sans doute de n'avoir pas assez réfléchi aux charges du consulat, avant de se laisser élire par des amis, qui auraient mieux fait de s'atteler eux-mêmes au char municipal; elles se plaignaient, peut-être, des façons trop sans gêne des garnisaires et de la dépense qu'ils faisaient dans la maison. Les pauvres consuls sortaient de chez eux de fort méchante humeur et devaient maudire le jour funeste où ils avaient aspiré aux honneurs. Ils oubliaient, dans ces moments, le plaisir qu'ils avaient éprouvé, en revêtant pour la première fois, le magnifique chaperon de velours rouge, doublé de satin blanc, alors que se rendant à l'église, suivis d'un nombreux cortége, les soldats du poste de la mairie leur présentaient les armes et le tambour battait au champ; et que, sérieux et empesés, ils passaient devant la boutique du voisin, qui se dépitait de n'avoir pas obtenu assez de suffrages, pour occuper au moins la place de troisième consul, dont le titulaire, Honnoré Raisson, paraissait si fier: un ancien savonnier, un marchand-vendant un peu de tout, comme lui, et pas très riche, en vérité...

L'intendant se laissa attendrir un moment par les plaintes éloquentes de ces pères de familles, il fit lever « la garnison », le 9 avril; mais, huit jours après, ne recevant pas le rôle, il donna l'ordre de revenir à ce moyen extrême.

Ces pauvres consuls ne savaient plus à quel saint se vouer; ils travaillaient sans relâche et cependant la besogne n'avançait pas. « Nous travaillons régulièrement tous les jours, écrivaient-ils à l'intendant, depuis sept heures du matin jusqu'à midi sonné et d'abord après le dîner nous recommençons jusqu'à 9 heures du soir; nous n'avons pas même cessé pendant les fêtes de Pâques; cependant, Monseigneur, dans le temps où nous abandonnons toute sorte d'affaires, pour ne nous appliquer uniquement qu'à celle-là, M. de La Garde nous menace de rétablir la garnison dans nos maisons si, dans le 20ᵉ du présent mois, nous n'avons pas remis le rôle de la capitation. »

L'établissement de ce rôle n'était pas l'affaire d'un jour; il fallait constater la position sociale de tous les habitants et taxer chacun d'eux, d'après un tarif annexé à la « *Déclaration du roi* » du 12 mars 1704, rétablissant l'impôt de la capitation, tel qu'il avait été exigé, pendant trois ans, de 1695 à 1698 [1].

Or, ce tarif, très détaillé et très clair pour la taxe à imposer aux fonctionnaires, dont la hiérarchie était parfaitement définie, devenait d'une interprétation difficile, quand il s'agissait de distinguer entre les bourgeois des villes de second ordre, payant 40 livres et les bourgeois des petites villes, n'en payant que 6;

---

[1] *Tarif contenant la distribution des classes et le règlement des taxes de la capitation générale, ordonnée par la déclaration du roi.* (ARCH. COMM. Série CC. 414.)

entre les barbiers des villes de premier et de second ordre, qui payaient dix livres et les médecins et chirurgiens des petites villes qui n'en payaient que trois ; chacun s'efforçait, dans ce cas, de prouver que Toulon était une très petite ville. Mais la plus grande difficulté, pour les répartiteurs, consistait dans la composition même de la population, formée en majeure partie de marins et de fonctionnaires publics ; et comme ces derniers payaient directement à l'Etat, sur des rôles spéciaux, le contingent de la ville, fixé à 48,000 livres, retombait tout entier sur un petit nombre de bourgeois et de commerçants ou sur la classe ouvrière. Lorsque les consuls demandaient des instructions ou une diminution du contingent, on leur répondait, en leur rappelant la nécessité de compter ces 48,000 livres dans un bref délai, s'ils voulaient éviter la garnison et même l'emprisonnement !

La somme réclamée fut enfin acquittée. Mais, à l'expiration de son mandat, maître Honnoré Raisson, dégoûté des honneurs, déclara si nettement qu'il en avait assez, sa femme dit si bien, si haut et si ferme, qu'elle le ferait plutôt renfermer dans une maison de fous, s'il s'avisait de rentrer à l'hôtel de ville, que personne ne songea plus à lui demander de se sacrifier pour la chose publique.

RUE DE L'ASPERGE.

Plusieurs de nos rues ont emprunté leurs noms à des enseignes d'auberges : c'est ainsi que les logis du Chapeau rouge, de la Pucelle d'Orléans, des Trois oliviers, des Trois mulets, ont laissé un souvenir plus durable que les maisons occupées par les Tourville, les Duquesne, les Vauban et par Puget lui-même, dont la maison, signalée cependant dans tous les *Guides*, n'est connue que d'un petit nombre de Toulonnais.

Le 28 février 1686, un nommé Florens Vidal, dit l'*Asperge*, à cause de sa très haute taille, se rendit acquéreur d'une maison située rue de Gignac, et y établit une auberge [1].— La rue qu'il venait habiter avait été ouverte depuis moins d'un siècle, sur des terrains appartenant à M. de Thomas, seigneur de Milaud et de Gignac. Ce nom de Gignac, que la famille de Thomas avait en quelque sorte imposé à la rue construite dans son domaine, n'était pas du goût des braves gens

---

[1] « M. Laurent Tournier, avocat, en qualité de procureur de la dame Anne de Pelissier, dame de Gignac, a vendu à Florens Vidal, hoste, le premier droit de lods de la vente à faire de la grande maison de la discussion de Jean Cauvat, sise rue de Roquefure, (rue du noyer) visant à celle de Gignac. » (Minutes de Me Renaud notaire, chez Me Aube. Année 1686, fol. 97.)

qui la fréquentaient ; il était difficile à prononcer, difficile à retenir et « ne disait rien à leur cœur. »

Quand ce long et mince personnage, que toute la ville connaissait déjà sous le nom de l'Asperge, quand cet aubergiste gouailleur, bavard et cancanier, comme tous les hôteliers de son temps, eut établi son quartier général dans la rue de Gignac, M. de Thomas perdit son procès, Gignac fut oublié, la rue qui avait l'honneur de posséder le sieur l'Asperge, retint son nom et ne le lâcha plus. L'autorité municipale elle-même s'empressa de l'adopter et de le consigner dans les registres du cadastre [1]. Cependant les descendants de M. de Thomas ne se résignèrent pas facilement à cette substitution. Un demi siècle plus tard, ils désignaient encore leur ancienne rue, dans les actes de reconnaissance de leurs directes, sous le nom de Gignac ; mais ils avaient soin d'ajouter « ou de l'Asperge » [2].

La maison du sieur Florens Vidal, dit l'Asperge, portant aujourd'hui le n° 26, ne s'élevait qu'à deux étages, mais elle était spacieuse et profonde. L'Asperge y tint auberge pendant près de 40 ans ; il eut l'honneur, plus d'une fois, de servir à l'hôtel de ville le

---

[1] « Maison (n° 26), appartenant aux hoirs de M. Lasperge, située rue de l'Asperge. » Cadastre de 1728. fol. 48.

[2] « Une grande maison, située rue de Gignac ou de l'Asperge. » Acte de reconnaissance par sieur Jean-Baptiste Dalmas, en faveur de M. de Thomas de Chateauvert, du 1er février 1766. — (Arch supp. Série II. Art 83. fol. 304.)

repas somptueux que MM. les consuls et conseillers s'offraient le jour de leur élection [1].

Après avoir cuisiné pour les gastronomes officiels et autres du XVIIe et du XVIIIe siècle, après avoir logé, traité et remisé grands et petits, « bêtes et gens », après avoir beaucoup appris, beaucoup raconté et suffisamment médit de son prochain, maître l'Asperge s'éteignit dans la paix du Seigneur, à un âge très avancé, et laissa tous ses biens à l'hôpital Saint-Esprit. — Cet établissement charitable vendit sa maison, le 7 décembre 1736, moyennant 3,005 livres à M. Brunet, négociant, qui la revendit, peu de temps, après, au sieur Jean Cueillette, traiteur.

En 1770, ce dernier en était encore en possession et le logis de feu l'Asperge n'avait pas trop perdu de son antique réputation.

Cette maison n'a cessé d'être occupée par des traiteurs que vers la fin du siècle [2].

---

[1] « Sera payé à Florens Vidal, dit Lasperge, aubergiste, la somme de 250 livres, pour avoir fourni le repas, dans l'hôtel de ville, le jour de l'élection, et le déjeuner de la feste de Dieu de cette année. » (Délibération du 17 juin 1700).

[2] Le 8 octobre 1784, Jacques Feissolle, maître maçon, acheta cet immeuble, qui appartient aujourd'hui à Mme Mouriès, née Durand.

MAISON N° 16.

Tout était tradition sous l'ancien régime ; les familles étaient vouées à certaines professions et les immeubles eux-mêmes conservaient, pendant des siècles, la destination qu'ils avaient reçue de leur premier propriétaire. Nous venons de voir, dans la maison n° 26, les aubergistes succéder aux aubergistes et les traiteurs aux traiteurs. Dans la maison n° 16, les Borme sont chaudronniers de pères en fils, pendant une centaine d'années ; la dynastie des Possel, maîtres boulangers, possède la maison n° 12, de 1728 à 1828, et, dans le n° 16, quatre générations de menuisiers aboutissent à un sculpteur en bois, M. Bernard Sénéquier, à qui nous devons la magnifique chaire de la cathédrale.

Bernard Sénéquier, né dans la maison n° 16, le 15 juillet 1784, y est mort le 4 juillet 1868. Fils d'un menuisier habile, il s'éleva jusqu'à la profession de sculpteur en bois, n'obéissant ainsi qu'à moitié à ce besoin de changement et de bouleversement, que la Révolution avait fait naître dans tous les esprits. Il devint ensuite professeur de dessin, mais il n'abandonna jamais entièrement le ciseau ; il fit, à cette époque de sa vie, indépendamment de la chaire et du chœur de la cathédrale de Toulon, divers ouvrages fort remarquables, pour les églises d'Ollioules, de la Garde et du Beausset.

M. Sénéquier a été, pendant trente ans, professeur de dessin de la marine; il fut le maitre de toute notre nouvelle génération d'artistes toulonnais, parmi lesquels les Daumas, les Montagne, Cauvin, son successeur, et tant d'autres qui sont devenus des maitres à leur tour. Il était membre de la société académique du Var [1].

Sénéquier n'avait qu'un fils, qui montrait les plus brillantes dispositions pour la peinture et qui lui fut enlevé à la fleur de l'âge, au moment où il venait d'être admis à l'école des Beaux-arts. Cette famille est représentée aujourd'hui par M. l'abbé Sénéquier, un savant et modeste ecclésiastique, qui vit au milieu des livres et des souvenirs du passé, dans la maison où il est né et où il espère finir ses jours.

MAISON N° 32.

Pour conserver le monopole des professions ou des industries, qui étaient devenues héréditaires dans leurs familles, les anciens toulonnais ne négligeaient aucun

---

[1] MM. Bronzi et Noble ont publié, dans le bulletin de la société académique du Var, année 1868, une notice nécrologique sur M. Sénéquier, qui fut, pendant une vingtaine d'années, trésorier de cette académie.

moyen. Vers le milieu du XVIIe siècle, un marchand plâtrier, nommé Jean Gros-Jean, propriétaire de la maison qu'il habite dans la rue de l'Asperge, impose au sieur Vidal, en lui vendant une autre maison située dans la même rue (n° 32), l'obligation de n'y jamais établir aucune plâtrière, et quand le sieur Vidal, qui était sans doute savonnier, revend cette maison [1], le 27 octobre 1674, au sieur Pierre Aguillon, il lui fait prendre l'engagement de n'y établir ni plâtrière, ni savonnière : « Le dit sieur acheteur ne pourra réduire la dite maison, ou ceux qui auront droit, pour y placer le travail d'une plâtrière, ni moins d'une savonnière [2]. »

M. Pierre Aguillon, qui n'était ni plâtrier, ni savonnier, n'hésita pas à souscrire ce double engagement. Il compta 2,120 livres au sieur Vidal et prit possession de la maison n° 32, où il s'installa avec sa famille, et où vécurent trois générations d'Aguillon, tous entrepreneurs, architectes, ingénieurs ou officiers du génie militaire.

César Aguillon, fils de Pierre, fit une assez grande fortune, en achetant des terrains dans l'agrandissement, effectué sous Louis XIV, et en y faisant construire des maisons qu'il revendait ensuite.—M. Girardin de Vauvré, intendant de la marine, qui s'était fait concéder un vaste emplacement de 1200 toises, situé

---

[1] « Une maison à un plancher avec un entresol, acquise par le vendeur de Jean Gros-Jean. »
[2] Minutes de maître Arnaud, chez Me Lespéron, notaire.

sur le Champ de Bataille, entre les rues Saint-Roch, du Trésor et Royale, lui en avait cédé plusieurs parcelles [1]. La plupart des maisons édifiées sur cette ile, appartenaient, en 1698, à M. César Aguillon [2].

A cette époque, César Aguillon avait exécuté divers travaux publics d'une certaine importance. Il s'était rendu adjudicataire, en 1690, de la construction de la halle aux poissons, et avait édifié, moyennant le prix très modeste de 4,500 livres, le solide monument que nous voyons encore aujourd'hui et qui ne manque ni de grandeur, ni d'élégance. — Il avait ensuite coopéré avec M. Gaspard Chassegros, à la construction des nouvelles fortifications [3], et pris part à tous les grands travaux effectués par la marine, pour installer les principaux établissements de l'arsenal Vauban.

Les enfants et les petits enfants de César Aguillon furent, comme lui, entrepreneurs des travaux de la marine. Son fils aîné, Pierre François, se rendit adjudicataire, en 1744, moyennant 220,000 livres, de la

---

[1] « Louis Girardin de Vauvré, etc., vend à César Aguillon, architecte du dit Toulon, une place dans l'agrandissement...... la dite place faisant partie de celle dont Sa Majesté a fait don à M de Vauvré, par brevet du 18 avril 1695. » (Actes des 26 mars 1696, 3 janvier 1697 et 23 mai 1699. — notaire Arnaud.)

[2] Dénombrement de 1698. Ile 131.

[3] « Le 3 septembre 1695, Gaspard Chaussegros et César Aguillon, architectes, confessent avoir reçu la somme de 20,000 livres : laquelle somme a été employée à la construction des batteries ordonnées par M. Lebret, intendant de Provence, pour empêcher et prévenir les mauvaises intentions des ennemis. » (Arch. comm. Registre DD. art. 17. fol. 558.)

construction de quatre vaisseaux et d'une frégate : le *Foudroyant*, de 80 canons ; le *Téméraire*, de 74; l'*Orphée*, de 64 ; l'*Hippopotame* de 50 et la *Pomone* de 30. Il devint ensuite trésorier provincial du corps royal de la marine ; ses deux petits fils, Louis et Jean François, furent des ingénieurs distingués.

L'aîné, Louis Aguillon, né le 28 janvier 1725, entra dans le corps du génie militaire et s'éleva, par son seul mérite, au grade de maréchal de camp. Il n'appartenait pas à la noblesse, et n'aurait jamais obtenu ce grade réservé aux gentilshommes, s'il n'avait fait preuve d'une capacité hors ligne. Il a d'ailleurs attaché son nom à une entreprise extrêmement remarquable, dont tous les historiens de Provence ont parlé avec éloge. Il découvrit, près d'Antibes, en 1777, les restes d'un aqueduc romain, qui avait été détruit et complètement oublié depuis 14 ou 15 siècles, et parvint, avec des ressources peu importantes, à rétablir cet ancien monument. La ville d'Antibes, qui manquait d'eau, fut ainsi remise en possession d'une source abondante ; elle témoigna sa reconnaissance au général Aguillon, en faisant graver sur une très jolie fontaine l'inscription suivante :

Sous le règne de Louis XVI, la reconnaissance a élevé ce monument à M. d'Aguillon [1], *brigadier du roi, au corps royal du génie, dont les soins et le ta-*

---

[1] Louis Aguillon n'était pas noble mais il fut annobli par son grade. V. la *Biographie de Louis d'Aguillon*. (Bulletin de la Société d'études de Draguignan, année 1858. p. 120 et 177.)

lent ont rendu à cette ville les eaux qu'elle devait à la bienfaisance des Romains, par la découverte et le rétablissement de l'aqueduc qui les y portait[1].

Détruite, en 1793, cette inscription a été rétablie par le conseil municipal après les troubles de la Révolution, et depuis lors il n'est venu à personne la pensée d'effacer ce souvenir reconnaissant, qui fait autant d'honneur au général d'Aguillon, qu'aux bons sentiments des Antibois; chez eux la mémoire du cœur est durable.

Jean-François Aguillon, frère du général, né le 28 mai 1726, dirigea en qualité d'inspecteur, la grande entreprise de l'approfondissement du port de Toulon.

Le fils de ce dernier et par conséquent l'arrière petit fils de César, M. Pierre-François-Alexandre Aguillon, ne resta pas étranger aux constructions navales; il fut pendant longtemps le seul fournisseur des bois de la marine. C'est lui que le ministre Decrès accusait, en 1812, de songer plutôt à ses intérêts qu'à ceux de l'Etat, parce qu'il osait réclamer le paiement de la dix-huitième partie des sommes qui lui étaient dues[2]. M. Alexandre Aguillon fut élu député sous la Restauration; mais à cette époque il ne demeurait plus dans la maison de la rue de l'Asperge.

Deux membres de cette famille ont été officiers de

---

[1] *Histoire d'Antibes,* station hivernale des Alpes-Maritimes, par E. B. Chabert Plancheur. Nice, 1866

[2] V. ci-dessus, page 57.

marine. Le premier, frère de Pierre-François Aguillon, fut assez heureux pour s'emparer d'un navire ennemi, en 1744. L'intendant, M. Levasseur de Villeblanche, s'empressa de signaler ce succès au Ministre, et de lui demander de l'avancement pour M. Aguillon. Mais, craignant que ce fait, si honorable cependant, ne fut pas suffisant pour appeler la bienveillante attention du ministre sur son recommandé, il crut devoir ajouter : « le sieur Aguillon est le même, qui a eu l'honneur de conduire le gouvernail de votre canot, Monseigneur, lorsque vous avez été sur la mer, dans ce port. *Cela seul mériterait vos grâces* [1]. »

Ce mot est typique, il dépeint bien les mœurs du XVIIIe siècle.

Le neveu de cet officier de marine était capitaine de vaisseau, en 1786, quand il fut dénoncé, avec divers autres fonctionnaires de Toulon, comme faisant partie d'un club. Le ministre demanda des renseignements au commandant supérieur, M. d'Albert de Rioms, qui lui répondit, le 4 mai, en ces termes :

« J'ai pris les informations que vous m'avez ordonné de prendre sur l'association qui s'est formée dans cette ville, et qui vous a été dénoncée comme préjudiciable au bien du service, par la lettre anonyme que vous avez bien voulu me renvoyer. Je me flatte que, sur l'exposé que je vais avoir l'honneur de mettre sous vos yeux, vous jugerez que les intentions de l'anonyme sont

---

[1] Lettre du 22 décembre 1744 (Archives de la préfecture maritime.)

aussi malhonnêtes et méprisables en elles-mêmes, que l'est la voie qu'il a prise pour vous donner des inquiétudes sur un établissement très innocent, dont j'ose garantir que vous n'avez aucune espèce d'inconvénient à craindre.

« Cet établissement s'est formé depuis quelques mois. Il consiste en cinquante personnes, qui n'ont point d'heure d'assemblée indiquée et encore moins obligée. Elles ont une maison payée à frais communs où chacune d'elle va, à son loisir, lire les papiers publics, qui y sont tous rassemblés. Les membres, officiers de la marine, sont : les capitaines de vaisseau : Aguillon, Gautier, d'Orsin, de Ligondès, Barbasan et Chaussegros; et les lieutenants de vaisseau : Vidal, Poulain, du Port et du Tillet. — Les autres membres de ce club sont quelques officiers retirés, des magistrats et des négociants.

« L'anonyme prétend que le service souffre de l'assiduité que donnent au club les officiers employés dans l'arsenal. Je puis vous assurer que rien n'est plus faux. M. Gautier, entre autres, y paraît assez régulièrement tous les jours en sortant de l'arsenal; il y reste un quart d'heure à lire les papiers, en attendant son dîner, pour revenir à la même heure le lendemain. Vous ne doutez sûrement pas, que si vous m'ordonnez de témoigner à ces messieurs que vous désapprouvez leur société, ils ne s'empressent de la dissoudre; mais, si vous me permettez d'oser vous dire ce que je pense : je ne crois pas qu'il importe au bien du service, de les contrarier sur un point qui lui est entièrement étranger[1]. »

Ces explications ne calmèrent pas les alarmes du ministre[2]. Effarouché sans doute par le nom de *Club*, que l'on avait donné au cercle littéraire dont faisaient partie M. Aguillon et quelques autres officiers, et redoutant pour eux l'influence des idées nouvelles qui commençaient à agiter les esprits, il leur fit ordonner de ne plus se réunir pour lire les feuilles publiques.— Le commandant supérieur leur signifia cet ordre, auquel ils s'empressèrent de se conformer. « J'ai prévenu les officiers, écrivait-il au ministre le 26 juin 1786, que vous désiriez les voir discontinuer l'espèce de club dont ils faisaient partie. Je peux vous assurer qu'ils ont été fort sensibles à la crainte de vous avoir déplu; mais ils ne pouvaient pas l'imaginer, cette association n'étant que pour y rassembler tous les papiers publics et les délasser un moment du travail assidu du port. »

Je ne sais si ces messieurs étaient réellement très affligés d'avoir déplu à S. Exc. le maréchal de Castries, ministre de la marine; mais je suis bien persuadé qu'ils étaient plus affligés encore de ne pouvoir plus se réunir, pour causer, lire les journaux et recueillir ou donner les nouvelles locales, qui n'avaient, bien souvent, aucun rapport avec la politique.

---

[1] Archives de la préfecture maritime.
[2] M. le maréchal de Castries.

MAISON N° 40.

La famille Beaussier, propriétaire de la maison n° 40, offre un exemple bien remarquable de ce respect de la tradition, que j'ai déjà signalé, et qui portait les enfants à embrasser la carrière parcourue par leurs pères.

Après avoir appartenu pendant plus d'un siècle, de 1588 à 1720, à la famille Battarel, cette maison fut apportée en dot, par Mlle Thérèse Battarel, fille d'un écrivain principal de la marine, à M. Joseph de Beaussier, enseigne de vaisseau.

Or, M. Joseph de Beaussier, fils d'un capitaine de brûlot, père d'un capitaine de vaisseau et grand père d'un contre-amiral, eut pour frère deux officiers de marine et pour neveux deux lieutenants, deux capitaines et trois chefs d'escadre. J'ai réuni dans un tableau, que je transcris ci-après, tous les membres de cette famille ayant appartenu à la marine et dont j'ai pu trouver l'exacte filiation dans les actes de l'état civil; mais évidemment j'ai dû en omettre plusieurs [1].

---

[1] Les auteurs de l'*Histoire de l'ordre de Saint-Louis* mentionnent 18 officiers du nom de Beaussier, créés chevalier de cet ordre, de 1693 à 1797.

Vincent de Beaussier,
capitaine de brulot. 1666.

L. de Beaussier de Châteauvert,
capitaine de port. 1721.

Laurent de Beaussier,
lieut. de vaisseau. 1712.

Joseph de Beaussier,
enseigne de vaisseau. 1737.

A. Beaussier de Châteauvert,
chef d'escadre. 1761.

L. J. Beaussier de l'Ile,
chef d'escadre. 1764.

J. de Beaussier,
lieut. de vaisseau. 1772.

E. de Beaussier,
cap. de vaisseau. 1772.

L. Emm. de Beaussier,
capitaine de vaisseau. 1765.

P. Beaussier de Châteauvert,
chef d'escadre. 1780.

P. Beaussier de Montauban,
capitaine de vaisseau. 1773.

L. P. Emm. de Beaussier,
contre-amiral. 1816.

P. J. de Beaussier,
cap. de vaisseau. 1814.

Le comte L. A. de Beaussier de Châteauvert,
lieutenant de vaisseau. 1789.

Ainsi, pendant cinq générations, les Beaussier ne se sont pas écartés de la tradition paternelle; fils de marins, ils ont voulu être marins, et, chacun d'eux désirant maintenir intacte la bonne réputation acquise par ses auteurs, s'est toujours montré au premier rang parmi les plus honorables, les plus zélés et les plus vaillants. « Plusieurs officiers de ce nom, lisons nous dans l'*Histoire de l'ordre de Saint-Louis*, l'ont rendu célèbre dans la marine. Celui qui fut créé chevalier en 1693, et dont il vient d'être parlé, s'était fait une grande réputation dans plus de vingt actions de guerre où il s'était trouvé [1]. » Plus tard, M. de Villeblanche, intendant de la marine, écrivant au ministre, pour lui demander de l'avancement en faveur du jeune Emmanuel de Beaussier, (qui fut le dernier possesseur de la maison n° 40), lui disait :

« Il est vrai que le jeune Beaussier n'a pas beaucoup de service, mais il mérite cette grâce par sa sagesse et son application; il est au fait du port, comme s'il y avait servi depuis dix ans, par les bonnes leçons que lui a données son père, qui était un des plus forts officiers du port. Le capitaine et les officiers se louent beaucoup du dit Emmanuel Beaussier et je sais par moi-même ce qu'il vaut; l'ayant mis en œuvre plusieurs fois, je l'ai toujours trouvé fort assidu et vigilant; s'il continue, comme je n'en doute pas, il vaudra le père dans la suite [2]. »

[1] Aspect. Paris 1780. Tom. III. page 166.
[2] Lettre du 18 février 1738. (Archives de la préfecture maritime. Reg. de 1738. fol. 45.)

Cet excellent officier, qui parvint au grade de capitaine de vaisseau, était à la retraite depuis bien longtemps et voyait arriver avec sérénité la fin de sa très longue et très honorable carrière, quand la Révolution éclata, et le fit périr misérablement. Victime d'une mesure terrible, ordonnée par les autorités républicaines[1], il fut *porté*[2] sur le Champ de Bataille, le 25 novembre 1793, et fusillé à l'instant même sans jugement.

RUE D'ASTOUR.

La rue d'Astour doit son nom à une très ancienne famille consulaire, qui a possédé, pendant près de trois siècles, la grande maison située à l'entrée de cette rue, entre la place Blancard et la rue de l'Oratoire.

Les d'Astour ont occupé successivement toutes les charges municipales : depuis Jacques Astour, élu troi-

---

[1] Barras et Maltedo écrivaient à la *Convention*, le 3 nivose an 2 : « La justice s'exerce ici sur le Champ de Bataille. Tout ce qui a été employé dans l'armée des rebelles et dans l'administration navale et militaire, a été fusillé aux cris mille fois répétés de *Vive la République*. » (Pons, *Mémoires pour servir à l'Histoire de Toulon*. page 178.)

[2] « Un vieillard de quatre-vingt-quatorze ans, M. Beaussier, fut porté sur un brancard au lieu du supplice. » (Ibid. p. 178.)

sième consul, en 1530, jusqu'à Pierre-Joseph d'Astour, maire et premier consul, nommé « gentilhomme » par le roi, en 1746.—Modestes propriétaires d'un moulin à huile [1] et, ensuite, maîtres savonniers, ils ne remplirent, dans les premiers temps, que les fonctions de conseiller, de capitaine de ville ou de troisième consul; mais, plus tard, quand leur fortune se fut arrondie, ils devinrent ce que l'on appelait des « bourgeois vivant noblement », c'est-à-dire, sans travailler; et se trouvèrent, dès lors, dans les conditions voulues pour porter le premier chaperon.

L'un de ces derniers, Charles d'Astour, maria sa fille, en 1664, à messire Melchior de Thomas, seigneur de Châteauneuf, capitaine des vaisseaux du roi. La noce fut des plus fastueuses. M. d'Astour dont le grand père signait Astour, sans particule [2], et qui lui même ne prenait le titre d'écuyer [3], que depuis très peu de temps, se sentait fort honoré de devenir le beau père du seigneur de Châteauneuf, et n'était point fâché de faire montre de sa fortune dans cette circonstance.

A peine marié, M. de Châteauneuf prit à part son

---

[1] Cadastre de 1563, fol. 63 : PIERRE ASTOUR, maison et moulin à olives, au pous de Jehan Guès, confrontant estable et hostal de François de Cuers, le long en long du barry, estable de Jean-Pierre Candeiron, et rue des Moreaux (rue de l'Oratoire).

[2] Voyez le cadastre de 1632. fol. 45.

[3] Le titre d'écuyer n'était pris que par les personnes qui se disaient nobles. M. de Chateauneuf le donne à son beau-père dans un acte notarié, du 4 juin 1664, dont il va être parlé.

beau-père et lui confia qu'il avait besoin de 24,000 livres, pour payer quelques dettes, et pour équiper le vaisseau dont Sa Majesté, le roi Louis XIV, lui avait donné le commandement.

24,000 livres, en 1664, représentaient une très forte somme, quelque chose comme 80,000 francs de notre monnaie actuelle. On comprend la grimace que dut faire M. d'Astour en recevant cette confidence. Cependant il ne se fit pas trop prier, il paya, le 4 juin, les dettes de son gendre [1].

Le lendemain, 5 juin, M. de Châteauneuf annonça à sa jeune femme qu'il venait de recevoir l'ordre de partir avec l'armée navale, qui se rendait à Gigelly, en Barbarie, et que n'étant pas certain de revenir, il avait fait son testament, par lequel il lui laissait la jouissance de tous ses biens; il ajouta, en souriant, qu'il instituait pour héritier universel, « l'enfant qui pourrait venir [2]. » La future mère n'avait pas envie de rire, elle pleura beaucoup au contraire, et ce ne fut pas sans peine que son mari parvint à lui donner du courage.

---

[1] « Noble Melchior de Thomas, seigneur de Châteauneuf, confesse devoir, pour cause de vrai et amiable prêt, au sieur Charles d'Astour, son beau-père, écuyer de cette ville de Toulon, la somme de 24.000 livres tournois, qu'il a reçue de lui en argent comptant, et qui a été employée par le dit sieur de Chateauneuf, tant en paiement de ses dettes passives, qu'aux dépenses qu'il a faites pour servir le roi, en qualité de capitaine sur un des vaisseaux de son armée navale. (Minutes de M⁰ Roustan, année 1664.— fol. 663 et 760, chez M⁰ Fournier, notaire.)

[2] Testament du 5 juin 1664. Minutes de M⁰ Roustan.

Cependant toute la ville était en mouvement. Il fallait loger les nombreux officiers qui ralliaient le port, pour s'embarquer sur les 30 vaisseaux, les 10 galères et les 40 barques que l'on armait en toute hâte. Le chevalier Paul, commandant de la flotte, et le duc de Beaufort, général en chef de l'expédition, étaient attendus d'un moment à l'autre et, déjà, 8,000 hommes de troupes, entassés chez l'habitant, donnaient lieu à mille réclamations.

Or, sur ces entrefaites, au milieu de l'agitation générale, les électeurs furent convoqués, pour procéder au renouvellement annuel du conseil et à la nomination des consuls. M. Charles d'Astour, qui était complètement absorbé par ses affaires de famille, et qui avait donné l'hospitalité à plusieurs amis de son gendre, fut fort étonné d'apprendre, le 15 juin, qu'il venait d'être élu premier consul.

L'élection populaire et le suffrage universel, pratiqués pendant le moyen-âge, mais successivement modifiés et enfin abandonnés, avaient été remplacés, en 1609, par une sorte d'élection à deux degrés.

Aux termes du règlement de 1609, encore en vigueur en 1664, les 3 consuls, les 12 conseillers et le trésorier sortants, dressaient eux-mêmes, le 14 juin, une liste d'éligibles, parmi lesquels devaient être choisis leurs successeurs. Ils s'adjoignaient ensuite, pour former un total de 40 électeurs, 24 citoyens : « Agés, capables, gens de bien, connus, bien qualifiés, non prévenus de crimes, n'étant ni officiers, ni domestiques du seigneur évêque, et n'ayant aucun procès avec la ville. »

Le lendemain, ces *quarante* électeurs se réunissaient dans la grande salle de l'hôtel de ville, après avoir entendu la messe du Saint-Esprit, et procédaient, ainsi qu'il suit, à l'élection des fonctionnaires municipaux, appelés à gérer les affaires communales pendant une année complète, à partir du 24 juin [1].

Divers noms, choisis dans la liste des exigibles, étaient successivement proposés pour les fonctions de premier consul ou de tout autre magistrat municipal, et chaque fois les électeurs mettaient une boule dans une boîte, divisée en deux compartiments, portant *oui* à droite, et *non* à gauche. Cette boîte, dont on peut encore voir un spécimen dans les archives de la Société académique du Var, était construite de manière à cacher la main de l'électeur, et à garantir le secret du vote.

Les noms des trois premiers candidats, soumis à cette épreuve, qui avaient obtenu un plus grand nombre de *oui* que de *non*, étaient inscrits sur des billets que l'on enfermait dans des boules d'argent.— En ce moment, un enfant, de 8 à 9 ans, était introduit dans la salle des opérations, et on jetait, dans son chapeau, ces trois boules d'argent, en l'invitant à en prendre une au hasard.— Le candidat, dont le nom se trouvait inscrit dans la boule que l'enfant retirait du chapeau,

---

[1] L'année municipale commençait le 24 juin, jour de la fête de St-Jean.

était proclamé premier consul, après vérification faite, toutefois, des noms contenus dans les boules restantes, afin de constater leur existence, et de s'assurer qu'aucune fraude n'avait été commise.

Ces différentes formalités étaient successivement remplies pour l'élection du deuxième consul, et de tous les autres fonctionnaires municipaux. On comprend que, le soir, après une aussi laborieuse journée, messieurs les électeurs devaient avoir besoin de se délasser, et c'est, sans doute, dans ce but, que, depuis un temps immémorial, les consuls et les conseillers sortants s'offraient, le jour de l'élection, un copieux souper, auquel étaient invités les adjoints et le viguier. Le repas du 15 juin 1864, fut préparé par l'hôtelier de *La Magdeleine couchée*.

Je remarque dans le compte présenté par cet hôtelier, que les dindons ne coûtaient que 30 sous et les levrauts 50 sous. C'était le bon temps, diront les gastronomes. Mais il ne faut pas perdre de vue que les 50 sous nécessaires pour acheter un levraut ne se trouvaient pas, en 1664, dans la poche d'un pauvre diable. L'avocat le plus en renom de notre ville, à cette époque, M. Gaillard, ne faisait payer ses consultations que 40, sous quand elles ne lui prenaient pas plus d'une heure de son temps (le prix d'une course en voiture), et tout l'ameublement de l'hôtel de ville, que les consuls venaient de mettre à la disposition de M. le duc de Beaufort, n'était loué que 3 livres, 10 sous, par jour.

La municipalité, dirigée, en ce moment, par M.

Charles d'Astour, avait dû pouvoir, en outre, au logement des officiers généraux et des autres personnages, qui faisaient partie de l'expédition. Ils étaient nombreux. Quelques-uns, tels que Duquesne, le chevalier Paul, le chevalier de Clerville, très connus à Toulon, étaient descendus chez des amis; mais le lieutenant général de Gadagne, les maréchaux de camp de La Guillotière et comte de Vivonne, le commandant de Bétancourt, réclamaient avec instance un logis convenable, ne pouvant décemment, disaient-ils, s'installer dans les auberges de *La Magdeleine couchée*, de l'*Asperge*, des *Trois oliviers*, de la *Pucelle d'Orléans* et autres établissements publics, fréquentés par des charretiers ou des soldats.

Enfin, le 2 juillet, la flotte mit à la voile, au grand soulagement de l'administration municipale; mais non sans produire un grand vide dans la plupart des familles toulonnaises, et, notamment, dans celle du premier consul.

Cet honorable magistrat vit le moment, où il ne pourrait, faute d'une barque, se rendre à bord pour dire adieu au général en chef et embrasser une dernière fois son gendre. Peut-être même était-il accompagné de sa fille. Ce qui me le fait supposer, c'est qu'il fut fort ému de cet évènement. Un de ses collègues, M. Gubert, second consul, à qui il avait confié l'embarras dans lequel il s'était trouvé, s'empressa d'en faire l'objet d'une communication au conseil : « Il me semble nécessaire, dit-il, de faire construire un bateau pour le service de la communauté, et pour porter les consuls, quand ils vont rendre visite aux vaisseaux et galères, attendu que, le plus souvent, lorsqu'ils sont obligés de faire ces visites d'honneur et de civilité, ils sont si pressés, qu'ils ne trouvent pas des bateaux propres pour les porter. » Le conseil parut pénétré de la nécessité de cette dépense, et autorisa les consuls à faire construire « un bateau honorable »[1].

Pendant que M. d'Astour s'occupait de ces détails, l'armée navale, dont faisait partie son gendre, le sieur de Châteauneuf, arrivait devant Gigelly et débarquait près d'un marabout, où s'élève aujourd'hui le fort Duquesne.

Après une assez vive résistance, les kabiles semblèrent se résigner à cette occupation : « Ils venaient, lisons nous dans une relation publiée par la Société archéologique de Constantine, jusque dans le camp, offrir des chevaux aux officiers et consulter, pour leurs blessés, les chirurgiens français. Ils avaient un rénégat pour unique chirurgien, à qui, par une habitude bizarre, à chaque blessé de conséquence, qui mourait entre ses mains, ils donnaient un certain nombre de coups de bâton, pour le châtier plus ou moins, selon l'importance du mort, puis autant de pièces de huit réaux pour le consoler et pour l'exhorter à mieux faire à l'avenir. »

Mais nous voilà bien loin de la rue d'Astour. Reve—

[1] Délibération du 15 juillet 1664.

nons dans la maison nº 2, où le retour de M. de Châteauneuf a ramené la joie et les fêtes. Il y a grande réception, chacun vient féliciter le capitaine de vaisseau qui s'est, nécessairement, couvert de gloire, et qui a mille choses à raconter sur les terribles kabiles, sur leurs mœurs..... L'histoire des coups de bâton, distribués aux chirurgiens malheureux, n'est pas oubliée.

Cette joie fut de courte durée; ce bonheur si doux de se revoir, fut payé bien cher.—M. de Châteauneuf n'était pas à Toulon depuis huit jours, quand un bruit affreux se répandit dans toute la ville : « La peste, disait-on, s'est déclarée et c'est le gendre du premier consul qui l'a apportée ! »

Voici, d'après les déclarations du bureau de santé, ce qui était arrivé.

M. de Châteauneuf avait fait transporter à sa campagne, par la charrette des portefaix Alexis et Christol, une balle de soie, qui lui avait été donnée, à titre de rémunération par un négociant marseillais, dont il avait remorqué le navire en revenant de Gigelly. Une partie de cette balle de soie avait été ensuite dérobée par les nommés Méounes, Serre et Bourguignon, et vendue par ceux-ci aux passementiers Grand, Guillaume Lagier, André Lagier et Larmodieu. Or, Serre était mort le 25 août, et sa belle-mère quelques jours après, puis deux voisins. Ces décès très prompts avaient été suivis de plusieurs autres. La mort avait frappé coup sur coup tous ceux qui avaient touché la fatale marchandise : le charretier Jean Alexis, le portefaix Christol, puis Serre et Méounes qui avaient dérobé la soie, enfin, les passementiers Grand et Lagier, qui l'avaient achetée.

Après avoir prévenu le parlement, qui devait être averti sans retard, sous les peines les plus sévères [1], le premier consul Charles d'Astour, profondément attristé, fit connaître, le 22 septembre, au conseil convoqué à cet effet, les mesures urgentes qu'il avait prises, de concert avec le bureau de la santé, et demanda des instructions et des pouvoirs pour faire face à toutes les éventualités.

Le conseil, à l'unanimité, autorisa les trois consuls,
« à emprunter toutes sommes et deniers nécessaires,
« et icelles sommes employer et distribuer à telles
« choses qu'ils verront bon estre, et généralement de
« faire, agir, et disposer du bien de la communauté
« dans cette conjoncture, sans estre tenus de rappor-
« ter justification des dépenses, lesquelles seront
« crues à leur assertion, lors du compte qui se ren-
« dra. »

Le conseil désigna ensuite huit intendants de la santé, qui furent adjoints aux huit précédemment élus.

Avant de se retirer, les conseillers firent un vœu au nom de la ville : ils promirent d'affecter une somme de

---

[1] Arrêt du 31 juillet 1643.

cinq cents écus à l'acquisition de deux chasses pour les reliques de Saint-Roch et de Saint-Sébastien.

Le lendemain, 23, un arrêt du parlement interdit aux habitants de Toulon l'entrée des autres villes et lieux de la Provence, et ordonna au conseiller Barrême « d'accéder aux environs de la dite ville de Tholon pour, avec l'un des Procureurs du pays et un médecin, donner tous les ordres nécessaires, tant pour le dehors que pour le dedans, conformément aux arrêts et règlements de la cour. »

Parmi ces arrêts et règlements, il en est un, en date du 17 juin 1629, qui mérite d'être connu.

Il est intitulé : ARREST ET RÈGLEMENT GÉNÉRAL FAICT PAR *la chambre ordonnée en temps de vacation du parlement de Provence, pour la conservation de la santé publique.*

L'article premier « enjoint à tous les habitants des « villes et lieux du pays, lorsqu'ils ouyront sonner la « cloche, tous les jours, à sept heures du matin, midy, « et quatre heures, de se mettre à genoux, et faire la « prière accoustumée. »

L'article X ordonne, sous peine du fouet et de la gallère, à ceux qui vendent de l'eau-de-vie « de fournir le verre à ceux qui voudront boire. »

L'article L prescrit aux consuls « de faire tuer tous les chiens et chats, tant en ville qu'au terroir. »

L'article LIV veut que les rues soient nettoyées trois fois la semaine et « arrosées de vin, s'il se peut. »

L'article LVI est ainsi conçu : « Les paysans et autres de basse qualité avalleront tout les matins une coste d'ail nette de la peau, et ceux qui en auront le moyen prendront le gros d'un poids de bonne triacle vieille. Les pères et mères ou autres ayans la conduite des enfans, leur feront avaller tous les matins à jeun (ceci est un peu *Shocking*) un petit demi-verre de leur urine.... et se contiendront, tous les dits habitans, le plus modestement, sobrement, nettement qu'il se pourra, sans excès ni mouvement violent et derreglé... »

L'article LXXIII recommande aux personnes chargées des purifications, d'user d'aulx, oignons, figues et noix; de boire de bon vin, de prendre tous les matins des pilules de Ruffi ou de Thériaque ou de Mitridat; de se frotter, soir et matin, avec du vinaigre Thériacal derrière les oreilles, sous les aisselles, le pouls et les narrines.

Cet arrêt contient 134 articles. Les consuls et intendants de la santé y trouvaient d'utiles indications; ils avaient d'ailleurs une initiative assez grande. La police intérieure appartenait presque exclusivement aux intendants. Ceux de Toulon montrèrent beaucoup de zèle pendant les premiers jours de l'épidémie. Les procès-verbaux du bureau de la Santé en font foi. On y lit jour par jour leurs faits et gestes.

Le 24 septembre, les intendants de Gars, Pèbre, Jacques Brun et Sicard sont désignés pour veiller à l'ensevelissement des morts, faire évacuer les maisons où la peste s'est déclarée, et conduire, eux-mêmes, les habitants de ces maisons au Lazaret.

Le lendemain, MM. Brun et Sicard font connaître au bureau que des cuirs, provenant de Gigelly, ont été introduits clandestinement dans la maison de M. de Chateauneuf ; il est décidé, à l'unanimité, que ces marchandises seront saisies et brûlées en présence de deux intendants.

Le 27, les consuls, sur la demande du bureau de Santé, font faire une criée publique, par laquelle il est ordonné « d'obeyr à MM. les intendants, pour vuider « les maisons et autres nécessités qu'ils aviseront, « *sous payne de la vie.* » Et, pour prouver qu'il ne s'agit pas d'une vaine menace, quatre potences sont dressées incontinent sur les emplacements désignés par le bureau de Santé. Ordre est notifié aux religieux de fermer leurs églises. Il pourront cependant célébrer la messe devant la porte des dites églises.

Le même jour, les intendants Brun, Rey et Pèbre se rendent dans les rues où la peste a sévi, en font sortir tous les habitants et les conduisent dans un refuge appelé Vertollin, construit à la hâte en dehors de la ville. Puis ils font fermer ces rues, où les capucins sont seuls admis pour parfumer les maisons infectées, sous la direction du R. P. Léon, qui s'est offert, avec tous ses religieux, pour exécuter cette opération dangereuse.

Le père Léon se distingua par sa charité. C'était d'ailleurs un homme d'action et de bon conseil. Le 28, les intendants lui envoyèrent une députation, composée de MM. Chaine, Allardon, Cordeil et Barry, pour le prier de vouloir bien prendre part à toutes les délibérations du bureau de Santé.

Nous sommes au 30 septembre, la maladie ne s'est déclarée que depuis le 22, et déjà des rues entières sont abandonnées, les églises sont fermées, et quatre potences s'élèvent aux quatre coins de la ville, comme pour venir en aide au fléau, dans son œuvre de destruction. Ce fut dans ce moment de tristesse que les consuls de Lorgues, arrêtés aux barrières de la ville, firent connaître aux consuls de Toulon, qu'ils étaient, eux et tous leurs concitoyens, au service de la malheureuse cité, offrant de pénétrer plus avant, si besoin était.

Cette généreuse démarche fut accueillie avec la plus vive reconnaissance par les Toulonnais, qui ne l'ont jamais oubliée. Les trois consuls : Charles d'Artour, Flameng et Gubert, accompagnés de plusieurs membres du bureau de Santé, se transportèrent auprès des députés de la ville de Lorgues, et les remercièrent chaleureusement, en leur nom et au nom de tous leurs concitoyens.

La constante préoccupation des consuls et des intendants était de faire disparaître entièrement les marchandises apportées de Gigelly, par le vaisseau de M. de Chateauneuf, et par d'autres navires arrivés vers la même époque. Le 1er octobre, les consuls ordonnèrent une criée publique, portant injonction à tous les habitants, possesseurs de marchandises venues de Gigelly et entrées clandestinement, de les déclarer « *à peine de vie.* »

Le bureau de Santé s'assemblait à chaque instant et veillait, avec une sollicitude qui avait quelque chose de fiévreux, à la police sanitaire de la cité. Les règlements se succédaient sans relâche. Voici les résolutions qui furent prises en une seule séance, celle du 3 octobre :

« Promettre le secret au bureau ;

« Les hardes des bastides ne seront plus admises à la ville.

« Purger les habits de ceux que l'on met en quarantaine.

« Que ceux qui ont des hardes en bastides s'y tiennent et ne rentrent point dans la ville.

« Les estrangers ne seront plus admis dans la ville, de quelle qualité et condition qu'ils soyent.

« Tous ceux qui rentreront au Lazaret seront enrollez, nom et surnom et il leur sera mis un billet, à chascun au bras gauche, du nom et surnom, et du jour qu'ils sont entrez au lazaret, et, venant à mourir l'on coupera le filet, et, par moyen du billet, on enregistrera le *mortuorum* du jour et heure.

« La maison infectée sera marquée d'une croix blanche, et estant la dite maison parfumée, la croix blanche sera couverte de rouge. »

Cette croix, rouge ou blanche, sur les maisons visitées par la peste, devait offrir un spectacle assez triste ; mais on ne pouvait rien inventer de plus funèbre que le petit passeport, pour l'autre monde, que l'on appliquait sur le bras des pensionnaires du Lazaret. On se figure-le sentiment que devait éprouver celui qui avait constamment sous les yeux son futur *mortuorum.*

Il paraît qu'en ce moment la peste faisait de grands ravages, car le lendemain, 3 octobre, le consul Gubert et les intendants de Gars et Louis Brun furent députés au R. P. Léon, pour l'engager à ne point trop s'exposer.

Cette recommandation était nécessaire. Les pères capucins se prodiguaient avec une ardente charité. Quelques jours après, trois d'entre eux, les RR. PP. Quinson, Pascal et Joseph mouraient victimes de leur dévouement, l'un, en soignant les malades du Lazaret, et les deux autres, en parfumant la bastide où était mort le sieur Barry [1].

Les intendants de la Santé, impressionnés par toutes ces morts et sans doute effrayés de la responsabilité qui pesait sur eux, résolurent de demander des inspirations à Dieu, chaque jour avant d'entrer en séance ; et, en effet, le 8 octobre le bureau délibéra : « de s'as- « sembler tous les jours à la chapelle Saint-Sébastien, « sur les huit heures du matin, pour entendre tout « premièrement la messe. »

Le même sentiment porta les consuls à aller prendre les conseils de l'évêque de Toulon, Mgr Louis Forbin d'Oppède. Ce prélat les engagea vivement à faire une *serrade générale.*

---

[1] *Roolles des morts de la maladie contagieuse*, tant dans ceste ville de Tolon et son terroir, que dans le Lazareton.

La *serrade* avait pour objet de renfermer, ou, comme l'exprime si bien le mot lui-même, de *serrer* chaque famille dans son logis et de l'isoler complètement. Terrible mesure qui pouvait avoir des conséquences désastreuses, ainsi que cela eut lieu dans le siècle suivant, pendant la peste de 1721, alors que la population de Toulon, attribuant à la serrade, la cessation de la peste de 1664, en sollicita elle-même la rigoureuse application.

La *quarantaine* de 1721, dont M. le docteur Lambert a raconté les émouvantes circonstances, ne fut, en effet, qu'une réminiscence de la *serrade* de 1664, et de celle, beaucoup plus complète, qui fut organisée dans les premiers jours de l'année suivante.

A cette époque c'était chose nouvelle, et loin d'en solliciter l'essai, la population aurait bien voulu en être dispensée ; mais l'évêque de Toulon et le duc de Mercœur, gouverneur de la province, y voyaient au contraire le salut de la ville. On résolut de tenter l'épreuve. Le Conseil, assemblé le 14 octobre, délibéra qu'il serait fait « une serrade générale de tous les habitants [1]. »

Dès que le duc de Mercœur eut connaissance de cette délibération, il écrivit aux consuls pour les féliciter sur la détermination qui venait d'être prise par le conseil : « Je suis ravi d'apprendre par les dépêches « de M. l'évesque de Toulon, leur disait-il ; que vous

[1] *Arch. comm.* Série BB. art. 39 et 40.

« goustez les propositions qu'il vous a faites pour une
« serrade générale. Je prends cette bonne disposition
« comme un augure infaillible du restablissement de
« vostre santé, et je ne doute pas du bon effet que nous
« en attendons, si vous vous attachez à l'exécution de
« ce projet avec toutes les rigueurs et circonstances
« qui doivent l'accompagner. »—« Et comme j'ay jugé,
« ajoutait-il, que vous avez besoin d'être soustenus
« d'un pouvoir plus fort que celuy que vos charges
« vous donnent, et qu'il est de l'intérêt du Roy, que
« vous soyez authorisés pour l'exécution des choses
« qui vous sont commises, *je vous donne le mien,*
« *pour vous en servir avec rigueur*, contre ceux qui
« refuseront vos ordres. »

Cette délégation ne lui paraissant pas encore suffisante, le Gouverneur annonce aux consuls que le Parlement va leur envoyer un arrêt pour les autoriser et leur donner le pouvoir de « *chastier et faire exemple.* » Et, en effet, trois jours après, les consuls recevaient l'arrêt suivant :

« LA COUR, SOUS LE BON PLAISIR DU ROY, et afin que la crainte de la punition des crimes contienne les particuliers de la ville de Tholon dans leur devoir, a ordonné et ordonne que, par Astour, Flamand et Gubert, consuls, Jean-Baptiste Calène, Honoré Bousquet, Jacques Martin, Pierre Cordeil, Antoine Barry, César de Cuers et Jean Vitalliz, commissaires [1] que la

---

[1] Ces commissaires étaient tous consuls, conseillers municipaux ou intendants de la Santé.

cour a députés pour l'exercice de la justice civile et criminelle de la dite ville, pendant le temps qu'elle sera affligée de la maladie contagieuse, il sera procédé à l'instruction et jugement des dits procès civils et criminels, pour l'imposition des peynes, selon que l'atrocité des crimes le méritera, souverainement et nonobstant opposition, appellation quelconques pour lesquelles ne sera différé, et sera le présent arrest affiché à la porte du palais et autres lieux ou besoin sera. Publié à la barre du parlement de Provence, séant à Aix, le vingtiesme octobre, mil six cent soixante-quatre. »

La serrade ne fut commencée, cependant, que le 15 janvier, en exécution d'un arrêt, dont je transcris ci-après les principales dispositions :

« Ordonne la Cour que tous les habitans ayent à faire faire des clefs aux portes de leurs maisons qui tournent à la rue, pour pouvoir être icelles deüement et seurement fermées : comme aussi feront murer toutes les communications qu'il peut y avoir d'une maison à d'autres par les toicts.

« Il sera establi des corps de garde dans tous les quartiers, desquels il en sera détaché d'autres pour toutes les ruës qui seront barricadées des deux bouts, et des sentinelles posées pour y observer toutes choses.

« La ville sera divisée en tel nombre de quartiers et en autant d'intendants, que les capitaines et commandants des dits corps de garde jugeront nécessaires, lesquels seront nommés par les consuls et destituables par eux à volonté ; et à chaque ruë nombre de syndics, qui feront rôole des habitants de la dite rue, de leur sexe, de leur âge et auront à répondre aux intendants des quartiers.

« Ordonne la dite cour, que les choses ainsi disposées, et le dit jour, 26 du dit mois, tous les habitants généralement se fermeront dans leurs maisons ; que les portes aboutissant aux rues, seront murées à chaux et à sable ou platinées, à l'exception d'une, qui sera fermée à clef, laquelle les dits syndics garderont, en sorte qu'aucun ne pourra sortir sans leur permission ; et qu'il sera loisible à chaque chef de famille, et toujours les mêmes de sortir à une certaine heure trois fois de la semaine seulement, pour se pourvoir des choses nécessaires à la vie.

« Et pour faciliter la fourniture de toute sorte de danrées nécessaires, a permis et permet aux dits consuls d'envoyer aux conférences leurs bouchers une fois la semaine, pour y recevoir et achepter les bestiaux, et autres personnes pour les choses nécessaires, avec les gardes et sous les seuretés accoustumées.

« Ordonne, la dite cour, que pour avoir asseurance certaine des morts, malades, et sains, et pouvoir donner les assistances nécessaires, les syndics des rues feront sortir aux fenêtres des maisons, au moins une fois le jour, tous ceux qui y seront dedans, selon le rôole qu'ils en auront pris, sans exception de qualité, d'âge ni de sexe ; lesquels habitants seront obligés de déclarer, *sous peine de vie*, s'ils se trouvent atteints de la peste ou de quelque autre maladie.

« Qu'il sera estably de trois sortes de médecins et chirurgiens en nombre suffisant, les uns pour les sains, ou ceux qui pourroient estre atteints d'autres maladies, lesquels feront leur tour par toutes les rues, et verront les personnes aux fenestres, s'il n'y a nécessité de les voir de plus près, du moins une fois la semaine en chacune; les autres pour les suspects de peste, et les troisièmes pour ceux qui en seront atteints. Le même ordre sera observé pour les confesseurs, et lorsque quelqu'un se trouvera atteint dans les maisons, on conduira les malades aux infirmeries, les autres de la même maison aux lieux destinés pour les suspects, et en même temps qu'ils seront tous dehors, le parfumeur y entrera. »

Cet arrêt fut ponctuellement exécuté pendant quarante jours.

La serrade terminée, il n'y eut plus que quelques cas très-rares. Deux procès-verbaux, des 10 mars et 23 avril, constatent : l'un, que le sieur Vincent n'était point mort de la peste, mais d'un *fièvre tabide*, et l'autre, que le sieur Monier, maître-chirurgien, qui se prétendait atteint de la maladie contagieuse, avait cédé à un sentiment de poltronerie en se faisant soigner pour la peste, alors qu'il était parfaitement sain, de corps sinon d'esprit.

Aucun autre indice de maladie ne s'étant produit, il fut annoncé, le 4 mai, dans une réunion du conseil de ville, « qu'il était expédient de restablir toutes les choses dans l'état où elles estaient auparavant de la déclaration de la peste. » Les consuls déclarèrent « se despartir des pouvoirs extraordinaires qui leur avaient esté donnés par la délibération du 22 septembre 1664. » Cependant, l'entrée des autres villes ne fut accordée aux Toulonnais que le 24 septembre 1665, par l'ordonnance suivante :

« Nous Melchior de Forbin, Marquis de la Roque, conseiller du roy en ses conseils, et président en sa cour du parlement de Provence, et Jean de Roux, sieur de Gaubert, conseiller du roy en icelle, commissaires députés au subjet de l'entrée de la ville de Toulon. Après nous avoir aparu tant par l'enqueste sommairement par nous faicte, que par le rapport des médecins et chirurgiens, qui sont à nostre suite, la santé estre parfaite dans la ditte ville, avons ordonné et ordonnons qu'entrée sera donnée aux habitants de la dite ville de Toulon par toutes les villes et lieux de la province, où ils voudront aller, et à ces fins que le blocus en sera rettiré. Fait à la Valette, le vingtroisiesme juin, mille six cent soixante-cinq. Signés : Forbin ; — de Roux. »

Le lendemain, alors que toute la population toulonnaise était dans la joie, et que le souvenir des anciennes dissentions semblait s'être effacé, les nouveaux consuls et conseillers de ville, à peine élus, signalèrent leur entrée en fonctions par un acte indigne, qui devait ranimer les rancunes : « Il est ainsi — dit un document contemporain, — que la maladie contagieuse, dont ceste ville de Toulon fust affligée en l'année 1664, aurait causé tant de dépenses extraordinaires à la communauté et de divisions parmy l'esprit des habitants, que, nonobstant toute l'économie et conduite dont sieur Charles d'Astour, Jehan Flameng et Laurens Gubert, pour lors en charge de consuls, usèrent en ceste rencontre, il arriva que le jour et feste de Saint-Jean, 24e du moys de juin 1665, contre l'uzage et coustume inviolablement observée en la dite ville, les sieurs consuls et nouveaux officiers entrant en charge, reffuzèrent d'approuver et ratifier leur administration, soubs la croyance que les dites dépenses estoient altérées, notamment en celle faicte pour le payement de la solde des gens de guerre levés en ceste occasion, en suite des ordres du Roi et de Mgr le Gouverneur [1]. »

Les magistrats consulaires, qui avaient donné des preuves éclatantes de leur dévouement pendant la peste, qui avaient su faire exécuter une mesure exceptionnelle et rigoureuse, sans molester la population, et qui avaient été assez heureux pour concourir au rétablissement de la santé publique; ces mêmes magistrats, honorés jusqu'alors de l'estime générale et auxquels le conseil avait, à l'unanimité, accordé les pouvoirs les plus étendus, se virent accusés de dilapidation et contraints de soutenir un procès contre la ville, qui leur devait peut-être son salut.

L'affaire fut portée d'abord devant le parlement et

---

[1] Transaction du 18 avril 1668.

ensuite devant la cour des comptes. Ce ne fut que trois ans après, en 1668, que la communauté mit fin à ce procès, par une transaction en date du 12 avril, dans laquelle on rendit pleine et entière justice au consul d'Astour et à ses collègues. « Les dits sieurs d'As-
« tour, Flameng et Gubert, y est-il dit, n'ayant en
« aucune façon excédé leurs pouvoirs, au contraire
« apporté de la modération et retranchement autant
« qui leur fust possible aux dites dépances, comme il
« se collige et peut justifier par les ordres et lettres à
« eux envoyées, et d'autant mieux qu'ils n'auroient
« rien fait sans l'adveu, approbation et consentement
« des officiers de la dite communauté par les délibé-
« rations sur ce faictes... et ayant, messieurs les con-
« suls et conseil d'à présent, recogneu par la reflexion
« et examen qu'ils ont murement faictes, des raisons
« et pièces qui leur ont esté produites et exhibées par
« les sieurs d'Astour, Flameng et Gubert... Ils ont
« approuvé et approuvent l'administration et gestion
« faicte par les dits sieurs d'Astour, Flameng et Gu-
« bert, durant l'année de leur consulat, des affaires de
« la dite communauté. »

Le souvenir de ce regrettable procès fut bientôt effacé. Les Toulonnais témoignèrent leurs sympathies au consul Charles d'Astour, en le nommant viguier [1]

---

[1] Le viguier représentait l'autorité royale. Cet office était précédemment à la nomination du roi ; mais, en 1653, dans un moment de crise financière, Louis XIV avait vendu son droit de nomination à la communauté de Toulon. (*Inventaire des archives*. page 276.)

et en confiant le mandat de premier consul à plusieurs de ses descendants.

Thomas d'Astour, fils ou neveu de Charles, fut, en en effet, élu premier consul en 1672 ; le fils de ce dernier, Joseph d'Astour remplit les mêmes fonctions en 1701, 1710 et 1716, et son petit fils, Pierre-Joseph d'Astour, en 1745 [1].

M. Thomas d'Astour eut l'honneur, étant premier consul, de recevoir Mme de Sévigné et de lui offrir un présent, au nom de la ville de Toulon. « Mme de Sévigné, belle-mère de M. le comte de Grignan [2], lisons nous dans une délibération du conseil municipal, du 29 janvier 1673, étant à Toulon, et cette visite étant la première, il serait de l'honnêteté de la ville de lui faire quelque présent pour lui marquer ses respects. Sur quoi, l'assemblée a unanimement délibéré que le dit présent sera fait, et que le soin d'icelui en est donné aux consuls, pourvu que la dépense n'excède pas 60 livres. »

La ville de Toulon, placée sur la route d'Italie, et,

---

[1] Thomas d'Astour, propriétaire de la maison n° 2, avait épousé Marguerite Cordeil ; son fils, Joseph d'Astour, marié à Gabrielle Giraudi de Piosin et de Montauban, le 26 avril 1692, eut Joseph-Pierre d'Astour, né le 22 septembre 1696, qui épousa, le 15 mai 1726, Gabrielle Louise de La Marque de Montaut. — Le fils de ce dernier, François-Bruno d'Astour, qui s'unit, le 14 janvier 1777, à sa cousine Anne-Paule d'Astour, fille de Thomas et de Thérèse Aguillon, mourut le 22 février 1806, et sa femme la 2 décembre 1818.

[2] François-Adhémar de Monteil, comte de Grignan, lieutenant général, commandant en Provence, de 1670 à 1714.

d'ailleurs, très intéressante par son port, ses armements, son arsenal, recevait la visite des plus grands personnages. Les consuls les accueillaient avec empressement, leur faisaient des cadeaux et donnaient, à leur occasion, de fort belles fêtes. Au commencement de 1701, les ducs de Bourgogne et de Berry, petits fils de Louis XIV, vinrent à Toulon, après avoir accompagné, jusqu'à Bayonne, leur frère, Philippe V, qui allait prendre possession de son royaume d'Espagne. Dans les premiers jours du mois d'octobre de la même année, la très jeune femme de Philippe V, qui n'avait lui-même que 18 ans, traversa notre ville pour aller le rejoindre. Je dirai un mot de son passage à Toulon, parce qu'elle y fut reçue par Joseph d'Astour, premier consul, fils de Thomas.

Marie-Louise-Gabrielle, fille de Victor Amédée, comte de Savoie, née le 17 septembre 1688, venait d'épouser, par procuration, le 11 septembre 1701, le nouveau roi d'Espagne. — Elle avait quitté Turin le 13, et s'était embarquée à Naples, sur la galère la *Capitane*, qui l'avait portée à Toulon, où elle arriva, comme nous l'avons dit, dans les premiers jours d'octobre. Elle descendit à l'hôtel de ville, dont les appartements avaient été richement décorés. Les consuls avaient loué une partie de la maison située rue Bourbon, n° 51, occupée, dans ces derniers temps, par M. Daumas, commissaire à la défense, et y avait fait percer une porte de manière à faire communiquer la chambre du second étage visant sur le port, avec la grande salle de l'hôtel de ville [1]. C'est dans cette chambre qu'on avait installé le logement particulier de la princesse Gabrielle de Savoie [2].

M. d'Astour et ses collègues s'étaient plu à orner l'appartement de la jeune reine; ils y avaient fait placer une belle copie du portrait de son mari [3], et plusieurs glaces du meilleur goût.

Je ne sais si ce fut pour conserver un souvenir du voyage de la reine d'Espagne, ou par simple précaution, comme les consuls le dirent au conseil, mais il est certain que la municipalité se rendit propriétaire de l'une des glaces qui avaient décoré sa chambre. — M. Joseph d'Astour en proposa l'acquisition en ces termes :

« La communauté se trouve souvent obligée de loger des puissances, qui passent, ainsi qu'il est arrivé

---

[1] « Payé, le 17 octobre 1701, à Joseph Vouire, maître maçon, 7 livres, 4 sous, 6 d. pour le travail et les fournitures qu'il a employées à ouvrir et à boucher la porte qui communique à l'hôtel de ville et à la maison joignante du sieur Trullet, à l'arrivée de la reine d'Espagne en cette ville. » — « Payé pour loyer de la chambre du sieur Trullet pendant deux mois, 36 livres. » (Registre des délibérations fol. 87.)

[2] Actuellement le salon de réception, qui n'est séparé de la grande salle de l'hôtel de ville, que par une porte, contre laquelle est adossée une statue de la Liberté, ornée du bonnet phrygien.

[3] « Le 12 décembre 1701, payé à Joseph Jesse, maître peintre, 14 livres pour le prix d'une copie du portrait de Philippe V, roi d'Espagne, qui est gardée à l'hôtel de ville, et 12 livres à Nicolas Dunon, maître menuisier, pour le prix de la bordure avec les travaux de sculpture. (Registre des délibérations. fol. 98.)

en diverses occasions et depuis peu, au passage de la reine d'Espagne, où la communauté a fait meubler et préparer l'hôtel de ville, pour recevoir et loger Sa Majesté; ce qui a engagé la communauté à louer des meubles convenables, et, entre autres, des miroirs, pour orner la chambre où elle devait coucher, et où elle vint effectivement descendre à son arrivée en ce port. — Et, parce que le louage des dits meubles et surtout des miroirs, qui sont fragiles, expose la communauté à des dépenses considérables, il serait à propos d'acheter un miroir pour orner la dite chambre. Et comme celui dont on s'est servi dans cette occasion a été trouvé beau et d'un prix assez raisonnable, on pourrait l'acheter, si l'assemblée le trouvait bon.

« Le conseil délibère, en conséquence, que les consuls sont autorisés à acheter le miroir à bordure noire avec un couronnement doré, qui a été loué d'Antoine Fangier, ébéniste, pour orner la chambre de la reine d'Espagne [1]. »

Sous le prétexte d'économie invoqué par le premier consul, pour faire accepter la dépense par les hommes pratiques qui composaient le conseil municipal, j'entrevois une intention plus élevée, une pensée délicate, j'oserais presque dire galante. Les magistrats toulonnais n'ayant pu encore se procurer le portrait de la princesse Gabrielle, voulurent au moins lui dire qu'ils n'abandonnaient pas, aux hasards du commerce, le

---

[1] Délibération du 17 octobre 1701. fol. 90.

miroir qui avait reflété sa gracieuse image. S'ils ne le dirent pas, ils le pensèrent. La reine était bien jeune, il est vrai, elle venait d'accomplir sa treizième année ; mais, à côté d'elle, et ne la quittant pas, les consuls avaient remarqué la princesse des Ursins « sa camerera mayor », qui était, s'il faut en croire le duc de Saint-Simon, une des personnes les plus séduisantes de son temps. « C'était, écrivait-il peu d'années après, une femme plutôt grande que petite, brune, avec des yeux bleus qui disaient sans cesse tout ce qui lui plaisait, avec une taille parfaite, une belle gorge, et un visage qui, sans beauté, était charmant ; l'air extrêmement noble, quelque chose de majestueux en tout son maintien, et des grâces si naturelles et si continuelles en tout, jusque dans les choses les plus petites et les plus indifférentes, que je n'ai jamais vu personne en approcher, soit dans le corps, soit dans l'esprit, dont elle avait infiniment et de toutes les sortes ; flatteuse, caressante, insinuante, mesurée, voulant plaire pour plaire, et avec des charmes dont il n'était pas possible de se défendre, quand elle voulait gagner et séduire ; avec cela une conversation délicieuse, intarissable et un parler extrêmement agréable, avec un air de douceur [1]. »

Les consuls avaient fait des frais de toilette pour se présenter devant la reine. Ils payèrent, quelques jours après son départ, 160 livres au sieur Clapier, qui leur

---

[1] Mémoires du duc de St-Simon. Edition Hachette, 1856. T. 2. p. 247.

avait fourni le velours de Gênes cramoisi, employé à la confection de leurs chaperons.

Ces administrateurs ne marquèrent leur passage aux affaires, que par le soin qu'ils apportèrent à recevoir convenablement leurs hôtes. Après la reine d'Espagne, vinrent le duc de Vendôme, se rendant à l'armée d'Italie, et le comte de Toulouse, grand amiral de France [1], qui occupa pendant plusieurs semaines les appartements de l'hôtel de ville, en attendant le départ de la flotte qu'il devait commander. Au premier, on fit un magnifique présent, dans lequel figuraient 500 bouteilles cachetées de vin vieux; la dépense faite pour le second s'éleva à la somme de 3,127 livres.

Indépendamment des présents offerts à ces personnages, la communauté fit, pendant l'année 1701-1702, plusieurs cadeaux aux divers ministres, et à M. de Grignan, qui était venu à Toulon pour présenter ses hommages à la reine d'Espagne.

L'argent ainsi employé n'était pas si mal dépensé qu'on pourrait le supposer, en se plaçant au point de vue de nos mœurs actuelles. Les cadeaux, les gros cadeaux surtout, entretiennent si non l'amitié, du moins la protection des grands; or, à cette époque, les municipalités, constamment aux prises avec les agents du fisc, avaient besoin de se créer des protecteurs

---

[1] Louis-Alexandre de Bourbon, légitimé de France, comte de Toulouse, duc d'Amville, de Penthièvre, de Château-Villain et de Rambouillet, pair amiral et grand veneur de France.

puissants. M. d'Astour fut chargé, en 1710, c'est-à-dire dix ans après son premier consulat, d'une importante négociation, dans laquelle les cadeaux jouèrent un rôle très actif.

Il s'agissait de faire rétablir, avec toutes ses immunités et ses exemptions d'impôts, une foire franche, que le roi avait accordée aux toulonnais, et que les fermiers généraux avaient, en quelque sorte, annulée, en obtenant un arrêt qui réduisait à néant, les franchises concédées par le souverain.

Cette concession royale, en date du 22 décembre 1708, n'était du reste que la confirmation d'une faveur octroyée à la ville de Toulon par Henri IV, en 1595, en récompense du dévouement dont les toulonnais lui avaient donné les preuves les plus éclatantes.

En vertu de cette confirmation, les consuls de Toulon avaient fait annoncer, pour le 3 novembre 1709, l'ouverture de la foire franche. Les promesses de l'affiche étaient séduisantes :

« Pendant 15 jours, tous marchands, tant regnicoles et sujets de Sa Majesté, qu'étrangers, pourront aller, venir, séjourner, trafiquer, vendre, troquer, échanger, porter, enlever, charger et décharger leurs navires et voitures, tant par mer, que par terre, toutes sortes de marchandises, sans être tenus ni contraints de payer ni acquitter aucuns des droits de Foraine, Rêve, Haut-passage, Traite domaniale, Tonneau, Douane, ni autres droits et impositions quelconques, mises ou à mettre.

« En conséquence, ceux qui viendront à Toulon, soit par mer, soit par terre, trouveront, dans le mouillage et dans la ville, toute la sûreté et le bon ordre qu'on y peut souhaiter. Chacun sait ce qu'on y peut faire venir de Marseille et des provinces du royaume ; ce qu'on recueille en Provence, comme huiles d'olives, vins, eau-de-vie, capres, figues, raisins secs, amandes, noisettes, châtaignes, prunes, citrons, oranges, légumes, olives salées et autres fruits et denrées ; cire, soies crues et ouvrées ; les savons qu'on y fabrique, fort estimés de tout temps ; les pinchinats qui sont de gros draps, particuliers à Toulon et à son voisinage, et propres à la mer et à beaucoup d'autres usages.— On laisse à la liberté des français et des étrangers, d'apporter à cette foire, tout ce qui ne vient pas dans nos mers ; comme saumons, morues, merluches, harengs ; et tout ce qui ne croit pas en Provence, ou dont on n'a pas suffisamment ; comme blés et autres denrées et marchandises, comme fer, plomb, étain, cuivre, etc. — Fait à Toulon, le 2 mai 1709. »

Les toulonnais fondaient de grandes espérances sur le succès de cette foire. Ils voyaient déjà leur paisible cité encombrée de marchands et de marchandises ; ils rêvaient la vente de leur vin, de leurs olives et de leurs capres, l'épuisement complet de leurs savons et de leurs draps pinchinats ; l'or affluait dans leurs caisses, le bien être pénétrait partout, Toulon devenait une des villes les plus florissantes du royaume.

Ces beaux rêves ne devaient pas se réaliser ; une semaine avant le jour fixé pour l'ouverture de la foire, la population toulonnaise apprit avec consternation, que le conseil d'Etat, faisant droit « aux remontrances » du sieur Isembert, régisseur des cinq grosses fermes, avait décidé, par un arrêt du 15 octobre, que l'affaire serait de nouveau examinée et, qu'en attendant, les divers impôts seraient intégralement perçus.

Cet arrêt était un arrêt de mort pour la foire. En effet, les commerçants ne trouvant aucun avantage à porter leurs marchandises à Toulon, s'abstinrent d'y venir ; le marché fut nul. La ville qui avait fait des apprêts pour recevoir les étrangers, les marchands qui s'étaient approvisionnés, les propriétaires qui s'étaient mis en frais pour installer leurs maisons ou leurs magasins, la population tout entière, en un mot, éprouva un préjudice considérable, et qui fut d'autant plus sensible que chacun, imitant la jeune laitière de Lafontaine, s'était plus ou moins illusionné sur le chiffre des bénéfices probables.

La municipalité ne voulut pas rester sous le coup d'une pareille déception ; elle se prépara à lutter contre les fermiers généraux. Les meilleurs avocats du parlement de Provence furent consultés, et, le 29 janvier 1710, le conseil décida qu'un député serait envoyé à Aix et à Paris, pour solliciter la révocation de l'arrêt du 15 octobre. Le choix du conseil se porta naturellement sur le premier consul de la communauté, M. Joseph Cathelin.

La mission était difficile et demandait autant d'habileté que d'expérience. M. Cathelin fit connaître à ses collègues, dans la séance suivante, que l'état de sa santé ne lui permettait pas d'entreprendre le voyage de Paris. Les conseillers comprirent qu'il ne se sentait pas les qualités nécessaires pour conduire convenablement cette affaire, et, par un vote unanime, ils décidèrent que la mission de défendre la ville contre les attaques des fermiers, serait offerte à M. Joseph d'Astour, ancien premier consul, qui avait donné des preuves de tact et de dévouement, pendant son consulat de 1701.

Après s'être un peu fait prier, l'ancien consul accepta cette mission. Il se rendit d'abord à Aix, pour connaître l'avis des conseils de la ville et solliciter l'appui de M. Lebret, intendant de Provence, qui se montra très réservé; puis, il partit pour Paris.

Le 1er avril, M. d'Astour était à Lyon; le lendemain, il se remettait en route, et, le 7, il arrivait à Paris. Il apprit, en descendant de voiture, que la cour était en deuil, et qu'il ne pourrait se présenter nulle part, avant d'avoir pris lui-même le deuil que tout fidèle sujet devait porter, quand le roi était dans l'affliction.

Pendant que le tailleur lui confectionnait un costume présentable, le député de Toulon s'entendit avec M. Nérot, agent de la communauté, et M. Barbot, avocat, sur la marche à suivre pour conduire avec prudence la difficile négociation dont il s'était chargé. Ces messieurs lui dirent qu'il avait affaire à forte partie ; qu'il fallait mettre en mouvement tous les protecteurs de la ville, les siens propres, et n'épargner aucun cadeau, aucune dépense.

Le 12, le consul de Toulon se rendit chez M. Couturier, premier commis de M. Desmarest, contrôleur général des finances, de qui dépendait en grande partie, le sort de l'affaire qui l'avait appelé à Paris. M. Couturier lui dit que le dossier avait été envoyé en communication à M. de Grandval, l'un des fermiers généraux, pour avoir son avis, et que le contrôleur général ne pourrait le recevoir, que lorsque ces papiers lui seraient revenus.

Après s'être présenté trois fois envain au domicile du fermier général, M. d'Astour fut enfin reçu le 21 avril ; il supplia M. de Grandval de vouloir bien produire le plustôt possible ses observations contre la requête de la communauté de Toulon. « Je dois vous dire, lui répondit ce dernier, que je suis marguillier et que, pendant toute la semaine sainte, il m'a été impossible de m'occuper de votre affaire.— D'ailleurs la question de la foire franche est définitivement jugée ; le roi ne changera pas ce qu'il a fait, c'est déjà trop d'un port franc en Provence, Sa Majesté n'entend pas faire deux Marseille. »

L'assurance du fermier général déconcerta un peu M. d'Astour, qui eut la pensée d'aller demander conseil à M. Girardin de Vauvré, intendant de la marine, en ce moment à Paris. M. de Vauvré lui promit d'intervenir auprès des fermiers généraux qu'il connaissait particulièrement ; mais il ajouta : « Si la communauté a envie de faire réussir cette affaire, il faut qu'il lui en coûte ; sans cela on ne fait rien ; présentement les affaires ne se font pas autrement à la cour. »

Cette appréciation était déjà celle de M. d'Astour, qui termine sa lettre en disant : « tous ceux qui prennent quelque intérêt à notre affaire, pensent tous de même. » Aussi, dès le 28 avril, désespérant d'arriver à son but par la voie officielle, le député de Toulon s'est déjà entendu avec un personnage influent, pour obtenir la protection *intéressée* d'une grande dame, jouissant d'un pouvoir considérable : « J'ai un mien ami, écrit-il, qui m'a demandé les papiers concernant notre affaire, il les a donnés à une dame, qui a promis de la faire réussir, moyennant qu'elle sache ce que nous voulons donner, et soyez persuadé que cette dame a tout le crédit possible. Il faut savoir donner à propos afin que les affaires se finissent ; et puisque vous avez plutôt compté sur ma droiture que sur mon grand savoir, n'appréhendez point que je ne ménage les intérêts de la communauté, comme un homme d'honneur, mais il faut qu'il vous en coûte et tout le monde en est là, déterminez vous le plutôt possible. »

Huit jours après, il a vu l'avocat et l'agent de la ville, il a vu en outre, M. de Ricard, un toulonnais des plus honorables, et il a traité avec eux la même question. « Je leur ai dit que mon sentiment était d'offrir mille pistoles, valant dix mille livres ; ils m'ont répondu que l'on ne pouvait pas moins offrir, heureux encore si avec cela nous gagnions notre procès. » Et, immédiatement, il s'est rendu auprès du sien ami qui négocie cette délicate affaire ; ce dernier a trouvé l'offre convenable : « Mon amy m'a dit qu'il croit la proposition honnête et qu'il ne doute point que cela ne réussira [1]. »

Les lettres de M. d'Astour furent lues, relues et commentées par les membres du conseil municipal. Personne n'était positivement éloigné de faire un sacrifice d'argent ; donner une somme ronde à une dame, ou dépenser à peu près autant en voyages ou en présents aux protecteurs de la communauté, cela revenait au même ; du reste le procédé était plus expéditif et, dans tous les cas, plus certain. Mais, la curiosité chez quelques-uns, le désir d'économiser, chez d'autres, fit naître des objections. On voulut connaître le nom de l'intermédiaire, afin de deviner celui de la dame qui avait une si grande influence sur le ministre ; on demanda, en outre, s'il ne serait pas possible d'offrir une somme moins forte.

Répondant, le 26 mai, aux consuls qui lui exprimaient le désir de recevoir quelques éclaircissements, M. d'Astour leur fit remarquer qu'il était tenu à une certaine réserve, et que d'ailleurs il avait dit à un ami commun, M. de Ricard, tout ce qu'il pouvait dire sans commettre d'indiscrétion : « Vous me marquez, leur écrivait-il, que l'assemblée aurait souhaité que j'eusse

---

[1] Lettre de M. d'Astour, du 7 mai 1710 (Archives. Série BB. art 280.)

fait confidence de mon intrigue à M. de Ricard, et que je lui eusse déclaré le nom de la personne qui agit auprès de la dame. Je vous ai déjà écrit que j'avais communiqué à M. de Ricard le projet de la donative, et qu'il était du sentiment d'offrir mille pistoles, et qu'encore nous serions trop heureux si, avec cela, nous obtenions ce que nous souhaitons ; et que quant à la personne qui menait cette affaire, je n'avais pas cru qu'il fut nécessaire de la lui nommer, attendu qu'il ne la connait pas. Mais cela ne vous doit point faire de la peine ; soyez persuadé que c'est un véritable homme de bien et d'honneur, et d'ailleurs, quand il s'agira de l'argent je ne le donnerai que contre l'arrêt. »

Cette réponse se croisa en route avec un autre lettre que les consuls avaient adressée à leur député, pour l'inviter à faire examiner, s'il ne serait pas plus facile d'obtenir gain de cause, en abandonnant une partie des exemptions primitivement accordées. M. d'Astour, après avoir consulté l'avocat de la ville, répondit que « cette retraite » serait imprudente si elle se produisait par la voie judiciaire, parce qu'elle pourrait être considérée comme un désistement de la requête en révocation de l'arrêt du 15 octobre. Il proposa, en conséquence, d'adresser un mémoire au ministre, pour lui faire connaître que la ville de Toulon était prête à faire le sacrifice d'une partie des concessions royales, si ce moyen pouvait mettre fin à une procédure très longue et très coûteuse. « Néanmoins, ajoutait-il, pour appuyer cette diminution qui ne laissera pas de rencontrer des difficultés, il est très nécessaire, si cela se peut, de trouver quelque *souterrain* et de donner une gratification de 5 à 600 pistoles. »

Ce *souterrain* est un mot charmant. Il dit toute la pensée du diplomate municipal. La voie officielle est pour lui la parade : rédigez des mémoires, réduisez vos prétentions, faites agir vos protecteurs, vous ferez bien, mais n'oubliez pas, mes chers collègues, que votre argument le plus éloquent, le plus décisif, c'est le sac de pistoles que nous ferons parvenir par une voie souterraine.

Cependant les conseillers dont le mandat est sur le point d'expirer, ne se pressent pas de voter les fonds demandés ; ils décident que l'affaire « de la donative » sera soumise au conseil des quarante, qui doit se réunir le 15 juin, pour procéder à l'élection des nouveaux officiers municipaux. En effet, après avoir élu pour premier consul, M. d'Astour lui-même « quoiqu'absent », et lui avoir choisi des collègues dévoués, l'assemblée générale n'hésita pas à lui donner tous les pouvoirs nécessaires pour terminer la délicate négociation dont il avait pris l'initiative. « Dans l'assemblée des quarante, qui se tint le 15 de ce mois, pour l'élection consulaire, lui écrit-on le 19, on examina la proposition qui vous a été faite par un ami, au sujet de notre foire franche, moyennant une gratification dont il n'a pas voulu lui-même fixer la somme. On a considéré qu'elle doit être diminuée à mesure que nous réduisons notre demande.—Le conseil de ville, ancien et nouveau, a résolu de vous écrire cette lettre, par laquelle il vous donne pouvoir de traiter et de régler avec votre ami la gratification dont il s'agit, jusqu'à 5 ou 6,000 livres, à condition que, par l'arrêt qui interviendra, il sera dit qu'on ne paiera dans Toulon, pendant 15 jours de foire, uniquement que le droit de repréciation comme à Beaucaire et à Lyon. Nous vous donnons pouvoir de faire votre billet pour la somme que vous aurez réglée sur ce pied, payable dans un ou deux mois après l'arrêt. »

Tous ces délais avaient probablement fatigué l'ami en question et la dame inconnue; peut être cette dernière fut elle froissée de voir que l'on avait cherché un biais pour réduire de moitié la première offre; ou, ce qui est plus probable encore, estimait-elle qu'une femme de son rang ou de sa beauté, ne pouvait pas intervenir à moins de 10,000 livres; le fait est qu'après la délibération du 15 juin, je ne trouve plus rien, dans la correspondance du député de Toulon, qui puisse faire supposer que le marché a été accepté. M. d'Astour paraît avoir complètement renoncé à ce moyen, depuis qu'il est à la fois premier consul et député. Cependant, il fait offrir une gratification à M. Couturier, premier commis de M. Desmarets, lequel répond par une véritable déclaration de principes. « M. Nérot, notre agent, écrit M. d'Astour, a vu M. Couturier; il lui a demandé si, en donnant quelque chose, on pourrait faire réussir notre affaire; M. Couturier a répondu que toutes ces donatives étaient inutiles, que cela regardait l'intérêt du roi et que M. Desmarets ne fera rien de contraire aux intérêts du roi. »

M. Couturier a refusé fièrement cette tentative de séduction, ni lui ni le ministre ne sont accessibles « aux donatives. » Pour qui les prend on ?— On peut, certainement, recevoir des présents, cela se voit même tous les jours, mais, de l'argent, jamais !

Obéissant à un premier mouvement, M. d'Astour a fait connaître à ses collègues qu'il fallait renoncer à la donative, mais il s'est bientôt ravisé : « Quoique je vous aie mandé, par ma dernière lettre, leur écrit-il, que M. Couturier avait dit qu'il ne fallait rien donner, il ne faut pas croire, pour cela, qu'il ne nous en coûtera rien, car les affaires de cette nature là ne se font point sans faire des présents. »

On est enfin entré dans la bonne voie. Le premier commis connaît les dispositions des toulonnais ; il sait qu'il n'obligera pas des ingrats. Il les engage à ne rien retrancher de leurs prétentions et à le laisser agir. Sur sa proposition, le contrôleur général, M. Desmarest, renvoie le dossier de la foire franche à M. Lebret, pour avoir de nouveau son avis : « l'intention du roi, étant que la foire de Toulon n'ait pas moins de franchises que les foires les mieux favorisées, sans porter préjudice cependant aux intérêts du fisc. » L'obligeant premier commis informe M. d'Astour de ce renvoi, et lui donne le conseil de mettre en mouvement tous les protecteurs de la ville de Toulon, pour obtenir de M. Lebret un avis favorable.

C'est maintenant l'affaire de M. Roustan, qui joint à ses fonctions d'archivaire, celles de secrétaire et « d'orateur »; c'est lui qui écrit, et qui parle, au besoin, pour les consuls; il sait comment on tourne une lettre flatteuse, il connait la dose de compliments et d'éloges qui convient à chacun; son style est châtié, il ne se sert que d'expressions bien choisies et, tout en insistant sur l'importance du sujet qu'il traite, il ne tombe jamais dans aucune exagération. Le voilà à l'œuvre, il prépare une demi douzaine de lettres que les consuls s'empressent de signer et d'expédier à tous les personnages, qui ont visité Toulon, logé à l'hôtel de ville, bu le vin d'honneur, et reçu les gants et les parfums de la communauté. Les réponses ne se font pas attendre; S. A. S. le comte de Toulouse, grand amiral de France, le maréchal d'Estrées, le comte de Pontchartrain, ont écrit ou ont fait écrire d'une manière très pressante à M. Lebret; M. de Vauvré, intendant de la marine, M. de Chalucet, évêque de Toulon, M. du Luc, archevêque d'Aix, n'ont pas été oubliés et ils ont agi auprès de l'intendant de Provence.

Sous l'influence des mœurs de la cour, M. d'Astour s'était un peu trop habitué à faire des présents; il n'était plus question, dans ses lettres, que de cadeaux et de donatives. En rappelant à ses collègues qu'il convenait d'écrire au frère de l'archevêque d'Aix, le comte du Luc, ambassadeur de France en Suisse, qui portait un intérêt particulier à la ville de Toulon, il leur avait donné le conseil de lui envoyer un souvenir. Le second consul lui fit remarquer qu'il n'était pas toujours à propos d'employer ce procédé : « J'ai proposé à Messieurs les conseillers, lui écrivait-il le 4 janvier 1711, le dessein que vous avez à l'égard de M. le comte du Luc, mais ils ne l'ont pas approuvé, craignant que, de l'humeur généreuse dont il est, il ne s'offensât, si nous lui offrions un présent, pour nous attirer sa protection. Il a été résolu que nous le prierions, par ce courrier, d'écrire à M. Lebret, pour nous le rendre favorable. »

Le comte du Luc prouva, en effet, par son empressement à faire ce qu'on lui demandait, qu'il n'avait pas besoin d'être stimulé par un cadeau, pour rendre service à la ville de Toulon. Il écrivit immédiatement à M. Lebret une très bonne lettre, dont il eut soin d'envoyer une copie aux consuls. « Permettez, Monsieur, disait-il à l'intendant de Provence, qu'un ambassadeur qui se glorifie du titre de bourgeois de Toulon, joigne ses très humbles instances à celle de ce pauvre peuple, qui a recours à votre protection, pour se tirer de la misère, où le défaut d'armement, le siége qu'il a souffert, et la mortalité totale des oliviers l'on réduit. Vous savez, Monsieur, mieux que moi toutes ces vérités. Vous savez aussi, avec quel zèle cette pauvre ville s'est épuisée en toutes occasions. Vous pouvez la faire revivre. En mon particulier, je compterai pour un grand bien, si ma très humble prière peut être de quelque utilité à une ville que je dois chérir par préférence [1]. »

Un bienfait n'est jamais perdu. Un mois après la réception de cette lettre, le second consul, remplissant les fonctions de commandant de place, en l'absence de M. le marquis de Chalmazel, titulaire, décachète une lettre adressée à ce dernier par l'archevêque d'Aix, qui se plaint de l'enrolement de deux jeunes vassaux de son frère, le comte du Luc. Immédiatement le consul casse l'engagement des deux paysans, leur paie les journées qu'ils ont perdues, et fait jeter en prison le sergent qui les a enrolés malgré eux ; puis il s'empresse d'écrire à l'archevêque d'Aix, qu'il ne mettra le coupable en liberté que sur la demande de Sa Grandeur.

Les consuls ne négligeaient aucun moyen pour se créer des protections ; ils prodiguaient les compliments et les offres de services. — Ecrivant à M. de Grandval, capitaine d'une compagnie franche à Agde, pour le prier d'agir, en faveur de la communauté, auprès de son frère le fermier général, ils lui disaient : « nous tâcherons de vous témoigner notre reconnaissance par tout ce qui dépendra de nous ; » ils faisaient écrire à la marquise d'Oppède « qui était toute puissante auprès du contrôleur général ; » ils s'adressaient ensuite à l'évêque de Riez, frère du Ministre, « que le ciel avait tout juste conduit à Paris pour sauver cette pauvre ville de Toulon ; » enfin, M. Roustan ne passait pas un jour sans écrire deux ou trois lettres aux amis des consuls ou aux protecteurs de la communauté.

Pendant que l'archivaire se mettait en frais d'éloquence, M. d'Astour nouait à Paris, une nouvelle intrigue. « Je viens de quitter, écrivait-il à ses collègues le 10 avril 1711, un parent de M. Lebret, avec qui nous avons parlé de la foire. Après lui avoir expliqué toutes les difficultés qu'il y a dans cette affaire, il m'a dit qu'il se promettait d'avoir un avis de M. Lebret, par lequel il nous donnerait l'entrée des marchandises libres et sans payer aucun droit (ce qui m'a paru bien difficile), moyennant six mille livres, que vous lui donnerez si l'avis de M. Lebret est tel qu'il dit ; et si, pour le mieux faire réussir, vous voulez lui payer son voyage qu'il fera en poste, que nous avons réglé à 600 francs (sic), il est en état, suivant ce qu'il dit, d'obtenir tout ce qu'il voudra de M. Lebret ; bien entendu que ces six cents francs seront donnés, indépendamment des 6,000 livres, qu'il réussisse ou non. — Je suis bien aise de vous l'écrire, afin que vous me marquiez positivement si cela vous convient ou non. »

Il me semble que notre député avait un penchant trop vif pour le commerce des protections ; il était toujours prêt à acheter le dévouement des personnes qui pouvaient être utiles à la ville de Toulon. — Le but était honorable, mais le moyen employé ne l'était pas.

Lettres, démarches, présents, gratifications, « donatives », tout fut essayé envain ; M. d'Astour dut quitter Paris, vers la fin du mois de mai 1711, sans avoir obtenu autre chose que la promesse d'un nouvel arrêt, accordant une très faible partie des franchises précédemment concédées. Cependant M. Lebret n'était plus dans le camp ennemi. « Il fallut céder, lisons nous dans un mémoire, et quoique M. Lebret eut prononcé favorablement pour la communauté, Sa Majesté, forcée pour ainsi dire à rétracter sa grâce, et à la rétracter cependant avec regret, donna de nouvelles lettres patentes en juin 1712, par lesquelles, en interprétant celles de 1708, il plut au roi de limiter les prérogatives de cette foire, et de la réduire à n'être franche que pour certains droits et pour la sortie seulement. »

Il m'a été impossible de découvrir le nom de la grande dame aux mille pistoles; ni celui du parent de M. Lebret qui, moyennant 6,000 livres, se faisait fort de modifier les idées de cet intendant sur la question de la foire. Je ne sais si M. Couturier, premier commis du contrôleur général des finances, toucha une gratification; ou si le frère de M. Grandval se fit payer sa lettre de recommandation; mais il résulte très clairement de la correspondance que je viens d'analyser, que tout le monde était d'accord pour donner et pour recevoir; qu'il y eut des acheteurs et des achetés, et que si le prix de vente ne fut pas soldé, c'est que le vendeur ne put pas livrer la marchandise vendue.

En voyant M. Joseph d'Astour recourir si souvent au moyen un peu hasardé « de la donative », on pourrait croire que son caractère le portait vers l'intrigue et que le conseil municipal ne le suivait pas volontiers dans cette voie. Ce serait une erreur. Les conseillers ne voulaient y mettre que le plus juste prix, mais le fait en lui-même ne répugnait pas à leur conscience. S'il en avait été autrement, si les toulonnais n'avaient pas approuvé la manière d'agir de M. d'Astour, personne n'aurait songé à le placer de nouveau à la tête de l'administration communale. Or il n'était sorti de charge que depuis cinq ans, lorsqu'il fut élu, pour la troisième fois, premier consul, le 15 juin 1716. C'était un peu trop tôt ; car les règlements recommandaient de ne réélire un ancien consul, qu'après un laps de temps assez considérable, afin de permettre à un plus grand nombre de citoyens d'occuper ces importantes fonctions.

Troisième consulat de M. Joseph d'Astour.

Le nouveau conseil fut installé le 24 juin, suivant l'usage, et, le lendemain, M. Joseph d'Astour, après avoir ouvert la séance, proposa d'envoyer, des députés à Marseille et à Aix, pour offrir les hommages de la municipalité « aux puissances de la province », c'est-à-dire, au duc de Villars, gouverneur de Provence, qui se trouvait en ce moment à Marseille, à l'intendant Lebret, et aux présidents du parlement et de la cour des comptes.— M. d'Astour, et les deux premiers conseillers, Elzéar Pavès et Gabriel Gavoty, furent désignés par l'assemblée.

La députation toulonnaise, composée du premier consul, de deux conseillers et du trésorier se mit en route, le 26 juin, emmenant avec elle un trompette et un valet de ville [1]. Une note de frais, retrouvée au milieu d'un très grand nombre de pièces de comptabilité, nous permet de suivre nos voyageurs étape par étape, d'assister à leurs repas et de les accompagner même chez « les puissances », où nous les verrons distribuer des étrennes aux laquais, en attendant la remise des cadeaux destinés aux maîtres eux-mêmes :

26 juin 1716. — Deux pains, une livre de biscuits et environ trois pintes de vin portés dans la litière et dont nous avons déjeuné en chemin, le jour du départ.................... » 13 s. 6 d.

Le même jour. Dînée, à Conil, des quatre députés, du trompette et du valet de M. le consul; nourriture du cheval et étrennes aux domestiques du logis........................... 5 l. 12 s. 6 d.

Plus, pour boire un coup à Saint-Mitre l'après-dîné, et en route de Conil à Marseille,................. 1 5 »

27 juin. — Etant à Marseille, pour étrennes aux forçats qui sont venus

---

[1] Le trompette et le valet de ville précédaient les consuls quand ils marchaient en corps ; ils les annonçaient avant d'entrer dans les hôtels et donnaient ainsi plus d'apparat à leurs visites. Cet usage s'est continué jusqu'à la Révolution. Et dernièrement encore, nous avons vu un maire de Toulon, se rendant à Paris, se faire accompagner d'un sergent de ville.

à l'auberge jouer du violon, basse et autres instruments, donné vingt sols, et quatorze sols au barbier, qui nous a rasés et poudré nos perruques..... 1 l. 14 s. 6 d.

Le même jour. Donné trois écus neufs au portier et aux valets de M. Lebret, intendant.................. 15 » »

Plus, un louis d'or, de vingt livres, aux gardes de M. le maréchal de Villars............................... 20 » »

Plus, pour quatre chaises à porteur pour les visites des puissances au dit Marseille.................... 10 » »

Pour un jour et demi de nourriture à l'hôtel de Bourgogne, au dit Marseille, des députés et domestiques, nourriture du cheval de Cyprien et étrennes aux valets et servantes du cabaret.................. 17 18 »

28 juin. — Pour ce qui a été porté pour la dînée à Notre-Dame des Anges, pain, vin, viande, pour nous et pour les domestiques, ensemble le cheval de Cyprien................ 7 10 »

29 juin. — Etant à Aix, pour quatre chaises à porteur, pour les visites à Messieurs du parlement et des comptes................................ 10 » »

30 juin. — Pour deux jours de nour-

riture à *La Selle d'Or*, des députés, domestiques, nourriture du cheval et étrennes, ensemble pour le loyer de deux chambres hors du cabaret..... 25　10　»

1ᵉʳ juillet.— Pour la couchée chez le sieur Jouve, à Rocavaire, compris le cheval et étrennes.............. 7　5　»

Pour boire un coup en route, de Rocavaire à Conil................. »　19　»

Pour la dinée à Conil............. 5　9　»

Pour six journées de deux litières, à huit livres par jour, et étrennes aux voituriers......................... 97　»　»

Pour six jours du cheval de Cyprien........................... 6　»　»

A Cyprien Mouissel............. 5　»　»

236 l. 16 s. 6 d.

Les dépenses personnelles de MM. les députés de Toulon ne sont pas exagérées. Les déjeuners sur le pouce reviennent à deux sous par personne, les dîners à l'auberge, à vingt sous, et en route, s'ils se permettent « de boire un coup », le vin ordinaire leur suffit. A Marseille, ils se font tous raser et poudrer pour quatorze sous, et récompensent tout un orchestre, composé, il est vrai, de forçats, avec une livre.

Mais s'ils se montrent économes des deniers de la ville, quand il s'agit de leurs frais de voyage, ils n'épargnent rien pour plaire « aux puissances » et à leur entourage : des écus neufs au portier et aux valets de M. Lebret, un louis d'or aux gardes du maréchal de Villars, et, ayant à faire un présent au maréchal, ils songent surtout aux objets qui seront bien accueillis par la maîtresse de maison ; cent trente livres de bougies, douze douzaines de gants blancs, passés au lait, douze boites de savon, contenant chacune six savonnettes ; trois livres et demie de pommade jaune à la fleur d'orange, dix-huit bouteilles d'eau à la Reine de Hongrie, et trente-six bouteilles d'eau de fleur d'oranger. Il y avait, dans ce cadeau qui ne coûta pas moins de 504 livres, de quoi éclairer toute la maison du maréchal, pendant une saison d'hiver, et de quoi parfumer Madame la maréchale pendant plusieurs mois.

Comment ne pas accueillir avec bienveillance les députés d'une communauté, qui était si gracieuse avec les puissances ! Comment oublier les habitants d'une ville si généreuse ! — M. le duc de Villars fut charmant pour les toulonnais ; il leur promit son appui et, plus tard, quand ils eurent besoin de lui, il se mit à leur disposition avec une grâce parfaite.

Le maréchal était rempli de bonne volonté, et il aida les consuls de Toulon dans plusieurs circonstances, mais son influence dut céder devant celle des traitants, quand la ville se trouva de nouveau engagée dans une question financière.

C'était l'époque où le roi, pour se procurer des ressources, créait une foule d'emplois inutiles et en vendait les fonctions aux plus offrants. Quand les administrés se plaignaient, ce qui arrivait 99 fois sur 100, le souverain accordait la suppression des fonctions nouvelles, sous la condition, par les villes, de rembourser aux titulaires le prix de leurs offices. De cette manière, l'argent versé au trésor y demeurait, et il importait peu, au roi, où à son ministre des finances, quand le tour était joué, de maintenir tel ou tel emploi. C'était très commode pour le fisc.

Cependant ce trafic avait pris des proportions considérables. Les communautés employaient la plus grande partie de leurs revenus à éteindre ces nombreuses charges. La seule ville de Toulon avait déjà dépensé plus de 600,000 livres, pour rembourser, au fur et à mesure de leur création, les offices de greffier, de trésorier, d'assesseur, de maire, de colonel de la milice bourgeoise, de procureur du roi, de substitut, de lieutenant général de la police, de peseur, de jaugeur, de mouleur, etc., etc.

On put croire un instant, que le roi avait enfin renoncé à ce singulier commerce. Un édit du mois d'août 1715 venait, en effet, de supprimer les offices de subdélégués des intendants, et de décider que la finance de ces offices serait restituée aux titulaires sur les fonds de l'Etat. Mais ce n'était encore qu'une bonne intention. L'argent fit défaut quand les subdélégués réclamèrent le remboursement de leurs offices. Sur leur requête, un nouvel édit, réformant le premier, mit cette dépense à la charge des vigueries; celle de Toulon, composée de six communautés, dut payer 22,000 livres au sieur Salvator, subdélégué de l'intendant de Provence, et la part contributive de la ville chef-lieu fut fixée à 14,000 livres.

M. Joseph d'Astour, agissant au nom de la viguerie, se pourvut contre le second édit. Il lui semblait que l'occasion était excellente, pour battre en brèche un abus condamné par le roi lui-même. Le premier consul de Toulon recommença les démarches qu'il avait faites dans une autre circonstance, mais sans recourir, nous devons le constater, « aux donatives ». Il écrivit à tous les protecteurs de la communauté et fit agir, notamment, M. le duc de Villars. « On a fait, disait-il, le 9 décembre 1716, à ses collègues du conseil, tous les mouvements possibles pour obtenir la décharge du remboursement du prix de l'office de subdélégué, mais tous les efforts ont été inutiles ; car le sieur Nérot, notre agent à Paris, écrit que l'arrêt qui nous condamne est à la signature. »

Cette procédure fut la dernière affaire un peu importante que M. Joseph d'Astour eut à traiter pendant son consulat. Il rentra ensuite dans la vie privée et ne voulut plus occuper aucune fonction publique.

Consulat de M. Pierre-Joseph d'Astour.

En 1746, Pierre-Joseph d'Astour, fils du précédent, fut élu premier consul, dans des circonstances assez difficiles. Les autrichiens menaçaient nos-frontières et la ville de Toulon, mal fortifiée, dégarnie de troupes et d'approvisionnements, n'était pas en état de soutenir un siége.

M. d'Astour et ses collègues n'hésitèrent pas à mettre des fonds à la disposition de l'autorité militaire, pour faire exécuter les travaux les plus urgents ; mais bientôt toutes les ressources communales furent épuisées. Ils firent connaître, le 8 février 1746, à M. d'Argenson, ministre de la guerre et à M. de Latour, intendant de Provence, que les travaux des fortifications, conduits jusqu'alors avec beaucoup d'activité, allaient être suspendus, faute d'argent : « Nous attendons vos ordres avec d'autant plus d'impatience, leur écrivaient-ils, que nous nous voyons avec douleur hors d'état de continuer, nous manquons de fonds et de ressources. »

Le ministre ne répondit pas, mais l'intendant promit tout son appui aux toulonnais et leur annonça sa prochaine visite. Très heureux de cette détermination, les consuls s'empressèrent d'offrir les appartements de l'hôtel de ville à M. de Latour. « Pourrions nous nous flatter, lui disaient-ils, d'avoir la préférence dans le logement que vous prendrez en cette ville, où tout le monde vous souhaite et vous attend avec une égale impatience. Nous ne vous offrons rien, Monseigneur, là où tout vous est dû. L'hôtel de ville sera libre pour vous y recevoir. Qu'il nous soit permis de vous témoigner seulement, qu'accoutumés à loger tout ce qui se présente à Toulon de grand et de respectable, vous seriez, Monseigneur, de tout ce que nous aimons et respectons celui que nous verrions ailleurs avec le plus de regrets [1]. »

L'invitation était pressante et formulée en termes trop aimables pour être refusée. M. de Latour l'accepta. Charmé sans doute de l'accueil qu'il reçut, et ayant constaté d'ailleurs l'urgence des secours, il fit mettre immédiatement des fonds à la disposition des consuls de Toulon [2].

En même temps que l'on complétait le système des fortifications, l'autorité militaire prenait les précautions d'usage pour prévenir toute surprise; des consignes sévères étaient données à tous les factionnaires qui montaient la garde sur les remparts. Rien de plus naturel, mais le commandant de place, M. le marquis de Marnézia poussa les choses si loin, ses ordres furent si rigoureusement exécutés, qu'il vint un moment où il fut impossible de s'approcher, non seulement des murailles, mais encore des ouvrages extérieurs, sans s'exposer à recevoir des coups de fusil. Un commissaire de marine faillit être tué. On comprend l'émotion que cet événement produisit dans la ville. Les consuls firent des représentations à M. de Marnézia qui n'en tint aucun compte. Il fallut en référer au commandant supérieur de la province, à M. de Mauriac. « Vous connaissez, Monsieur, lui écrivirent les consuls, le 2 août 1746, le chemin couvert qui conduit de la Porte Royale à la Boulangerie, chemin des plus pratiqués et dans lequel on n'a encore commencé aucun ouvrage. Le sieur Brun, officier de plume, passant par ce sentier le jour même que l'ordonnance fut affichée, une sentinelle en faction sur le bastion lui tira dessus et le manqua, fort heureusement. Vous jugerez facilement, Monsieur, que si l'on continue à être exposé au caprice et peut être à l'ivrognerie d'une sentinelle, le malheur d'être tué peut tomber indifféremment sur toutes les personnes, encore plus sur des étrangers qui, en arrivant dans cette ville, en ignorent le péril. »

Le même règlement prescrivait d'arrêter et de mettre en prison les personnes qui traversaient les glacis, et de ne leur rendre la liberté que contre le paiement d'une amende. Un ruisseau peu apparent servait de limite aux glacis. « Vous ne serez pas surpris, Monsieur, de cet exposé, ajoutaient les consuls, lorsque nous aurons l'honneur de vous dire que le valet de M. d'Astour, l'un de nous, ayant été surpris, en sortant par la porte Saint-Lazare, franchissant ce ruisseau, fut arrêté, et n'ayant point d'argent sur lui, traduit au corps de garde de la Porte Royale. M. d'Astour s'étant présenté, le quart d'heure d'après chez M. de Marnézia, pour lui en demander l'élargissement, « n'entrez « pas, lui dit-il, je sais ce que vous allez me dire, « votre valet ne sortira point de prison qu'il n'ait payé « l'amende. »

Le secret de ces nombreuses arrestations fut bientôt connu ; une prime de douze sous était accordée aux soldats sur chaque capture ; elles prirent de telles proportions que les consuls se crurent obligés d'envoyer, le même jour, un exprès au général, pour le supplier d'intervenir sans délai. « Nous ne pouvons que vous réitérer par un exprès, Monsieur, que le soldat à qui l'on donne douze sols sur chaque amende de trois livres, arrête indifféremment tous les passants; les femmes et les filles sont traînées dans le corps de garde et confondues avec les prisonniers; heureuses celles qui ont le temps de faire une quête pour fournir à leur rançon. »

M. de Mauriac fit droit à la réclamation des consuls [1]; mais le commandant de place ne vit pas sans dépit le succès de leurs démarches; il résolut de se venger, et de leur infliger à son tour une petite humiliation.

Aux termes d'un règlement royal, les consuls étaient tenus de se rendre en corps chez le commandant de place, pour le prendre et aller ensuite avec lui à la cathédrale, toutes les fois qu'un *Te Deum* officiel devait être chanté. Or, le 7 août, c'est-à-dire, le lendemain du jour où M. de Marnézia avait reçu l'ordre de faire

---

[1] « Nous avons l'honneur de vous rendre de très humbles grâces de la lettre que vous avez eu la bonté d'écrire à M. de Marnézia. Il nous a paru qu'elle l'a véritablement indisposé contre nous, mais elle n'en a pas moins opéré tout le bien que nous avions lieu d'en attendre. » (Lettre des consuls à M. de Mauriac, 7 août 1746.) Arch. Série BB. art. 107. fol. 240.

cesser les abus dont se plaignait la municipalité, M. d'Astour et ses collègues se présentèrent chez lui, pour le prier de se rendre avec eux au *Te Deum*, qui allait être célébré à l'occasion de la prise de Mons. Mais quel ne fut pas le désappointement des consuls, quand le valet de chambre du commandant de place leur dit qu'il s'était déjà rendu à la cathédrale dans sa chaise à porteur !

C'était un véritable affront; les magistrats le sentirent d'autant plus vivement, qu'ils avaient fait prévenir M. de Marnézia, pour qu'il se tînt prêt à les recevoir. Ils ne voulurent pas, cependant, soulever un conflit, espérant que ce mouvement d'humeur, excusable jusqu'à un certain point dans la circonstance actuelle, ne se renouvellerait pas. Mais M. de Marnézia, vieillard de 80 ans, ne revenait pas facilement sur une première impression; il était encore sous l'influence du même sentiment, quand les consuls se présentèrent de nouveau chez lui, vers la fin du mois, pour le prier de les accompagner à l'église. Il prétexta un mal aux pieds qui l'empêchait de marcher, et se rendit seul au *Te Deum*, dans sa chaise.

Toute la ville fut instruite de l'humiliation subie par le corps municipal. Il faut lire dans la plainte que les consuls adressèrent au ministre de la guerre, les détails de cette seconde mésaventure, pour comprendre l'irritation des magistrats municipaux et de la population elle-même. « Vous sentez, Monseigneur, écrivaient-ils à M. d'Argenson, le 1er septembre, que la même loi qui nous soumet à aller prendre le commandant chez lui, l'assujettit à y attendre un corps de ville qui ne peut lui manquer. Autant cette marche en cortége est décente, lorsque les consuls ont l'honneur d'accompagner leur commandant, autant elle l'est peu et approcherait de la dérision, si un commandant voulait s'en amuser et en faire un jeu, contre les intentions du roi. Nous aurions pu, dès la première fois, nous plaindre d'une affectation aussi marquée et dont nos concitoyens ne connaissent pas d'exemple; mais nous crûmes, Monseigneur, devoir attendre l'évènement d'un autre *Te Deum*, que les armes victorieuses du roi ne pouvaient que nous procurer. Celui de la prise de Charleroy fut effectivement chanté avant hier. Nous rendîmes à M. le commandant les mêmes devoirs, nous fûmes prendre son heure, et nous étant rendus chez lui à l'heure assignée, toujours avec le corps de la ville, il nous fit dire qu'il avait mal aux pieds et qu'il allait se rendre seul à la cathédrale. »

Cette lettre ne suivit pas la voie officielle; elle fut remise par une main amie au ministre et eut un plein succès. Une semaine après, M. le marquis de Marnézia recevait l'ordre de faire avertir les consuls, toutes les fois qu'il ne pourrait pas les accompagner, « l'intention du roi n'étant pas de les exposer à des corvées inutiles. »

L'agent de la communauté, M. Robineau d'Arbry, qui vit cet ordre dans les bureaux du ministère, s'empressa d'en envoyer une copie aux consuls de Toulon;

mais ceux-ci lui répondirent qu'ils le connaissaient déjà. « Nous étions informés, lui disaient-ils, par M. Isnard, maître d'hôtel de M. le comte d'Argenson, que ce ministre, à qui il avait remis notre lettre en main propre, avait écrit à M. de Marnézia dans le goût que vous nous annoncez par la votre du 12.— L'un de nos conseillers de ville, beau-frère de M. Isnard, qui est aussi notre concitoyen, nous avait indiqué cette voie comme la plus sûre pour avoir une prompte satisfaction. Nous savons d'ailleurs, depuis longtemps, combien il a l'oreille et la confiance du ministre. »

Grâce au maître d'hôtel, officier de bouche du ministre de la guerre « qui avait l'oreille et la confiance du ministre », les toulonnais sortirent victorieux de cette nouvelle lutte avec le commandant de place. Je n'ai pu savoir si M. le marquis de Marnezia prit sa revanche dans quelque autre détail du service. Il est probable qu'il y eut une suspension d'hostilités pendant quelque temps, car je ne trouve plus aucune trace de conflit dans les archives de l'hôtel de ville. Du reste les consuls se trouvaient en présence d'une difficulté autrement grave, qui appela toute leur attention et les jeta dans les soucis les plus sérieux. Ils venaient d'apprendre que la ville était à la veille de manquer de blé, et qu'il était très difficile de s'en procurer, par suite des mauvaises récoltes et des prohibitions d'exporter qui en étaient la conséquence.

Dès que le blé devenait rare, la panique s'emparait des populations, et, immédiatement, sans tenir compte des marchés conclus, sans examiner s'il ne serait pas possible d'aider les contrées voisines, tous les pays producteurs retenaient leurs blés et n'en laissaient pas sortir une seule charge. La ville de Toulon, dont le territoire ne produisait qu'une faible quantité de céréales, se trouvait dans un grand embarras pour nourrir sa nombreuse population, quand elle n'avait pas eu le temps de garnir ses greniers. Or, dans cette circonstance, la situation était compliquée par la guerre, qui ne laissait même pas aux toulonnais la ressource d'aller s'approvisionner en Italie. Les consuls essayèrent d'intéresser à leur sort l'intendant de Languedoc. « La ville de Toulon, lui écrivaient-ils, le 11 septembre 1746, ne subsiste absolument que par les blés qui lui viennent d'Arles et de Languedoc. Ces secours lui sont d'autant plus nécessaires aujourd'hui, que les blés de mer nous manquent totalement. En cet état, Monseigneur, nous avons toujours eu recours aux bontés et à la protection dont nous ont honoré les illustres intendants, vos prédécesseurs, et dont vous relevez l'éclat et la mémoire.— Nous vous supplions de nous accorder la sortie de vingt mille setiers, vous rendrez à cette ville et à l'Etat le service le plus important, et, dans la disette où nous nous trouvons, la marine, la garnison et nos habitants auront part à vos bienfaits. »

M. Lenain, intendant de Languedoc, répondit le 16 du même mois, que sa province était épuisée « par les enlèvements prodigieux » qui venaient d'être effectués, et qu'il ne pouvait plus permettre les exportations.

Les mêmes précautions étaient prises dans toute la Provence. Trois navires chargés de blé, appartenant à des négociants de Toulon, avaient été retenus dans le port d'Arles, et il avait fallu l'intervention de M. de Latour, pour obtenir leur sortie. Ces navires ne portaient que 1,200 charges de blé, qui, d'après les calculs des consuls, suffisaient à peine pour les besoins de la population, pendant douze jours [1].

Ces douze jours furent employés en démarches pressantes auprès des divers ministres. — Attendant leurs réponses avec anxiété, les consuls étaient cependant obligés de n'en rien faire paraître; la moindre crainte exprimée eut jeté l'alarme dans la ville et provoqué des accaparements dangereux. « Nous nous sommes bien gardés, écrivaient-ils, le 22 septembre, au contrôleur général des finances, d'alarmer nos habitants, non plus que tous nos villages voisins, qui viennent journellement se fournir à Toulon, parce que, au milieu même de l'abondance, des précautions multipliées peuvent occasionner une disette réelle; nous affectons au contraire assez de sécurité. »

L'intendant de Languedoc permit enfin, sur l'invitation qu'il reçut de Paris, la sortie des 20,000 setiers de blé que sollicitaient les consuls de Toulon. Mais,

---

[1] « Ces navires nous ont apporté 1,200 charges, c'est-à-dire, du blé pour 12 jours, trois sétiers faisant la charge, et la consommation de cette ville, étant évaluée à 36,000 sétiers, l'année. » (Lettre du 19 septembre 1746, adressée à l'intendant de la marine.) Arch. comm. Série BB. art 107. fol. 227.

bientôt, cet approvisionnement devint insuffisant. Les Autrichiens s'avançaient, des avis certains faisaient supposer qu'ils ne tarderaient pas à franchir la frontière du Var. Il ne s'agissait plus, maintenant, de la nourriture des habitants et de quelques détachements de troupes, il fallait pourvoir au ravitaillement d'une armée entière, et faire des approvisionnements considérables en prévision d'un siége.

Le conseil général de la communauté réuni, le 27 octobre, sous la présidence de M. d'Astour, vota un emprunt de 100,000 livres. M. de Latour, intendant de Provence, qui était venu à Toulon, approuva cette délibération le même jour, et, le lendemain, les habitants furent invités à apporter leurs économies à la caisse municipale.

Les récoltes avaient été mauvaises, la guerre paralysait l'industrie et le commerce, les impôts étaient extrêmement lourds ; il paraissait dès lors très difficile de recueillir immédiatement, et dans la seule ville de Toulon, une somme aussi importante, qui représenterait, au cours actuel, près d'un demi million.

Par un mouvement patriotique dont, bien souvent, notre ville a donné l'exemple, toutes les classes de la population rivalisèrent de dévouement. Deux écrivains de marine, MM. Fabre et Blain versèrent, chacun, 2,000 livres ; M. de Possel, commissaire de marine, 3,000 livres ; M. Emmanuel de Beaussier, lieutenant de vaisseau, 7,000 livres ; M. l'avocat Grasset, 4,000 livres ; M. Allemand, marchand, 3,000 livres ; M. La

Roche, tapissier, 18,000 livres ; M. Saurin, négociant, 10,000 livres, et M. Jean Marin, 24,000 livres ; d'autres versements, effectués comme ceux-ci dans un bref délai, dépassèrent, de 55,900 livres, la somme demandée [1].

Aujourd'hui, quand le chiffre des versements excède celui de l'émission d'un emprunt, on rembourse la différence, après avoir fait subir à chaque souscripteur une réduction proportionnelle. Les consuls de Toulon ne se donnèrent point la peine de faire tous ces calculs ; ils gardèrent la totalité des sommes versées ; ce qui simplifia singulièrement l'opération. Chaque prêteur reçut ensuite un titre de rente, représentant l'intérêt à 5 % du capital versé dans la caisse communale.

Voilà donc la communauté en possession de cent cinquante-neuf mille livres. Elle se croit hors de souci ; mais aussitôt toutes les autorités civiles, militaires et maritimes lui demandent des avances. Il faut continuer les travaux des fortifications, acheter de la farine pour les troupes en campagne, et former de grands approvisionnemens en bestiaux et en fourrage. Des réquisitions ont été faites dans les villages à vingt lieues à la ronde, la ville est encombrée de charettes et de provisions de toutes sortes, mais tout cela doit être payé et emmagasiné. Les locaux manquent, on a rempli jusqu'aux églises.

[1] Inventaire des archives, page 200,

Au milieu de ces détails, les lettres pleuvent à l'hôtel de ville, les ministres eux-mêmes s'adressent aux consuls pour avoir des nouvelles de la guerre. Le 8 novembre, M. d'Astour répond en ces termes à M. le comte de Saint-Florentin : « Il ne s'est rien passé encore d'intéressant ; nous n'aurions pas manqué, Monseigneur, de vous en rendre compte. Tout se réduit, jusqu'à aujourd'hui, à mettre Toulon en état de défense. L'alarme dans la Provence a beaucoup calmé, depuis qu'on sait que nous sommes en force sur le Var. Cependant, pour se précautionner à tout événement, il a importé de garantir cette ville de toute surprise, et c'est à quoi MM. les commandants, aidés des secours de la marine, donnent toute leur attention. Nous faisons notre mieux, Monseigneur, pour remplir les parties qui nous regardent; le service du roi fait toute notre attention : attachés comme nous le sommes à notre patrie, nous en serons les protecteurs et les défenseurs. »

Le 22 novembre, les consuls rendent compte de la situation, et insistent pour obtenir le remboursement des avances que la ville ne cesse de faire depuis plusieurs mois : « On accélère, disent-ils, les ouvrages de toutes les fortifications, mais ceux qui les ordonnent doivent comprendre que la communauté, épuisant bientôt ses fonds et ses ressources, ne sera plus en état de fournir au travail. Nous nous ouvrons à vous, Monseigneur ; serait-il juste que, par défaut d'argent et après avoir épuisé celui de nos concitoyens, nous fussions encore responsables de l'inaction des troupes que la cessation du paiement ne peut qu'occasionner? La province ou la cour, la cour ou la province, doivent prévenir les extrémités dont nous sommes menacés. »

Le 27, M. d'Astour adresse les mêmes observations au ministre de la guerre; il commence sa lettre par une apologie de l'administration municipale qui, du reste, n'épargne ni ses peines, ni son argent: « Cette ville, dit-il, n'a attendu le secours de personne pour faire face à toutes les parties du service, et pour mettre la place en état de défense.— Sans vouloir nous faire un mérite d'un devoir que nous avons regardé comme indispensable, pouvons nous négliger de nous faire honneur et de vous rendre compte, Monseigneur, que c'est à nous que le roi doit tout ce qui s'est fait? Nous avons pourvu en même temps à tous les travaux des fortifications dont nous avons fourni la solde, et à assurer la subsistance de la ville par un approvisionnement en tout genre, qui ne laisse rien à désirer. Nous avons trouvé toutes ces ressources, quoique dans un temps de calamité, dans le zèle de nos citoyens, qui, voyant notre embarras et la plus urgente nécessité, sont venus nous apporter jusqu'à concurrence de cent trente mille livres [1].

Le premier consul renouvelle ensuite les instances, qu'il adresse à tous les pouvoirs, pour obtenir un sub-

---

[1] Le chiffre réel était de 139,600 livres; mais, probablement, le surplus, quoique souscrit, n'avait pas encore été versé.

side quelconque ; mais M. le comte d'Argenson, comme les autres ministres, s'en tire avec des compliments, il exalte le patriotisme des toulonnais et les engage à faire de nouveaux sacrifices. Du reste, l'argent devient de plus en plus rare, le maréchal de Belle Isle lui-même, envoyé au secours de la Provence, est parti « sans un sol vaillant »; il a dû emprunter, en son nom personnel, cent cinquante mille livres, pour payer ses troupes.

Cette pénurie de fonds avait sans doute retardé l'entrée en campagne de l'armée de secours. Le 30 novembre, c'est-à-dire, le jour même où les Autrichiens franchissaient le Var, le maréchal faisait son entrée dans Toulon. « Le maréchal de Belle Isle, écrivaient les consuls à M. de Latour, le 1er décembre, arriva hier au soir; il devait monter à cheval aujourd'hui pour aller voir les fortifications, mais un courrier qui lui est venu au point du jour, l'a occupé jusqu'à midi. Il en a transpiré que l'ennemi a passé le Var, et qu'un courrier qui lui fut adressé hier l'avait préparé à cette nouvelle. »

Une grande partie de l'armée traversa notre ville, et ce ne fut pas un petit embarras pour l'administration municipale. Le second consul, M. d'Antrechaus[1], écrivait, le 11 décembre, à un de ses amis. « La plu-

---

[1] Le même qui s'était distingué pendant la peste, en 1721. Il avait accepté en 1746, le second rang, pour ne pas rester étranger aux nouvelles épreuves dont la ville de Toulon était menacée.

part des bataillons qui viennent à notre secours passent en droiture à Toulon pour former un camp, d'où M. le maréchal ordonnera des dispositions selon l'exigence des cas. Il paraît que l'on veut sauver Toulon ; mais cette province n'en est pas moins exposée aux incursions de l'ennemi, depuis qu'il a pénétré en Provence. Le moindre moment que j'aie à moi, je vous le réserve. »

Cependant les Autrichiens avançaient toujours. Le maréchal, campé au Luc, y concentrait toutes ses ressources, et ne songeait encore qu'à couvrir la place de Toulon. Il écrivait, le 16 décembre, aux consuls : « Je vais me rapprocher de Toulon pour être encore de plus en plus à portée de protéger votre ville ; aussi je ne puis que vous exhorter à redoubler la vivacité de tous vos travaux pour les fortifications, mon voisinage vous mettra à l'abri de toute appréhension de la part de l'ennemi, et mettra en usage les effets de votre amour pour votre patrie. »

Cette dernière phrase signifiait que le maréchal comptait sur les toulonnais pour ravitailler son armée. Ceux-ci ne demandaient pas mieux, car leur patriotisme était réel, mais ils avaient dépensé jusqu'à leur dernier écu. Le maréchal, répondant aux consuls qui avaient sollicité son appui pour négocier un emprunt à Marseille, leur écrivit, le 10 janvier 1747, du camp du Puget. « J'ai été moi-même dans le cas d'emprunter de la ville de Marseille 150,000 livres, en mon propre et privé nom, pour subvenir aux besoins les plus pressants de cette armée, ce n'a pas été sans peine que j'y suis parvenu avec le secours du grand prieur. Je vais lui écrire bien volontiers, pour qu'il emploie tout son crédit pour vous faire prêter, à ma sollicitation, les 100,000 livres que voudriez emprunter : c'est sur quoi vous pouvez compter que je vous vais aider de tout mon pouvoir. — Je ne manquerai point de rendre compte au roi du zèle distingué que vous marquez en toute occasion pour son service, et il ne tiendra assurément pas à moi que vous ne receviez des marques effectives de la satisfaction qu'en aura Sa Majesté. »

Les ministres et le roi connaissaient déjà le dévouement des toulonnais, et si les secours effectifs, si les subsides dont la ville avait un si pressant besoin, se faisaient beaucoup trop attendre, les compliments et les témoignages de satisfaction n'étaient pas épargnés aux consuls.

Après la guerre et quand le maréchal de Belle Isle eut refoulé l'ennemi au delà du Var, M. d'Astour et ses collègues voulurent tirer parti, dans l'intérêt de leurs prérogatives, des bonnes dispositions de la cour. Ils étaient «lieutenants de roi» et remplissaient à ce titre les fonctions de commandant de place, quand le titulaire, qui avait rang de général, s'absentait. Le pouvoir militaire qu'ils exerçaient par intérim, et surtout le souvenir toujours très vivace de l'époque déjà fort éloignée où, seuls, ils commandaient dans Toulon, leur inspiraient le désir de participer aux honneurs et aux prérogatives dont jouissaient les commandants de place.

Ils se considéraient, à peu de chose près, comme leurs égaux, parce qu'ils étaient appelés à les remplacer; mais ceux-ci et les officiers sous leurs ordres affectaient de ne voir en eux que des délégués sans caractère personnel. Les consuls, au contraire, se croyaient fondés à revendiquer les honneurs militaires, alors même qu'ils ne remplissaient pas l'intérim du commandement. Ils avaient toujours ambitionné de voir, à la porte de l'hôtel de ville, un factionnaire qui leur présenterait les armes, à leur entrée ou à leur sortie, et qui serait là comme un témoignage permanent de l'autorité dont ils étaient revêtus. Il leur parut que le moment était des plus favorables pour solliciter cette distinction, parce qu'ils prenaient une part très active à tous les détails de la défense et qu'ils rendaient des services incontestés à l'armée. Répondant à une lettre de félicitation que le ministre de la guerre venait de leur adresser, ils lui soumirent leur désir en ces termes : « Vous voulez bien nous flatter que, sur le compte qu'il vous a plu de rendre au roi du zèle que nous marquons pour son son service, Sa Majesté vous a paru disposée à nous donner des marques de sa satisfaction. Rien au monde n'est plus consolant pour nous. Assurez-vous, Monseigneur, que c'est ici une ville qui veut faire l'impossible pour donner des preuves convaincantes de son amour pour son roi. Elle a, quant à présent, une grâce à vous demander; grâce que nos citoyens ambitionnent et d'autant plus facile à nous être accordée qu'elle est convenable, méritée, et qu'elle relèvera infiniment le caractère de lieutenant de roi dont nous avons l'honneur d'être revêtus. C'est, Monseigneur, que vous ayez la bonté d'ordonner, par une décision permanente, qu'il y ait désormais, et pour toujours, à la porte de l'hôtel de ville, une sentinelle qui indique à tous officiers que les consuls de cette ville ont l'honneur d'être lieutenants de roi. »

M. d'Argenson se montra très disposé à accueillir cette demande : mais il voulut avoir l'opinion du marquis de Mirepoix, qui commandait en Provence, et comme cet officier général était en expédition, sa réponse se fit longtemps attendre. Enfin, le 16 mars 1747, le ministre de la guerre, adressa l'ordre suivant au marquis de Marnézia, commandant de place à Toulon. « Les maire et échevins de Toulon, en qualité de lieutenants de roi, ayant demandé qu'il fut posé une sentinelle devant l'hôtel de ville, comme étant leur commun domicile, j'en ai rendu compte à Sa Majesté. Elle s'est portée d'autant plus volontiers à leur accorder cette distinction, qu'elle est très satisfaite du zèle qu'ils ont témoigné pour son service et des secours qu'ils ont procurés à son armée, dans les mouvements qu'elle a faits pour rejeter les ennemis au-delà du Var ; j'ai l'honneur de vous en informer, afin que vous donniez vos ordres en conséquence, pour l'établissement de cette sentinelle. »

Je n'ai pas besoin d'insister sur l'effet que produisit à Toulon cette grande nouvelle. La population prit une réelle part à la joie éprouvée par les consuls. C'était une question essentiellement populaire. Tous les citoyens pouvant être appelés à revêtir le chaperon, chacun d'eux voyait avec plaisir l'accroissement des prérogatives qui y étaient attachées; du reste, nos ancêtres possédaient à un haut degré l'esprit municipal, qui tend à disparaître complètement de nos mœurs.

A cette époque, un éloge, un témoignage de satisfaction accordé à la municipalité par le roi ou par ses ministres, était accueilli comme un honneur rejaillissant sur chaque citoyen. La lettre suivante adressée aux consuls de Toulon, par M. de Saint-Florentin, ministre secrétaire d'Etat, fut considérée comme un événement. « Messieurs, leur écrivait-il, le 4 mai 1747, j'ai rendu compte au roy de la manière dont la ville de Toulon s'est signalée, pendant le temps malheureux que vient d'essuyer la Provence. Sa Majesté m'a chargé de vous témoigner qu'Elle en était pleinement satisfaite et qu'Elle verrait à prendre par la suite les mesures convenables pour qu'elle puisse se ressentir de ses grâces. »

M. d'Astour reçut, par le même courrier, le brevet d'une pension de 500 livres sur le trésor royal. « Le roy, désirant reconnaître les bons services qu'a rendus le sieur d'Astour, gentilhomme, maire, premier consul, lieutenant de roi de la ville de Toulon, pendant le temps que les ennemis sont restés en Provence, et voulant récompenser le zèle, l'activité et les soins qu'il s'est donnés pour mettre cette ville hors d'état d'être insultée, tant par les approvisionnements en nombre et de toute espèce qu'il a procurés, que par le bon ordre et la sage police qu'il y a établie en sa qualité de premier consul ; Sa Majesté voulant bien encore se rappeler les services de ses ancêtres, qui se sont distingués en pareille occasion, et ont donné des marques de leur attachement et de leur fidélité, Elle lui a accordé et accorde une pension annuelle et viagère de cinq cents livres, à prendre sur son trésor royal. »

Le conseil municipal s'associa au témoignage de satisfaction accordé au chef de l'édilité toulonnaise, en votant l'insertion de ce document dans le registre de ses délibérations : « Le conseil, qui a vu le brevet du roi, par lequel il a plu à Sa Majesté d'honorer M. d'Astour, maire et premier consul, de la qualité de gentilhomme, avec une pension de 500 livres sur le trésor royal, délibère que ce brevet sera enregistré à la suite de la présente délibération. »

Avant de quitter le consulat, Pierre-Joseph d'Astour, dont les pouvoirs avaient été prorogés d'un an, parvint à faire rembourser à la communauté la plus grande partie des avances qu'elle avait faites pendant la guerre. Il était en très bons termes avec toutes les autorités militaires. M. le marquis de Marnézia, lui-même, était parfait pour lui ; il s'était empressé, en recevant l'ordre de placer un factionnaire devant l'hôtel de ville, de lui en adresser une copie, « pour servir de titre » lui disait-il, à la municipalité.

Ce général, qui n'avait pas moins de 82 ans, mourut le 14 novembre 1747, dans l'exercice de ses fonctions.

Sur la proposition de M. d'Astour, le conseil fit célébrer, le 28, une messe solennelle, pour le repos de son âme. Les frais de ce service s'élevèrent à la somme de 102 livres, 6 sous, répartie ainsi qu'il suit :

« Au sieur Gabriel Isnard, mandataire, pour ses peines et soins à faire parer la porte de l'église... 6 livres.

« Au sieur Bourguignon, pour 38 livres de cierges mis à la représentation, et à l'autel, à 32 sous la livre................... 60 l. 16 s.

« A messieurs Granet, marchand, pour avoir fourni le drap noir au parement de la grande porte de la cathédrale............ 6   10

« A messieurs du chapitre, pour la rétribution les concernant................ 24   »

« Aux tambours qui ont battu aux compagnies bourgeoises...................... 5   »

Total........ 102 l. 6 s.

A la fin de cette même année, M. d'Astour remit le chaperon de premier consul à M. d'Antrechaus, et quitta l'hôtel de ville, pour n'y plus rentrer, jugeant qu'il avait suffisamment payé sa dette à son pays.

François-Bruno d'Astour, fils du consul, épousa, le 14 janvier 1777, sa cousine, Anne-Paule d'Astour, fille de feu Thomas et de Marguerite-Thérèse Aguillon. — Il était commis de marine en retraite, quand il mourut, le 22 février 1808, à l'âge de 77 ans.

Je crois que cette ancienne famille consulaire est

aujourd'hui complètement éteinte ; son nom lui-même serait déjà tombé dans l'oubli, malgré les services réels que plusieurs de ses membres ont rendus à la ville de Toulon, si la maison qu'elle a habitée pendant trois siècles, n'avait été ornée d'une fontaine [1] ; car, il faut bien l'avouer, la reconnaissance publique n'a été pour rien dans la désignation de la rue qui porte le nom d'Astour. Du reste, avant la Révolution, on l'appelait la rue de LA FONTAINE D'ASTOUR.

MAISON N° 10.

Sous l'ancien régime, les fonctionnaires municipaux étaient entourés de respect et de considération. En général nos consuls, choisis parmi les hommes les plus honorables de la cité, méritaient, par leurs qualités personnelles, ce respect et cette considération. Cependant comme la nature humaine est remplie de faiblesse, quelques-uns d'entre eux ne donnèrent pas toujours l'exemple de la modération. L'avocat Charles Monier, qui possédait en 1684, la maison située rue d'Astour n° 10, fut précisément un de ces magistrats imparfaits ; du moins se montra-t-il très violent à

---

[1] Cette fontaine était adossée à l'angle Est de la maison portant le n° 2, située à l'entrée de la rue d'Astour.

l'égard d'un huissier, qui n'acceptait pas avec assez de résignation un règlement d'honoraires.

Joseph Barbaroux, huissier, qui était allé à Carnoules, pour signifier un exploit, au nom de la communauté, à un sieur de Raisson, fit réclamer par son fils François, le 14 juin 1684, à l'hôtel de ville, le coût de cette signification. M. Charles Monier, deuxième consul, offrit 8 livres, 5 sous, « suivant le règlement de la cour qui taxait à quatre livres par jour, les sergents des siéges exploitant hors des lieux de leur domicile. » Le fils de l'huissier fit remarquer qu'il était dû douze livres, et, sur le refus du consul de lui faire compter cette somme, il déclara qu'il allait assigner la communauté par devant le lieutenant du sénéchal.

Le même jour, M. Charles Monier, se trouvant dans l'étude de M⁰ Roustan, où il faisait des recherches dans l'intérêt de la communauté, raconta, tout en feuilletant les minutes du notaire, ce qui venait de se passer ; il se plaignit de la cupidité et du manque d'égards de l'huissier. Un des fils de Barbaroux, qui était dans l'étude, fut blessé des paroles du deuxième consul et sortit pour aller en rendre compte à son frère François. Celui-ci se présenta presque aussitôt, et son attitude déplut au consul, qui lui adressa des reproches assez vifs, et lui dit qu'il ne travaillerait plus pour la communauté.

Barbaroux riposta que cela lui était bien indifférent ; que, d'ailleurs, le conseil devant être renouvelé le 24 juin, les consuls actuels n'avaient plus que neuf jours de pouvoir, et qu'ils ne devaient pas, dès lors, « mener tant de bruit. »— Le second consul, irrité, lui dit qu'il était un insolent « que ce qu'il demandait était une véritable concussion et qu'on ne volait pas ainsi le bien de la ville.— « Je ne vole pas, répartit Barbaroux, prenez garde à vous, qui êtes dedans. » Sur cette injure, M. Charles Monier, s'oubliant tout à fait, lui dit « qu'il était un fripon, un impudent, qu'il commençait à piller bien jeune et que, s'il continuait de la sorte, il se ferait pendre. » Le fils de l'huissier répondit : « je vous verrai plutôt pendre vous même »; mais il s'esquiva sur ces paroles, car le consul s'était levé de sa chaise pour le saisir.

Tel est le résumé textuel du procès-verbal que M. Charles Monier rédigea sur l'heure, et soumit au lieutenant de la sénéchaussée.

Dans toute cette scène, le consul s'était montré très vif; il n'avait pas su conserver le sang froid et la dignité qui conviennent à un magistrat, et si le fils de l'huissier en était venu à l'injurier, il faut reconnaître qu'il l'y avait poussé. Mais comme la position de consul commandait le respect et la soumission, et que Barbaroux s'était permis de rendre injure pour injure, le tribunal de la sénéchaussée lui infligea une peine sévère. Il rendit le 7 août 1684, la sentence suivante, sur la requête de Charles Monier et des consuls, ses successeurs, qui avaient prit fait et cause pour lui.

« Pour la faute commise par le dit Barbaroux, avons ordonné qu'il sera mené par un huissier de ce siége, dans l'hôtel de ville, le premier jour que les sieurs consuls et lieutenants de roi seront assemblés avec le conseil, où étant, et en présence de M⁰ Monier, ci-devant consul, déclarera que follement, imprudemment et insolemment, il a proféré les injures contenues au procès-verbal dressé par le dit maître Monier, qu'il en demande pardon, tant au dit M⁰ Monier, qu'aux sieurs consuls et communauté, qu'il tient et répute pour gens de bien, d'honneur et de probité; après laquelle réparation, le dit Barbaroux s'absentera de la dite ville et son terroir, pendant l'espace de trois mois, lui faisant défense d'y fréquenter à peine de plus grande punition; le condamne, en outre, en six livres d'amende envers le roi, douze livres envers la communauté et aux dépens [1]. »

Le greffier de la sénéchaussée se transporta immédiatement dans les prisons, où Barbaroux était détenu depuis plus d'un mois, et lui lut la sentence du lieutenant général de la sénéchaussée. Barbaroux déclara qu'il en appelait, parce qu'il n'avait rien eu avec la communauté « mais bien contre M⁰ Charles Monier, qui l'avait excédé, pour un fait particulier et non général. » Mais il paraît qu'il fit de sages réflexions pendant la nuit; car, le lendemain, il demanda à subir la peine qui lui avait été infligée, renonçant à tout

---

[1] Jugement rendu par MM. de Saqui, lieutenant général criminel, Décugis, lieutenant particulier criminel, Martelly conseiller et Beaussier, juge. (Archives. Série FF. 607).

appel. Il fut, en effet, conduit devant le conseil, et demanda pardon « tant à Mᵉ Charles Monier, qu'aux consuls et à la communauté. »

Le second consul, cela n'est pas douteux, avait à peu près tous les torts. Il n'aurait pas dû, en présence du jeune Barbaroux, et dans un lieu, en quelque sorte public, blâmer avec tant d'aigreur la conduite de son frère, qui, en définitive, s'était tout simplement adressé aux tribunaux pour faire régler ses honoraires; il s'était ensuite oublié, en injuriant ce dernier, en le menaçant de la potence, et, ce qui prouve qu'il était hors de lui, c'est qu'il s'était levé de la chaise pour saisir le jeune homme et lui infliger une correction, quand, prudemment, le fils de l'huissier avait pris la fuite.

Or, voilà toute la communauté qui s'émeut; un procès criminel est intenté au pauvre diable, qui réclamait le paiement d'une somme due à son père; il est jeté en prison, il y demeure un mois et demi, et ensuite, on le condamne à trois mois d'exil, à l'amende et, pour comble d'humiliation, il doit aller demander pardon à l'ex-deuxième consul et à tout le conseil municipal.

Cela se passait, en 1684, à une époque où les journaux politiques n'existaient pas encore, et où, par conséquent, il était impossible de confier à une feuille complaisante les mille détails de l'affaire, de manière à mettre au moins les rieurs du côté de la victime.

M. Charles Monier ne fut appelé de nouveau à remplir des fonctions municipales, que vingt ans après cette procédure. Elu premier consul, en 1703, à l'âge de 65 ans, il apporta plus de calme et d'aménité dans ses relations administratives. La vivacité de son caractère trouva, d'ailleurs, un aliment dans les nombreux voyages qu'il se crut obligé de faire, dans l'intérêt de la communauté. Il était constamment sur les routes. — Comme beaucoup d'avocats, il aimait peu à écrire et préférait traiter les affaires de vive voix. Tantôt il allait à Aix, pour offrir « aux puissances » les devoirs et les présents de la nouvelle administration ; tantôt il s'y rendait pour conférer avec des jurisconsultes ou avec les procureurs du pays; il assista à Lambesc à l'assemblée générale des communautés et suivit de ville en ville le comte de Grignan, gouverneur de Provence, qui s'était réfugié dans son château de Grignan, dans l'espoir, hélas ! bien vite déçu, d'échapper aux sollicitations de ses administrés.

La ville de Toulon a toujours eu des procès; elle en avait dès le moyen âge, (son avocat, en 1410, était le seigneur *Antonius Suavis* [1], qui devait sans doute son nom, rempli d'agréables promesses, à la douce et persuasive éloquence de l'un de ses ancêtres). Elle plaida pendant tout le XVIe siècle, plus encore pen-

---

[1] « Habui ego Leo Hubaqui, pro portando Aquis domino Anthonio Suavis, advocati nostro, super questione de Garda, florenos X, — Mihi pro quatuor diebus, quibus vacabo, eundo et redeundo et conferendo cum advocato, flor. III. » (Compte trésoraire de 1410-1411. Archives de Toulon.)

dant le XVIIe, et nous voilà, en 1703, au milieu d'une demi-douzaine de procès. Le plus épineux, sinon le plus important, était celui que le prédécesseur immédiat du consul Charles Monier avait provoqué, en taxant le poisson provenant des madragues de messire François de Boyer, seigneur de Bandol, président à mortier au parlement de Provence.

M. le président de Bandol, concessionnaire des madragues, averti par ses fermiers, adressa à la cour d'Aix une requête, tendant à faire casser la sentence rendue par le bureau de police de Toulon : « d'autant que si la vaine prétention des consuls pouvait avoir lieu, disait-il, le don et faculté accordés aux auteurs du sieur suppliant, pour la pêche des thons, deviendraient inutiles. » — Par une ordonnance du même jour (26 avril 1703), la cour fit défense aux consuls, en attendant l'arrêt à intervenir, « de rien entreprendre au préjudice de l'appelant. »

La municipalité essaya de lutter contre ce puissant adversaire, qui était à la fois juge et partie [1]. C'était un procès perdu d'avance. Restait la ressource de l'évocation à une autre cour, mais rien n'était plus coûteux. Le consul Charles Monier, avocat expérimenté, ne se faisait aucune illusion ; cependant, comme l'amour propre de ses prédécesseurs était en jeu, et que d'ailleurs, il s'agissait d'une des attributions les plus essentielles de l'autorité municipale, il se mit coura-

---

[1] Nous avons vu qu'il était président à mortier au parlement de Provence.

geusement en campagne. C'est alors qu'on le vit prendre le coche et courir après tous les protecteurs de la communauté, dans l'espoir d'obtenir leur appui contre M. de Bandol. Mais chacun lui répondait que la question était du domaine des tribunaux, et que les titres du président à mortier seraient évidemment examinés d'un œil favorable par la cour dont il faisait partie.— Il ne le savait que trop, le malheureux solliciteur !

D'autre part, il répugnait à beaucoup de toulonnais de se trouver en procès avec le gendre de l'intendant de la marine, M. Girardin de Vauvré [1], qui saisissait avec plaisir toutes les occasions d'être utile aux habitants ou à la communauté elle-même.

Après avoir consulté un célèbre avocat d'Aix, M⁰ Peyssonnel [2], le premier consul engagea le conseil municipal à accepter un arrêt d'expédient [3], qui, certainement donnerait gain de cause au président de Bandol, mais qui éviterait à la ville des frais considérables, puisque tôt ou tard elle devait succomber.

---

[1] Le 7 octobre 1699, noble François de Boyer-Foresta, seigneur de Bandol, président à mortier, fils de feu François, président de la cour des comptes, avait épousé à Toulon, demoiselle Anne Louise Girardin de Vauvré, fille de l'intendant général des mers du Levant, etc., etc. Le conseil municipal avait offert, le même jour, à la jeune mariée un présent composé de gants et autres objets de toilette, qui n'avait pas moins coûté de 100 liv.

[2] V. Les Rues d'Aix, par Roux Alphéran. T. 2. p. 559.

[3] « L'expédient est une espèce de jugement rendu sur l'avis des avocats choisis par les parties, rédigé par écrit et enregistré au greffe de la cour ; il est exécutoire sans appel comme serait un arrêt. » *Dictionnaire de droit et de pratique* par M. de Ferrière. T. 1ᵉʳ. p. 607.

Cette proposition fut adoptée par le conseil municipal, le 4 avril 1704, et le 29 du même mois intervint, en effet, un arrêt d'expédient, qui maintenait M. de Bandol « dans le privilége et faculté de faire vendre et débiter les thons et autres poissons, provenant de ses madragues, à tel prix, par telle personne et en tel lieu que lui ou ses fermiers trouveraient bons, conformément aux lettres patentes du mois de janvier 1603. »

La raison du plus fort est toujours la meilleure.

M. Charles Monier l'avait démontré à l'huissier Barbaroux, en 1684, et M. le président de Bandol lui en fournit à lui-même une seconde démonstration, en 1703.

Dix ans après, en 1713, l'avocat Monier était de nouveau élu premier consul. Il avait près de 75 ans; mais il était encore très actif et rempli d'énergie. Plus heureux qu'en 1703, il se tira avec succès d'une négociation très difficile.

Un édit du mois de mars 1710, avait créé 300,000 livres de rentes « à acquérir par les aisés des villes et lieux du royaume »; c'est-à-dire que, dans chaque ville, un certain nombre de personnes « aisées » ou paraissant avoir quelque fortune, étaient obligées d'acheter des rentes.— On était alors au lendemain du siége de 1707; la ville de Toulon, à moitié démolie par les bombes et totalement ruinée, échappa à cet emprunt forcé. Mais, en 1713, les agents du fisc dressèrent une liste de tous les habitants qui leur parurent assez riches pour prêter de l'argent au roi, et la firent revêtir de la formule exécutoire. Chaque citoyen était invité à acheter cent, deux cents ou cinq cents livres de rentes, suivant l'état de sa fortune.

Quand la fatale liste fut connue, « les prêteurs malgré eux » vinrent porter leurs doléances aux consuls. L'avocat Monier tailla sa meilleure plume, et rédigea, au nom de ses collègues, une éloquente supplique dont j'ai retrouvé la minute : « C'est avec un mortel déplaisir, Monseigneur, écrivait-il au contrôleur général des finances, que les exposants se voyent hors d'état de signaler, dans cette occasion, leur zèle au service du roi, comme ils ont fait dans toutes les autres. Mais tout le monde connaît les malheurs dont cette ville a été accablée.— On ne sait que trop les dommages extrêmes que ses habitants ont soufferts, par l'irruption de l'armée des ennemis, par le siége et le bombardement de la place, par la gelée qui a fait périr les oliviers, en quoi consistait tout le prix de leur terroir et tout leur commerce. » (11 juillet 1713).

Il n'existe, dans les archives, aucun autre document ayant trait à cette affaire. Voici, cependant, une note qui n'y est peut-être pas étrangère; c'est un résumé des présents que la communauté offrait, vers la même date, à ses divers protecteurs :

« S. A. S. Mgr l'amiral, deux caves de vin muscat, de 36 bouteilles chacune.

« M. le maréchal d'Estrées, 36 bouteilles et 6 douzaines de paires de gants.

« M. le marquis de Torcy, 36 bouteilles et 9 douzaines de paires de gants.

« M. le comte de Ponchartrain (ministre de la marine), 36 bouteilles et 5 douzaines de paires de gants.

« M. Desmarest, contrôleur général, idem.

« M. Voysin, secrétaire d'Etat de la guerre, idem.

« M. le Peletier de Souzy, idem.

« M. de Valincourt, secrétaire de Mgr l'amiral, idem.

« M. Lecouturier, secrétaire de M. Desmaretz, 18 bouteilles et 3 douzaines gants.

« M. de Lamet, secrétaire de M. le Peletier de Souzy, 36 bouteilles.

« M. Adam, secrétaire de M. le marquis de Torcy, 6 douzaines gants.

« Il y a aussi pour madame la duchesse de Vendôme, cinq douzaines de paires de gants.

« A l'égard de Mgr le duc de Vendôme, on a cru qu'il était plus à propos de lui envoyer son présent de vin muscat à l'armée d'Espagne, en deux caves, de 36 bouteilles chacune. »

Les consuls de Toulon n'espéraient pas acheter la complaisance des ministres avec 36 bouteilles de vin muscat et cinq douzaines de paires de gants ; mais ils savaient que ces petites attentions ne nuisaient jamais. Nous avons déjà eu l'occasion de remarquer que les hauts personnages auxquels on les adressait n'y étaient pas insensibles.

Le consul Charles Monier mourut le 27 janvier 1718, à l'âge de 80 ans. Son fils, François Monier, avocat et procureur du roi, avait une fille, nommée Marie Agnès, qu'il maria, le 19 mars 1741, à M. Joseph Marie de

Ruyter, officier de marine, fils de feu Jean Paul de Ruyter, gentilhomme romain et de Thérèse Cordeil de Tamagnon.

Les époux de Ruyter avaient un penchant irrésistible pour la contrebande, ils se firent condamner, lui d'abord, elle ensuite, à diverses amendes pour avoir introduit du vin en fraude.

En vertu d'un très ancien privilége, remontant au XIIIe siècle, il n'était permis de vendre, dans la ville de Toulon, que le vin qui avait été récolté sur son territoire ou sur le territoire des communautés dépendant de la viguerie. Or, M. de Ruyter, qui possédait à Hyères, c'est-à-dire hors de la viguerie, une terre d'une grande étendue, avait eu recours à une combinaison fort ingénieuse pour donner le change sur l'origine de son vin. Il avait acheté une petite bastide, contigüe à son domaine de Tamagnon, et située dans le rayon de la communauté de la Garde, qui elle-même faisait partie de la viguerie de Toulon. — En faisant sortir sa récolte par la porte de cette bastide, il se croyait autorisé à déclarer qu'elle provenait du territoire de la Garde. Il introduisit ainsi quelques tonneaux de son vin d'Hyères dans la ville de Toulon. Mais la fraude fut promptement découverte; en 1752, l'administration lui en confisqua deux tonneaux, dont le contenu fut distribué aux pauvres des hospices. M. de Ruyter mourut l'année suivante [1], et sa veuve « qui voulut, selon l'ex-

---

[1] « M. de Ruyter, enseigne de vaisseau et lieutenant d'une compagnie est

pression des consuls, se continuer dans la douce habitude de frauder,» essaya, à son tour, d'introduire du vin de Tamagnon. Deux fois on la surprit, et les administrateurs se bornèrent à envoyer son vin à l'hôpital de la charité ; mais à la troisième, l'affaire fut poursuivie. « On s'était contenté, lors des deux premières contraventions, lisons nous dans un mémoire, de la confiscation du vin; une troisième contravention, aussi voisine de la seconde, ne méritait aucune grâce. La dame de Ruyter fut assignée par devant les juges de police de Toulon, pour voir prononcer la confiscation de la charrette, des mulets, des tonneaux et du vin, et se voir condamner, attendu la récidive, à l'amende de deux cents livres. »

Cette condamnation fut en effet prononcée, mais madame de Ruyter en appela et obtint, le 20 mai 1763, un arrêt du parlement d'Aix, annulant la sentence des premiers juges, parce que la saisie du vin n'avait pas été constatée par un nombre suffisant de témoins [1].

En 1790, la famille de Ruyter possédait encore la maison située rue d'Astour n° 10.

C'est dans cette maison qu'est né, le 10 février 1748, Jean-Paul de Ruyter, plus connu sous le nom de

---

mort la nuit dernière Il laisse cinq garçons dont le plus âgé est dans sa septième année et très peu de biens. (Lettre de l'intendant de la marine, du 22 mars 1753).

[1] Archives. Série FF. art. 119.

Ruyter Warfusée [1], qui a légué à la ville de Toulon, par son testament du 2 août 1826, une maison située rue Royale n° 35. Les revenus de cet immeuble doivent être employés, d'après la volonté du testateur : « à la dotation d'une orpheline vertueuse et d'un brave marin, natifs l'un et l'autre de Toulon, au choix du maire, pour la fille, et du commandant de la marine, pour le garçon. » Il a imposé, en outre, cette condition, assez difficile à remplir en temps de République, « de célébrer les mariages le jour de la fête du roi, de chaque année [2]. »

RUE D'ALGER.

(Ancienne rue des Chaudronniers.)

Les rues d'Alger et de la Miséricorde, la place Puget et le cours Lafayette ont été construits, en grande partie, sur l'emplacement des fossés qui entouraient la ville et qui furent comblés en 1589.

Pendant longtemps, ces diverses voies ne formèrent

---

[1] Ce surnom de Warfusée, que M. Ruyter prenait vers les derniers temps de sa vie, et qu'il a ajouté à son nom en signant son testament, n'est mentionné dans aucun acte de l'état civil. Le grand père de M. Ruyter était romain ; on lui donna le titre de gentilhomme romain dans l'acte de mariage de son fils Joseph, avec mademoiselle Agnès Monier. (19 avril 1741).

[2] Testament déposé chez Mᵉ Fournier, notaire.

qu'une sorte de boulevard, dit des *Vieux fossés*. La rue d'Alger, elle-même, était encore appelée rue des Vieux fossés vers la fin du siècle dernier, quoiqu'on lui eut donné officiellement, et depuis plus de 50 ans, le nom de rue des Chaudronniers [1].

L'origine de cette double dénomination est parfaitement expliquée, dans une requête qui fut adressée, en 1781, aux consuls, lieutenants généraux de police, par quelques citoyens peu charmés du voisinage des chaudronniers, dont ils demandaient l'éloignement. « La rue des *Fossés vieux*, disaient-ils, est sans contredit une des principales et des plus grandes de cette ville. Son nom désigne assez ce qu'elle était autrefois. La ville était resserrée dans des bornes étroites, et ne s'étendait pas au delà de cette rue; les maisons du côté du Levant étaient celles de l'extrémité de la ville, le long des remparts, et se trouvaient habitées par les chaudronniers ou dinandiers [2]. Alors elle pouvait s'appeler et s'appelait effectivement rue des chaudronniers. — Se trouvant aujourd'hui au centre, il n'est pas juste que les chaudronniers conservent une place qu'ils dégradent; ils auraient dû s'en éloigner à mesure que la ville s'est accrue; ce n'est que par suite d'un abus qu'ils s'y sont maintenus, et de là leur expulsion n'en devient que plus nécessaire. »

---

[1] On ne lui donne pas d'autre nom dans les registres du cadastre de 1728.

[2] DINANDIER, *dinandrier*, *dinandrecier*, *chaudronnier*. (*Dictionnaire du vieux langage*, par Lacombe. p. 157.)

Prenant en sérieuse considération la requête des plaignants, les consuls ordonnèrent « aux chaudronniers, serruriers, balanciers et autres industriels exerçant des professions bruyantes, établis sur la rue des *Vieux fossés*, autrement dite des *Chaudronniers* », de déloger des boutiques qu'ils tenaient en rente et d'aller s'installer sur la place Saint-Lazare, sur la place de la Porte Royale et dans les diverses rues aboutissant aux remparts.[1] »

A l'expiration de leurs baux, tous ces industriels déguerpirent, en effet, de la rue des Chaudronniers. Cependant, ceux d'entre eux qui étaient propriétaires des boutiques qu'ils occupaient, obtinrent un sursis[2], et continuèrent à frapper fort et ferme sur leurs chaudrons, au grand déplaisir des voisins. — Le silence ne se fit que très lentement. Il y a trente ans à peine, on voyait encore plusieurs chaudronniers dans cette rue, et, en cherchant bien, on y découvrirait un dernier serrurier qui a échappé à l'ostracisme municipal; mais il tient si peu de place, il fait si peu de bruit que les passants ne se doutent pas de sa présence. La sonorité de son enclume est singulièrement amortie par les sons tapageurs des pianos, qui ont ici, comme ailleurs, droit de cité, et qui en abusent.

---

[1] *Archives*. Série FF. art. 687.
[2] Arrêt du parlement de Provence, du 26 novembre 1781, homologuant l'ordonnance rendue, le 11 août, par les consuls lieutenants généraux de police. (Archives. Série FF. art. 687).

C'est d'une maison où le piano règne en maitre, qu'est parti le dernier coup qui devait frapper les chaudronniers, en faisant effacer leur nom des murs de cette rue, où pendant plusieurs siècles leur marteau avait retenti avec tant d'éclat !

Une pétition, parfaitement motivée du reste, sortit un jour de la maison n° 1, habitée par un compositeur de grand talent, qui sera demain une célébrité musicale, recueillit, chemin faisant, de nombreuses signatures, et vint aboutir à l'hôtel de ville, où l'accueil le plus sympathique lui était réservé. Le Maire, M. Vincent-Gaëtan Allègre, s'empressa de donner satisfaction au désir exprimé dans cette pétition, en prenant, le jour même, 14 avril 1871 [1], l'arrêté que je transcris ci-après :

« Nous, Maire de la ville de Toulon,

« Vu la pétition par laquelle les habitants de la rue des Chaudronniers sollicitent le changement de dénomination de cette rue;

« Considérant que cette voie publique a été successivement désignée sous les noms de rue des *Vieux fossés*, rue des *Chaudronniers*, rue de *Vulcain*, rue *Pelletier*, puis, de nouveau sous celui de rue des *Chaudronniers*, qu'elle a conservé jusqu'à ce jour;

« Considérant que cette dénomination ne rappelle aucun fait important de l'histoire locale, et qu'elle est aujourd'hui tout à fait insignifiante;

---

[1] La pétition datée du 12 avril, ne parvint à la mairie que le 14.

« Considérant que Toulon a été la dernière étape de l'armée qui a fait la conquête d'Alger ; et que la rue des Chaudronniers a été l'une des voies par lesquelles l'armée expéditionnaire se rendit au point d'embarquement ;

« Considérant enfin qu'une rue de la capitale de notre grande colonie d'Afrique a reçu le nom de rue de Toulon, et que la dénomination de rue d'Alger, appliquée à l'une des rues de notre ville, sera un acte de gracieuse réciprocité;

« Arrêtons :

« Le nom de la rue des Chaudronniers sera remplacé par celui d'Alger.

« Fait à Toulon, en l'hôtel de ville, le 14 avril 1871.

« V. Allègre. »

Les changements trop fréquents apportés dans la dénomination des rues, n'offrent, en général, aucun avantage, et sont mal accueillis par les populations qui tiennent toutes, plus ou moins, à leurs traditions ou à leurs habitudes. On ne saurait cependant, dans cette circonstance, blâmer l'autorité municipale qui a saisi, avec à-propos, l'occasion de payer à l'Algérie une vieille dette de reconnaissance. Toulon est certainement une des villes de France, qui ont tiré le plus grand profit de la conquête de cette belle colonie.

La maison n° 1 de la rue d'Alger, qui a présidé en quelque sorte au nouveau baptême de la rue des

Chaudronniers, semble destinée à cette mission. Il y a un siècle, elle appartenait à un sieur Blancard, qui donna son nom à la place dont elle forme un des angles, et il ne serait pas impossible que, dans cent ans, le souvenir de l'œuvre créée dans un de ses salons, fît donner à cette même rue le nom de Pétrarque ou, mieux encore, celui de Duprat.

Mais nous sommes encore bien éloignés de cette époque, et s'il ne répugne pas trop au lecteur de laisser un instant le piano pour l'enclume du serrurier, je lui fournirai quelques détails peu connus sur les statuts des maîtres serruriers qui occupaient, avec les chaudronniers, il y a un siècle, les neuf dixièmes des maisons de la future rue de Pétrarque.

Les maîtres serruriers, chaudronniers, potiers d'étain, maréchaux, arquebusiers, fondeurs, couteliers, aiguiseurs, taillandiers, lanterniers, celliers et bridiers ne formaient qu'une seule corporation ou confrérie, placée sous le patronage de Saint-Eloy. Leurs statuts, rédigés en 1692, révisés en 1717, et approuvés par un arrêt du parlement de Provence du 8 février de la même année, se résumaient ainsi : 1° il était défendu aux maîtres d'acheter, pour les revendre, des objets neufs fabriqués hors de la ville ; 2° pour être maître, il fallait être catholique, apostolique et romain, homme d'honneur, sans reproche et n'avoir jamais été flétri par un jugement ; 3° les gendres des maîtres ne payaient qu'un droit de maîtrise de trois livres, le surplus devant être considéré comme la dot de leurs femmes; 4° les veuves des maîtres pouvaient tenir boutique ouverte, et conservaient tous les priviléges de la maîtrise, tant qu'elles ne se remariaient pas; 5° les prieurs de la corporation rendaient compte de leur gestion huit jours après l'expiration de leur mandat; 6° chaque membre payait une cotisation annuelle de deux livres; 7° une amende d'une livre de cire était infligée à tous les maîtres qui, sans excuse légitime, n'assistaient pas aux assemblées de la confrérie [1].

La maîtrise n'était pas conférée au premier venu; il fallait être fils ou gendre d'un maître, ou être agréé par le corps tout entier, et ensuite remplir diverses formalités prévues par les statuts. Le 23 octobre 1751, le nommé Joseph-Antoine Capelle se présenta devant le corps des serruriers; leur fit connaître qu'il avait épousé, le 28 septembre précédent, la fille de Jean Anatole Chapuis, maître serrurier, et qu'il désirait être autorisé, en sa qualité de gendre d'un maître, à ouvrir une boutique, sauf à faire plus tard le chef-d'œuvre nécessaire pour obtenir la maîtrise. Il produisit à l'appui de sa demande, un acte notarié constatant qu'il avait fait son apprentissage pendant trois ans chez maître Bonnard, serrurier à Rians, et un certificat du curé de la paroisse de Saint-Louis, attestant qu'il était catholique, apostolique et romain. Douze serruriers présents dans cette assemblée lui accordèrent, à l'unanimité, l'autorisation qu'il sollicitait. Il ou-

[1] Archives. Série HH. art. 64.

vrit immédiatement une boutique et, deux ans après, il se présenta de nouveau devant le corps des serruriers, pour être admis à faire un chef-d'œuvre. Le 16 janvier 1753, les maîtres, réunis dans la grande salle du couvent des Pères Augustins (église Saint-Pierre), lui imposèrent, comme épreuve, la confection « d'une serrure à pène dormant, à un tour, pour une garde robe, avec une garniture convenable, la montée en vis, le tout poli en dehors ». Cet ouvrage devait être exécuté en moins de huit jours, dans la boutique et sous les yeux de maître François Audurier.

Le 24 février, sur la requête de Joseph Capelle, le premier consul, lieutenant général de police, fit comparaître devant lui les principaux maîtres serruriers, et après avoir fait déclarer à maître Audurier, sous la foi du serment, que le requérant avait exécuté son chef-d'œuvre sans le secours de personne, il enjoignit aux divers maîtres d'examiner ce chef-d'œuvre et d'attester si, oui ou non, il avait été confectionné conformément aux règles de l'art. Sur l'affirmation de ces derniers, Joseph Capelle fut reçu maître serrurier et admis à jouir de tous les priviléges attachés à cette maîtrise.

Le père du récipendaire, maître Henri Capelle, était menuisier et possédait la petite maison qui porte aujourd'hui le n° 10 de la rue d'Alger; il lui fut impossible d'y installer son fils. Celui-ci acheta la maison située sur le quai n° 1, qui est restée dans sa famille jusqu'à ce jour, et dont la porte, sculptée avec soin, fut sans doute un cadeau de maître Henri Capelle à son fils.

Jean-Anatole Chapuis, beau-père de Joseph Capelle, avait eu, dix ans avant cette époque, un procès avec la confrérie de Saint-Eloy dont il faisait partie lui-même, en qualité de maître serrurier. Ce procès qui eut lieu, à propos d'une livre de cire, de la valeur de trente sous, et dont les frais s'élevèrent à 227 livres, 7 sous, 6 deniers, mérite d'être connu dans ses détails. On y retrouve cette variété infinie de formalités (toujours taxées), qui faisaient le bonheur et la fortune des anciens procureurs.

Le 17 août 1740, maître Jean-Anatole Chapuis avait été invité à payer une livre de cire, destinée à la chapelle de Saint-Eloy, patron de la confrérie, parce qu'il n'avait pas assisté, disait-on dans le commandement, à la réunion du 7 du même mois. Chapuis répondit qu'il avait été présent à cette réunion, mais qu'il n'avait pas assisté à plusieurs autres, parce qu'il en avait été empêché par des motifs légitimes. Les prieurs ne voulurent pas admettre cette excuse, et comme il se refusait au paiement de l'amende, ils firent saisir, le 28 mars, ses principaux outils, pour l'empêcher de travailler, et l'ajournèrent devant le lieutenant général de la sénéchaussée. Chapuis déclina cette juridiction et les assigna devant les consuls, lieutenants généraux de police, qui se déclarèrent compétents. Les prieurs, à leur tour, déclinèrent la juridiction des consuls et en appelèrent à la cour d'Aix ; mais, par un arrêt du 5 mars 1742, cette cour reconnut la compétence des consuls et renvoya la cause devant leur tribunal. Enfin, le 11 juillet, les consuls, lieutenants généraux de police, déclarèrent la saisie injuste et condamnèrent la confrérie de Saint-Eloy aux dépens, avec dommages et intérêts.

Je transcris ci-après quelques-uns des articles du rôle des dépens, que le procureur de Chapuis fit taxer six mois après. On jugera, par la minimité des sommes, du nombre infini des articles que ce procureur dut additionner pour arriver aux 227 livres, 7 sous, 6 deniers, qui lui furent alloués.

« Premièrement. Sera payé au procureur du dit Chapuis, pour la requête en cassation et opposition à la saisie.................................. 1 liv. 3 s.

« Lui est dû, pour l'exploit de signification de la dite requête et d'assignation par devant les lieutenants généraux de police................................ » 15

« Est encore dû pour le droit de présentation........................... 2 »

« Comme aussi lui est dû pour une seconde requête................... » 15

« Pour l'exploit de signification de la dite requête et droit de contrôle......... » 15

« Pour les contredits aux moyens déclinatoires des dits prieurs............. 1 8

« Pour le droit d'avis sur la dite requête 1 5

« Pour la plaidoirie et assistance de son

dit procureur à la sentence du 18 avril, qui déboute les prieurs du déclinatoire par eux proposés.................... 3 liv. » s.

« Pour la dresse des qualités de la dite sentence............................ »   2

« Pour l'extrait de la sentence, scellé, deux copies et papier................. 2   7

« Pour l'exploit de signification de la dite sentence et contrôle............... » 18 s.

« Pour le droit d'appel et d'offre...... » 10

« Pour un exploit interpellatif fait aux prieurs pour la restitution des outils.... 1 14

« Pour un avenir à la réception du renvoi ordonnée par l'arrêt du 5 mars 1741.. » 8

« Pour la dresse des qualités de la susdite ordonnance de réception de renvoi... » 2

« Pour l'extrait de l'ordonnance à plaider, du 21 juin 1742.................. » 9

« Pour l'assistance du procureur à la dite ordonnance....................... » 5

Je ne poursuivrai pas cette énumération, quelque curieuse qu'elle soit, parce qu'il me faudrait y consacrer plusieurs livraisons; le rôle des frais n'ayant pas moins de CENT VINGT PAGES ! — Il est vrai que chaque page ne contient qu'un ou deux articles et que le juge taxateur en a supprimé un certain nombre faisant double emploi.

ANCIEN PALAIS DE JUSTICE.

Le tribunal de la sénéchaussée, enlevé à la ville d'Hyères, qui le possédait depuis 1544, fut transféré à Toulon vers la fin de 1642. On l'installa, l'année suivante, dans un palais que l'on construisit sur l'emplacement occupé aujourd'hui par les bureaux de la police et le prétoire de la justice de paix [1].

Un siècle plus tard, en 1755, cet édifice tombait en ruines, et les officiers de la sénéchaussée, obligés de déguerpir au plus vite, louèrent la maison de M. de Barentin (située rue Layayette n° 48), où ils établirent provisoirement le siége de la justice.

Ce provisoire dura 15 ans.—Cependant, dès l'année 1756, on s'était occupé sérieusement de la reconstruction du vieux palais. L'ingénieur de la province était même venu à Toulon, pour dresser le plan du nouvel édifice, mais l'absence de fonds avait fait ajourner ce projet. Les officiers de la sénéchaussée, fort mal logés chez M. de Barentin, s'ingénièrent pour tourner cette grosse difficulté et ne trouvèrent rien de mieux que de faire supporter la dépense à la commune. « Il n'y aurait, disaient-il, nul inconvénient que, pour un objet aussi utile, cette communauté

[1] La ville d'Hyères fut détachée de la juridiction de Toulon, en 1665, et devint le siège d'une nouvelle sénéchaussée.

qui a des ressources immenses dans ses revenus, fut forcée, comme celle de Marseille, à la réédification du palais. »

Les communes étaient alors des mines inépuisables. Le pouvoir les savait toujours prêtes à s'imposer les plus grands sacrifices, pour conserver leurs franchises municipales, et il usait et abusait de cette crainte salutaire. Du reste il variait ses procédés ; tantôt il mettait en vente les emplois communaux, tantôt il menaçait les villes de les priver de tel ou tel siége administratif ou de la présence des troupes.

Justement alarmés et craignant de voir adopter la proposition lancée un peu au hasard par les officiers de la sénéchaussée, les consuls se hâtèrent d'adresser un mémoire à l'intendant de Provence, pour exprimer leurs regrets de ne pouvoir donner, dans cette circonstance, une nouvelle preuve de leur dévouement, la ville accablée de dettes se trouvant hors d'état de faire la moindre dépense. « Toulon voudrait ne rien devoir, disaient-ils, pour offrir tous ses revenus à son roi, ses charges perdraient pour lors à ses yeux tout ce qu'elles peuvent avoir d'onéreux; mais elle est ruinée et le renvoi à trois ans du remboursement des avances, de près de 200,000 livres, qu'elle a faites pour le service des troupes, a mis le comble à son épuisement. »

Cette dette de 200,000 livres, rappelée fort à propos, fit faire de sages réflexions à l'autorité supérieure, qui n'insista pas; la proposition des officiers de la sénéchaussée fut donc abandonnée.

En 1765, le vieux palais dont personne ne s'occupait plus, menaçait de s'écrouler sur les passants. Ses grandes salles, à moitié ruinées, étaient devenues le receptacle de toutes les ordures du quartier; ce qui n'empêchait pas les soldats et les femmes de mauvaises vie de s'y réfugier pendant la nuit et de troubler le repos public, par leurs cris et leurs disputes [1]. Sur la plainte des voisins, appuyée par la municipalité, M. Laugier, subdélégué de l'intendant de Provence, ordonna la démolition du vieil édifice et fit mettre aux enchères les travaux à exécuter pour déblayer le terrain.

Des offres avaient déjà été faites, et l'adjudication allait être prononcée, lorsqu'un nommé Reboul, riche épicier, propriétaire de deux magasins et d'un entresol, enclavés dans le palais, vint soumettre à M. Laugier, une proposition très avantageuse pour l'Etat. Il se chargeait de démolir et de reconstruire le palais à ses frais, moyennant 900 livres par an, jusqu'au remboursement de la somme de 18,306 livres, à laquelle il évaluait cette dépense. Or, comme le loyer de la maison occupée par les officiers de la sénéchaussée s'éle-

---

[1] « L'épouse du sieur Beaupré, marchand regrettier, locataire d'une boutique de la maison de M. Mollinier notaire (rue des Chaudronniers n° 29), qui est en face de la petite place du palais, déclare que, pendant toute la journée, on ne voit que monter et descendre des soldats et d'autres personnes, qui vont déposer des ordures dans les appartements, et que la nuit, il s'y assemble des filles de débauche avec des soldats, ce qui occasionne très souvent du tapage. » (Archives de l'intendance à Draguignan).

vait à 1,000 livres par an, le trésor royal, loin d'y perdre y trouverait une économie. Seulement, Reboul demandait l'autorisation de porter le nouvel édifice sur l'alignement de la place Saint-Pierre, c'est-à-dire, de l'agrandir de deux toises de ce côté, afin d'augmenter d'autant la superficie de ses magasins situés au rez-de-chaussée. M. Laugier n'hésita pas à transmettre cette proposition avec un avis favorable à l'intendant de Provence. M. de Latour la trouva fort acceptable, et fit rendre par le conseil d'Etat, le 7 juillet 1766, un arrêt approuvant la cession, en faveur de Reboul, de deux toises de terrain à prélever sur la voie publique.

Cette combinaison, qui aurait dû être accueillie avec reconnaissance par le public, puisqu'elle faisait disparaître une ruine gênante et dangereuse sous tous les rapports, souleva, au contraire, une vive protestation de la part des voisins. — Les propriétaires des maisons situées autour du palais, depuis la rue des Chaudronniers jusqu'à l'extrémité de la place Saint-Pierre, endoctrinés ou circonvenus par quelque esprit chagrin et jaloux [1], s'étaient persuadés que l'avancement de l'édifice sur l'alignement de la place, diminuerait de beaucoup les agréments de celle-ci ; ils supplièrent l'intendant de ne pas donner suite à un projet qui de-

---

[1] M Reboul s'était enrichi dans ce petit commerce ; il avait son magasin dans la maison située à l'angle de la rue des Reaux et de la place Saint-Pierre, (n° 12), qui lui appartenait. Ses bons voisins croyaient sans doute que cette entreprise allait doubler sa fortune.

vait leur enlever, disaient-ils, une notable partie du coup d'œil dont ils jouissaient.

Pour bien comprendre l'absurdité de cette réclamation, il ne faut pas oublier qu'il ne s'agissait que de quatre mètres de terrain, à prélever sur un recul défectueux, pour placer le monument sur l'alignement des autres maisons; et que la plupart des réclamants, dont les maisons étaient situées à l'autre extrémité de la place, ou sur la même ligne, ne pouvaient apercevoir le terrain en litige. Les propriétaires des maisons qui font face à la rue de l'Arsenal et à la place Saint-Pierre, MM. Tollon et Darbaud; M. Mellon, épicier, qui occupait le magasin de la pharmacie Ricoux, et le peintre de La Rose, demeurant place Saint-Pierre, n° 5, tous signataires de la pétition, auraient été bien embarrassés pour prouver en quoi cette amélioration les gênait. On leur avait persuadé qu'en réclamant, ils obtiendraient une indemnité pour la privation d'une partie du coup d'œil, par application de la loi qui obligeait les voisins à payer une plus value à la communauté, quand la création d'une place, ou l'élargissement d'une rue, augmentait la valeur de leurs immeubles.

Le subdélégué de l'intendant examina cette réclamation, fit dresser un plan des lieux, et démontra aux plaignants qu'ils étaient les instruments dociles et inintelligents de quelques brouillons qui se moquaient d'eux. Il obtint le désistement du plus grand nombre, et M. de Latour ordonna de mettre la main à l'œuvre immédiatement.

Les travaux dirigés par M. Aguillon, ingénieur ordinaire du roi [1], furent poussés avec activité au début; mais on reconnut, en mettant la pioche dans les murs, qu'il fallait les reprendre à la base, et comme la dépense qui devait en résulter, était assez considérable, on attendit de nouveaux ordres. Le crédit fut porté à 22,000 livres. Moyennant cette somme, payée par à-comptes à l'entrepreneur, le grand bâtiment que nous voyons aujourd'hui fut entièrement bâti.— Le tribunal de la sénéchaussée s'y établit vers la fin de l'année 1769, et y demeura jusqu'à la Révolution.

MAISON N° 31.

Pour être complète, la monographie de l'ancien palais de justice aurait dû être accompagnée de la biographie des magistrats de la sénéchaussée, des membres du tribunal civil et des juges de paix qui ont siégé, tour à tour, dans ce vieil édifice. Il aurait fallu la faire suivre de quelques détails sur les victimes de la révolution de 1793, entassées dans ses étroites prisons; sans oublier le commissaire général de Possel-Deydier, qui n'en sortit que pour être pendu à la lanterne

---

[1] Lettre de M. Laugier, subdélégué de l'Intendant à M. de Latour, du 1er avril 1767. (Archives de la Préfecture du Var, fonds de l'Intendant.)

de la rue des Bonnetières ¹, et continuer cette lamentable histoire jusqu'aux derniers événements qui ont attristé notre ville.

Cette revue restropective serait remplie d'enseignements utiles et offrirait un grand intérêt ; mais le cadre de cette publication ne se prête pas à une étude aussi complète. Je dois attendre, pour parler des personnages qui ont animé par leur présence cet antique sanctuaire de la justice, que notre promenade, à travers les rues de Toulon, nous conduise dans leurs foyers.

C'est ainsi, qu'en quittant le palais, si nous nous dirigeons vers le port, nous rencontrerons à droite, la maison n° 31, où a vécu et où est mort, le 12 juin 1866, l'honorable M. Martini (Casimir-Christophe), qui fut pendant plus de trente ans, suppléant de la justice de paix ².

Jamais fonctions gratuites ne furent remplies avec plus de zèle et de conscience ! On a dit, dans un autre ordre d'idées, qu'il n'y a pas de sot métier ; ici on pourrait dire avec non moins de vérité, que les plus modestes fonctions peuvent être relevées, et devenir en quelque sorte glorieuses, quand elles sont occupées par des hommes d'une valeur exceptionnelle. M. Martini, par son dévouement pendant les épidémies et la grande honorabilité de son caractère, mérita les plus

---

[1] Cette lanterne était suspendue, à l'entrée de la rue des Bonnetières, à l'angle formé par la rue des Chaudronniers, et presque en face du palais.

[2] Il avait été nommé suppléant de la justice de paix du canton ouest, le 12 mars 1832.

hautes récompenses; le cordon de commandeur de la légion-d'honneur, qui aurait été vainement sollicité par des procureurs généraux et des premiers présidents, lui fut spontanément décerné, à la suite du choléra de 1865, pendant qu'il remplissait, par intérim, les fonctions de juge de paix. Il avait alors 88 ans [1].

Cet admirable vieillard, qui était resté impassible et ferme au milieu des épreuves les plus cruelles, se sentit ému, quand on vint lui annoncer que le ministre de la justice l'avait élevé au grade de commandeur, et que la France tout entière applaudissait à cette récompense si bien méritée [2]. Le greffier de la justice de paix, qui se trouvait auprès de lui, crut voir, en ce moment, une larme d'attendrissement s'échapper de ses paupières; mais il n'oserait l'affirmer, car jamais jusqu'alors, cette forte nature, ce caractère si maître de lui-même, ne s'était laissé émouvoir.

MAISON N° 35.

Cette belle maison, située à l'extrémité de la rue d'Alger, près du port, était possédée, au commence-

---

[1] Il était né à Digne (Basses-Alpes), le 27 janvier 1778.

[2] Tous les journaux de Paris et des départements annoncèrent sa nomination en l'accompagnant de commentaires élogieux.

ment du XVIIᵉ siècle, par un chanoine de la cathédrale de Toulon, messire Marc-Antoine d'Aimar, dont la nièce fut l'héroïne d'un événement romanesque, qui fit grand bruit en son temps.

La peste s'étant déclarée à Aix, vers le milieu de 1629, Mᵐᵉ d'Aimar de Montsallier, veuve d'un président au parlement, vint se réfugier à Toulon avec sa fille Gabrielle, âgée de seize ans environ. Elle descendit probablement chez son père, M. Forbin de Solliès, gouverneur de la ville. Je ne serais pas étonné, cependant, qu'elle eut occupé la maison de son beau-frère, qui avait vue sur le port, où se passa la scène que j'ai à raconter.

On armait, en ce moment, quelques vaisseaux, qui devaient transporter deux mille hommes de milices françaises, destinées au service des vénitiens; ces troupes étaient commandées par le chevalier Jean-Louis de Lavalette, fils naturel du duc d'Épernon, qui avait été gouverneur de Provence, pendant les troubles de la ligue, et avait laissé dans ce pays les plus tristes souvenirs [1].

Le chevalier de Lavalette rencontra plusieurs fois Mˡˡᵉ Gabrielle d'Aimar, dans les salons du sieur de Solliès, gouverneur de Toulon, et s'en éprit violem-

---

[1] On disait, en parlant d'un fléau : « *A fach tan de maou que Parnoun.* » « Passant au moulin du pont de l'Arc, près d'Aix, écrivait M. de Fabri, sieur de Fabrègues, ce duc fit étrangler les soldats qui le gardaient, et les fit pendre aux croisées de ma maison de Fenouillères. » (Roux ALPHÉRAN, *Les Rues d'Aix*, t. 2, p. 473 et 521.)

ment. Mais, soit qu'elle fut trop jeune pour être mariée, soit qu'il eut à redouter un refus à cause de sa naissance, il résolut de brusquer le dénouement par un coup d'audace.

Dans les premiers jours de janvier 1630, ses précautions étant prises, il pria un de ses amis, qui devait dire sa première messe dans l'église des capucins, de le choisir pour parrain et de prendre pour marraine Mlle d'Aimar de Montsallier. L'ecclésiastique qui ne se doutait de rien, fit ce qu'il lui demandait, et obtint l'agrément des parents de la jeune fille.

« Au jour fixé, lisons-nous dans les mémoires du président Jacques de Gaufridi, Lavalette fit armer son caïq des meilleurs forçats de sa galère, commandés par un confident. Le péril était grand de ravir par force une fille, dans une ville dont l'ayeul était gouverneur, l'oncle évêque, et où il y avait un autre oncle réfugié, qui était président en la chambre des comptes, de la ravir en veüe des galères et d'un peuple extrêmement affectionné. Il pouvait être investi par les caïqs des autres galères à la première plainte des parents. Car, s'il faut du temps pour mettre les galères en état, s'il en faut pour les vaisseaux et pour les barques, il n'en faut point pour les caïqs, qui pouvant être armés par huit ou dix hommes, il suffit d'un commandement pour les mettre en mer. Il prévit ce danger et employa tous les caïqs des galères à porter des munitions à ses vaisseaux, et les fit occuper par ses gens. N'ayant plus ce sujet de crainte, il donna ordre au sien de l'attendre au port, sur le bord du quai, et s'en alla pour achever la cérémonie.

« Sortant de la maison où était la jeune fille, le chevalier voulut donner la main à la femme du gouverneur, comme la plus apparente de la troupe ; on lui dit qu'il fallait qu'il mena sa commère et qu'il se mit en tête de la compagnie ; il ne demandait pas mieux et quoiqu'incommodé d'une jambe, il devança de plusieurs pas le reste de la troupe, et se détournant du chemin le plus droit, il la fit passer sur le port[1], sous prétexte qu'il était le plus agréable, et étant allé droit à son caïq, il jetta cette fille dedans, la fit couvrir d'une casaque et conduire dans son vaisseau.

« L'ayeul, les tantes, tous les parents qui suivaient, crurent d'abord que c'était une feinte et un jeu dont ce chevalier avait souvent menacé le grand père, leur disant qu'il lui voulait quelque jour donner une alarme en faisant semblant d'enlever sa petite fille. Mais, comme ils la virent en mer implorer avec des pleurs et des cris pitoyables le secours de ses parents, ils crient, ils courent, ils menacent et, dans un accident non prévu, ils ne trouvent point de conseil, ils font équiper une galère, mais quelque diligence qu'on y

---

[1] Son chemin le plus direct était en effet, en sortant de la maison n° 35, de monter par la place Saint-Pierre et de suivre la rue de l'Arsenal pour se rendre au champ de Bataille, où se trouvait le couvent des capucins ; mais il était naturel qu'il voulut longer le quai, puisque la route était plus jolie et n'allongeait la distance que de quelques pas

apporte elle ne peut être prête à temps. On demande l'ayde de trois vaisseaux estrangers qui étaient en état de faire voile, mais ils ne veulent pas se commettre ni combattre contre la bannière de France.

« La justice de la ville est inutile, étant sans force. Aussi, après avoir perdu beaucoup de temps, le commandeur de Solliers monte une galère, suit le ravisseur durant quelques heures et ne peut mieux faire que de tirer quelques volées de canon contre son vaisseau, plustôt pour lui témoigner son indignation que pour espérer de lui nuire.— On remarqua l'horreur que cette fille eut de ce crime par le refus qu'elle fit de regarder son ravisseur et de prendre des aliments. Il la fit mettre dans une chambre séparée, la fit servir avec tous les respects et tacha de gagner son cœur par l'entremise de ceux qu'il mit auprès d'elle. Il vint mouiller en vue d'Hyères et dépêcha de là un gentilhomme pour donner avis de cette action au duc d'Epernon, son père, et après il prit sa route vers Venise.

« Les respects et les caresses adoucirent le cœur de cette fille et la nécessité l'obligea de souffrir l'approche et la conversation, et, enfin, de consentir au mariage de ce chevalier, qui fut célébré en l'isle de Saint-Pierre. Ainsi elle fut reçue à Venise avec magnificence comme son épouse, et lui changea sa qualité de chevalier en celle de marquis de Lavalette.— Le roy fut irrité de cette action et l'on ne put souffrir à la cour que les armes et les vaisseaux de France eussent servi à l'exécution d'une si mauvaise entreprise ; en façon que ni la considération de ses parents, ni l'entremise des Vénitiens ne purent pas lui en faire avoir la grâce, et il fallut que sa femme vînt en France pour implorer la clémence du roy et lui obtenir l'absolution, qui lui fut à la fin accordée et entérinée au parlement d'Aix. »

Cet enlèvement que l'on croirait imaginé par un romancier est des plus authentiques. Le président Jacques de Gaufredy était un grave personnage, incapable de porter la moindre atteinte à la vérité. Il connaissait d'ailleurs les deux familles de Solliès et d'Aimar, il vivait à l'époque où le fait s'était passé et il en avait recueilli les détails de la bouche des parents de la jeune fille.

Le récit du président est corroboré par un acte public, qui vient d'être découvert et dont je dois la communication à M. le marquis de Boisgelin. C'est le contrat de mariage du chevalier de Lavalette avec Mlle d'Aimar, qui fut rédigé à Venise, le 24 juillet 1635, et inséré, le 5 novembre suivant, dans le registre des insinuations de la sénéchaussée d'Aix, sur la requête du chanoine d'Aimar [1].

Deux ans après cet événement, le chanoine Marc-

---

[1] Dans ce contrat est relaté l'acte de mariage du 11 février 1630 : « *Jo dunque Gabriella d'Aymar mi constituisse in dote et per me a gio Luigi de la Valetta du Nogaret ch'io spero, con la gratia di Dio, prender in marito.... ed io gio Luigi della Valetta..... reconosco Gabriella d'Aymar, la mia futura sposa..... Data in San Pierro di november XI februar 1630.* »

Antoine d'Aimar vendit sa maison de la rue d'Alger, à M. François de Saqui, seigneur d'Astourets, lieutenant de la sénéchaussée d'Hyères [1].

Ce magistrat, qui devait occuper plus tard les fonctions de lieutenant général de la sénéchaussée de Toulon, avait été mêlé, en 1619, à un procès très curieux, intenté par les consuls de Toulon à ceux d'Hyères et aux officiers de la sénéchaussée. Il s'agissait d'une farce populaire, jouée sous les yeux de ces autorités, dans laquelle les habitants de Toulon, la municipalité et la ville elle-même, étaient tournés en ridicule.

Les Toulonnais avaient obtenu, l'année précédente, un édit royal ordonnant le transfert à Toulon du siège de la sénéchaussée d'Hyères, (avril 1618); mais, sur la requête des habitants de cette dernière ville, le roi, siégeant en conseil d'Etat, venait de révoquer cette décision [2], et comme dans le cours de la procédure, les Toulonnais avaient peu ménagé leurs voisins, ceux-ci s'étaient vengés, le lendemain de leur victoire, en les raillant publiquement. Ils avaient inspiré aux acteurs d'une représentation théâtrale, la pensée de faire allusion au procès perdu par les Toulonnais.

Cette injure fut vivement ressentie à Toulon. Les

---

[1] « Une maison au quay, acquise par M. de Saqui, lieutenant au seneschal d'Yères, de messire Marc Antoine d'Aymar, prothonotaire et chanoine de la cathédrale de Toulon, confrontant : de ponent, maison de demoiselle Victoire de Marin, veuve du sieur de Coquerel; de midi, le quay, de levant et trémontane, deux rues. » (Cadastre de 1632, folio 71 v.)

[2] Maintien du siège à Hyères par un arrêt du 9 juin 1619.

consuls, après avoir pris l'avis du jurisconsulte Jacques Mourgues, auteur d'un savant commentaire sur les coutumes de Provence, et de deux autres avocats d'Aix, résolurent d'attaquer en diffamation les autorités municipales de la ville d'Hyères, et de mettre en cause M. François de Saqui, lieutenant de la sénéchaussée et ses collègues, qui avaient encouragé par leur présence la parodie scandaleuse dont ils se plaignaient.

Dans une consultation qui fut rédigée, le 19 septembre, par maitre Mourgues et ses deux confrères, les faits incriminés sont ainsi résumés :

« Le 15 août dernier, jour et fête de l'assomption de Notre Dame, quelques particuliers de la ville d'Hyères ayant fait dresser un théâtre à la place du Piol, jouèrent sur icelui une certaine histoire, et à la fin, au lieu de la farce qu'on a accoutumé de jouer, pour la récréation des assistans, ils jouèrent une pasquinade ou libelle diffamatoire, contenant le commencement, les progrès et le succès du procès qui était pendant par devant nos Seigneurs du Conseil d'Etat du roi, entre les deux villes, sur la transférence du siége du sénéchal en la ville de Toulon.

« En la dite pasquinade, fut dit et proféré tout haut, par les acteurs, que la ville de Toulon, qu'ils appelaient tantôt *Toulon*, tantôt *Tournon* et quelquefois *Cournon*, était un mutin, un séditieux prenant querelle avec tous ses voisins et ne rapportant d'iceux que honte et confusion ; qu'il voulait faire du cheval d'Espagne et se comparer à Mars, orès qu'il fut un petit asne; que tous les habitans de la ville de Toulon étaient des marranes [1], juifs et bonnets jaulnes, et comme ils étaient tous des c..., ils allaient volontiers nicher dans le nid des autres oiseaux et que la première lettre du nom de la ville (T), était semblable au gibet du mauvais larron.

« Et pour représenter la honte reçue par ceux de Toulon, en la perte du procès, ils firent semblant de faire asseoir, sur un petit siége, le personnage qui représentait Toulon, et lui tirant de par dessous icelui siége, le firent tomber de tout son long à la renverse.

« En tout ce discours là, les acteurs tenaient toujours en main quelques lettres patentes, arrêts et actes du procès, même l'arrêt et la commission donnée sur icelui par Sa Majesté, scellée du sceau royal.

« Les officiers et consuls d'Hyères étaient là présents entendant et faisant des rizées publiques des dites injures; même le viguier et le procureur du roi au dit siége étaient sur le théâtre. — Les acteurs se jactent d'ailleurs de n'avoir rien fait en cela que de l'autorité des dits magistrats. »

La plainte des toulonnais était dirigée contre François de Saqui, lieutenant principal de la sénéchaussée d'Hyères, Charles de Saqui, lieutenant des soumissions, Pierre de Rodeilhat, lieutenant particulier, Charles Abrassein, procureur du roi, Charles de

[1] Prostituées.

Cambe, viguier, François de Blancard, sieur de Gaubert, premier consul, et contre tous les officiers de la municipalité qui avaient assisté « à la pasquinade. » Seulement, comme la plupart de ces personnages étaient alliés aux meilleures familles d'Aix et notamment avec des magistrats du parlement, les consuls de Toulon avaient récusé cette cour et s'étaient pourvus par devant le conseil du roi.

Une enquête fut ordonnée pour rechercher les alliances qui pouvaient exister, en effet, entre les magistrats de la ville d'Hyères et ceux de la cour d'Aix. Dès les premiers jours, le commissaire enquêteur constata que le fait était des plus exacts. Les deux frères François et Charles de Saqui étaient parents ou alliés avec la cour tout entière :

« M. Charles de Saqui, lieutenant des soumissions est beau-frère de M. de Paule, conseiller en la dite cour, ayant épousé deux sœurs, qui sont damoiselles Claire et Victoire de Pourcellet.

« Le dit M. Charles de Saqui est cousin remué de germain, de M. de la Molle, conseiller en la dite cour, pour être le père du sieur de la Molle, cousin germain avec la mère de la femme du dit M. de Saqui, enfants de frère et sœur de la maison de Solliès. »

Je fais grâce au lecteur des autres alliances de la famille de Saqui. Du reste, l'affaire n'eut pas de suite. Il est probable qu'elle s'arrangea amiablement, car il n'en est plus rien dit dans la délibération du conseil municipal, après la remise du dossier aux avocats de

Paris, chargés de soutenir la plainte des toulonnais devant le conseil du roi.

Cependant, les démarches tendant au transfert du siége de la sénéchaussée ne furent jamais abandonnées. C'était une mission sacrée que se transmettaient les administrateurs, et à laquelle chacun d'eux se dévouait entièrement. Les consuls en exercice, en 1643, eurent enfin la joie d'obtenir un nouvel édit transférant le siége à Toulon, et le bonheur de voir arriver dans leur ville tout le personnel de la sénéchaussée d'Hyères. L'installation du tribunal eut lieu le 3 septembre 1643, en présence de l'Intendant de Provence, M. Bochard de Champigni.

Dès ce moment, les rôles changèrent entre Hyères et Toulon, les premiers attaquèrent et les seconds se défendirent. Après douze ans de lutte les hyérois l'emportèrent. Un édit du mois de mai 1655 rétablit le siége dans leur ville. Mais ce triomphe fut de courte durée ; un arrêt contradictoire, rendu par le conseil d'Etat, le 29 octobre 1658, révoqua l'édit de 1655, et un nouvel édit du mois de juillet 1662, confirma définitivement la translation du siége à Toulon. Cependant les hyérois ne perdirent pas complètement leur procès ; il fut décidé que la ville, mais la ville seule, conserverait un tribunal, et que le surplus de l'ancienne circonscription serait réuni à la sénéchaussée de Toulon.

M. François de Saqui, sieur des Thourets, acquéreur depuis 1632, de la maison n° 35, s'était bien gardé de former opposition à l'édit de 1643, qui avait transféré le siége à Toulon. Il avait acquis précédemment, le 2 octobre 1619, de M. Gaspard de Thomas, baron de Sainte-Marguerite, le beau domaine « appelé Les Thourets, » qui constituait un fief important, avec haute, moyenne et basse justice [1], et cette acquisition l'avait déjà rapproché de notre ville, où il fixa définitivement sa résidence.

La veuve de M. François de Saqui, Mme Gabrielle de Nas, dame des Thourets, vendit, le 29 juillet 1647, la charge de lieutenant principal de la sénéchaussée de Toulon à M. François de Chabert, moyennant 31,000 livres; mais, en 1660, quand son fils, Amédée de Saqui, fut en âge d'occuper le siége, il se fit rétrocéder l'office de son père au même prix [2].

Joseph de Saqui, fils d'Amédée, lui succéda; il était lieutenant général de la sénéchaussée en 1696; mais les enfants de ce dernier entrèrent dans la marine. En 1790, la maison n° 35 était encore possédée par un officier de ce nom : M. Jean-Joseph de Saqui, sieur d'Astouret, capitaine de vaisseau.

Cette maison, très remarquable par sa porte du XVIIe siècle, appartient aujourd'hui à M. Fabri, conseiller à la cour d'Aix.

---

[1] Il paya cette terre, avec ses dépendances et le droit de justice, 14,400 livres.

[2] Acte reçu par Me Cogorde, année 1660, folio 917 Étude de Me Aube, notaire.

MAISON N° 38.

Le côté Est de la rue d'Alger était à peu près complètement habité par des chaudronniers; c'est là que les Borme et les Mistral, syndics de la bruyante confrérie de saint Éloy, avaient établi leur quartier général. J'ai déjà dit comment ils s'y comportaient; ils roulaient leurs chaudrons au milieu de la rue et frappaient dessus à coups redoublés. Personne ne pouvait résister à ce tapage infernal; les locataires fuyaient et les propriétaires eux-mêmes abandonnaient leurs maisons. Cependant, une famille, patiente et résignée, finit par s'y habituer et demeurera dans cette rue pendant plus d'un siècle. Je veux parler de la famille Saurin, qui possédait la maison n° 38, occupée aujourd'hui par M. Girard, marchand de cristaux.

Joseph Saurin, négociant en blé, sa femme Isabeau Arnavès et leurs nombreux enfants logeaient, en 1698, dans cette maison, qui leur appartenait depuis quelque temps déjà. C'était un intérieur patriarcal. Le père, vieilli dans les affaires, et plusieurs fois élu trésorier de la communauté, intendant de la santé ou recteur des hôpitaux, était un des plus honorables commerçants de notre ville. La mère élevait ses enfants dans des sentiments de piété. Une des jeunes filles nommée

Ursule, entra plus tard dans le couvent des Ursulines pour se vouer à l'instruction des enfants pauvres [1].

Le fils aîné, Jean-François Saurin, succéda à son père et fit comme lui le commerce du blé. Pieux et charitable, il accepta diverses fonctions gratuites et administra avec un généreux dévouement l'hôpital du Saint-Esprit. L'évêque de Toulon écrivant à M. de Latour, intendant de Provence, pour faire obtenir à ce commerçant l'autorisation d'exporter 2,000 charges de blé, retenues par les autorités de la ville d'Arles, lui disait, le 6 septembre 1747 : « Indépendamment du bien qui en reviendrait à la ville de Toulon, M. Saurin mérite cette grâce par les services essentiels qu'il rend à l'hôpital des malades, dont il est trésorier, et auquel il a déjà avancé, de son propre argent, pour faire subsister cette maison, plus de 12,000 livres. »

Jean-François Saurin avait épousé, le 25 février 1727, Mlle Marie-Anne Sibon, dont il eut un fils, Joseph-Charles Saurin, qui fut le troisième négociant en blé du même nom. Ici encore la tradition était respectée; les enfants suivaient avec honneur le chemin tracé par leurs parents.

Cet honorable négociant venait d'être élu pour la seconde fois deuxième consul de Toulon, quand sa femme, Claire-Désirée Deydier, de Pierrefeu [2], lui

---

[1] Voir le procès de la Cadière, dans lequel elle fut appelée en témoignage. (1 vol. in-folio, 1731, p. 150 et 152.)

[2] Il l'avait épousée le 21 mai 1771.

donna un fils. Ses collègues lui offrirent, suivant l'usage adopté depuis fort longtemps, de tenir cet enfant sur les fonts baptismaux, au nom de la ville de Toulon. Il accepta cette offre avec empressement et le baptême eut lieu le 29 janvier 1779. Le parrain, M. Joseph Gautier, docteur en médecine, premier consul et lieutenant de roi au gouvernement de la ville, et la marraine, Mme Gabrielle-Rosalie Le Blanc de Castillon, épouse de M. Deydier de Pierrefeu, donnèrent au nouveau-né les noms de *François-de-Sales-Joseph-Charles-François-Toulon.*

La cérémonie se fit avec beaucoup de solennité. Les bonbons et les étrennes ne furent pas épargnés. Je transcris, ci-après, le détail des frais, qui s'élevèrent à la somme de 384 livres. Le lecteur retrouvera dans ce document la plupart des traditions que nous observons encore aujourd'hui en pareille circonstance. Il y a peut-être un peu moins de bonbons et de rubans, mais les étrennes sont distribuées avec la même abondance, sauf les gros sous que les enfants ne réclament plus en criant : « Jette, peirins ! » parce qu'ils ignorent le passage des parrains et des marraines, qui se rendent à l'église en voiture.

« *Etat de la dépense faite à l'occasion du baptême de l'enfant de M. Joseph-Charles Saurin, consul, que Messieurs ses collègues ont tenu sur les fonts au nom de la ville, le 29 janvier 1779, savoir :*

« A l'organiste qui a touché des orgues pendant le baptême...................................... 6 liv. » s.

« Au curé................................	12 liv. »	s.
« Au clerc..............................	3	»
« Au domestique du chapitre.........	1	45
« A la nommée Anne Rose, d'Ollioules, pour le coût des bouquets présentés aux dames qui ont assisté à la cérémonie.....	24	»
« Au sieur Adrien, marchand de soie, douze pans de rubans en or, à deux livres le pan, deux onces quatre gros; franges en or à 10 livres, six grelots, et douze pans de rubans à deux livres le pan, pour orner et embellir les deux bouquets présentés aux marraines [1]............................	57	»
« Aux trois servantes de M. Saurin...	18	»
« A la gouvernante....................	12	»
« A la sage-femme...................	12	»
« A la fille qui a porté l'eau...........	1	4
« Aux enfants qui demandent en sortant de l'église.............................	3	»
« Au sergent de ville major...........	6	»
« Aux sept sergens de ville...........	21	»
« Au trompette major................	6	»
« Au trompette en second............	3	»
« A Jacques Masse, valet de ville attaché au service de M. Saurin...........	6	»
« A Gerfroit et à Garrus, autres valets de ville................................	6	»

[1] Il paraît que les deux consuls avaient chacun une commère, bien qu'il n'y eut réellement qu'un parrain et une marraine.

« A Pierre Esclangon, concierge de l'hôtel-de-ville....................	3 liv.	» s.
« Au même, pour le voyage qu'il a fait à Ollioules, pour nous amener la bouquetière avec les fleurs......................	1	10
« Aux quatorze porteurs qui ont porté les dames qui assistèrent au baptême, à raison de 30 sous chacun...............	25	16
« Aux deux vieleuses qui ont joué au bal, la nuit du baptême................	12	»
« Au sieur Roubaud, confiseur pour 30 cornets de confiture à 1 livre 4 sols pièce, y compris les rubans employés aux dits cornets........................	36	»
« Au sieur Carron, pour 89 cornets de confiture à 1 livre pièce................	89	»
« Au même, pour 89 cannes de rubans à 4 sous la canne, employés aux dits cornets........................	17	16
« Au sieur Dufour, cirier pour un cierge d'une livre....................	2	»
Total...............	384 l.	10 s.

Réélu consul pour la troisième fois, en 1786, M. Charles Saurin s'engagea, avec ses collègues, dans un conflit qu'il aurait certainement évité, s'il avait suivi ses propres inspirations, car son caractère n'était point fait pour la lutte.

Le 27 juin, dans la matinée, pendant qu'il était seul

à l'hôtel-de-ville « une personne vêtue de noir [1] » vint lui annoncer que M. de Ribbe, commissaire du bureau des seigneurs trésoriers de France [2] était arrivé à Toulon pour dresser l'inventaire des effets dépendants de la succession de feu M. de Lascaris, évêque du diocèse. Ce commissaire, qui était logé dans la rue des marchands, chez M*me* Amyot [3], désirant recevoir la visite des consuls, demandait à quelle heure ceux-ci se rendraient chez lui, afin de s'y trouver lui-même.

M. Saurin répondit qu'en l'absence de ses collègues il ne pouvait fixer l'heure de cette visite, mais qu'à leur arrivée, ils prendraient ensemble une décision à cet égard et s'empresseraient d'en donner avis à M. de Ribbe.

Quand MM. de Drée, premier consul et Grasson, troisième consul, connurent cette démarche, ils firent remarquer à leur collègue qu'ils étaient commandants militaires, par suite de l'absence de M. le général de Coincy, commandant supérieur de la place, et qu'en cette qualité, la visite du Trésorier des finances leur était due.

---

[1] C'est ainsi que le greffier, envoyé par M. de Ribbe, est désigné dans le procès-verbal dressé par le secrétaire des consuls.

[2] Le père ou l'oncle de ce commissaire, Augustin Sauveur de Ribbe, avocat au parlement d'Aix, avait été reçu trésorier de France le 9 août 1742. (*Artefeuil.* t. 2, p. 316.)

[3] Cette maison porte aujourd'hui le n° 2; elle est située à l'angle de la rue Sainte-Claire et de la rue des Marchands.

Cette réponse fut communiquée à M. de Ribbe, qui ne la trouva pas satisfaisante; il répliqua qu'il était tout disposé à faire la première visite au commandant militaire en son hôtel, mais que les consuls lui devaient cette visite en leur qualité de magistrats municipaux.

L'observation était très-juste et les consuls auraient dû s'exécuter de bonne grâce, d'autant plus qu'un conflit semblable, soulevé en 1760, avait été tranché, par ordre du roi, en faveur des trésoriers de France. Mais M. de Drée et ses collègues objectaient, qu'à cette époque, le général était dans la ville et que les consuls, lieutenants de roi, n'exerçaient pas le commandement militaire.

Le bureau des trésoriers de France soumit l'affaire à M. le baron de Breteuil, ministre secrétaire d'Etat, qui prescrivit à l'intendance de Provence de faire une enquête. Les consuls de Toulon fournirent des explications et le conflit n'eut pas de suite.

Du reste, de part et d'autre, on ne fit rien pour envenimer les débats [1], qui devaient tomber naturellement, puisque l'occasion du conflit ne se reproduisit pas. La même querelle, soulevée antérieurement entre le bureau des trésoriers et les consuls de la ville d'Aix, avait été autrement vive et s'était prolongée pendant

---

[1] M de Ribbe soutint les prérogatives du bureau des trésoriers avec une parfaite convenance. Il appartenait à une famille extrêmement honorable, dans laquelle la distinction, le tact et la bonté sont héréditaires.

fort longtemps, parce que, chaque année, les prétentions réciproques étaient mises en présence, à propos d'une cérémonie religieuse dans laquelle chacune des parties revendiquait la préséance [1].

M. Charles Saurin, le voisin et l'ami de la famille Amyot, chez qui logeait M. de Ribbe, les deux autres consuls eux-mêmes auraient été désolés d'être désagréables, personnellement, au délégué du bureau des trésoriers; mais les questions de préséance et le respect des traditions avaient, à cette époque, au moins autant d'importance qu'en aurait aujourd'hui une question politique. Les administrateurs qui ne savaient pas défendre les prérogatives confiées à leur garde, et conserver intactes les traditions municipales ou les simples usages, étaient considérés comme indignes d'occuper des fonctions publiques.

Toute la force de l'ancienne société résidait, en quelque sorte, dans ce respect de la tradition, dans ce maintien des louables coutumes, dans ces liens de famille, dont nous avons rencontré de si nombreux exemples dans le cours de notre promenade à travers les rues de Toulon.

FIN.

[1] M. Mouan, bibliothécaire de la ville d'Aix, a publié sur ce conflit une notice extrêmement intéressante, sous ce titre : *Un conflit entre les Trésoriers généraux de France et les consuls d'Aix.*

TABLE ALPHABÉTIQUE

A.

Abattoir (Reconstruction de l')	Page 66.
Adrien, marchand de soie	341.
Aguillon (la famille)	211.
Aguillon (François) fournisseur de la marine	55-83.
Aguillon (Henri) propriétaire	119.
Aguillon, ingénieur du roi	321.
Aguillon (Louis d') général du génie	213.
Aimar (Gabrielle d') enlevée par le chevalier de La Valette	327.
Albert (Pierre) apothicaire	12.
Albert (rue d')	11.
Albert de Rioms, commandant supérieur de la marine	41-45.
Alger (rue d')	308.
Allègre (V. G.) maire de Toulon	311.
Amelot, ministre de la maison du roi	33.
Amyot (maison)	313-315.
Antrechaus (le consul d')	144-287-291.
Armand, caissier de la recette générale	116.
Armes (place d')	22.
Id. appartient à la marine	41.
Armoiries accordées aux personnes de lettres, aux bourgeois et aux marchands	12.
Arquebusiers (corporation des)	313.
Arsenal (rue de l')	128.
Asperge (l') aubergiste	206.
Asperge (rue de l')	206.
Astour (Charles d') consul	222.
Astour (rue d')	221.
Astourets (seigneur d')	332.
Audemar, maire de Toulon	32-126-140.
Audiffret (le comte d')	138.
Audiffret (le marquis d')	116.
Audiffret (Vidal d')	143.
Aurel, imprimeur	147.
Autrichiens (Invasion des)	287.
Avocat, v. Suavis.	
Aycard (Pierre) propriétaire	91.

B.

Bandol (le président de) v. Boyer.	
Baptême du fils d'un consul	340.
Barbaroux (J^h.) huissier	296.
Barentin (M. de)	319.
Barraly (veuve) condamnée à mort	170.
Banque municipale	228.
Baudin (V. A.) préfet maritime	61.
Beaudin, archiviste et secrétaire de la commune	79-112.
Beaussier (la famille de)	218.
Beaussier (Antoine de)	25.
Beaussier (Emmanuel de)	283.
Beaussier (le R. P Joseph de)	87.
Belle-Isle (le maréchal de)	287-289.
Bellus, libraire	131.
Bertulus (Nicolas) sculpteur	183.
Bethune de Selle (le commandeur de)	90.
Brunmann (le baron de) maire de Toulon	103.
Bideau (Mme de) propriétaire	92.
Billon, vérificateur des Domaines	52.
Blain, écrivain de marine	283.
Blancard (place)	313.
Blé (Disette de)	282.
Blonny (Michel) membre du trib. révol.	171.
Bonèmes (rue des)	129.
Boisgelin (marquis de)	331.
Boisselin, propriétaire	115.
Boissinet (le capitaine)	71.

Bonnetières (rue des)	325.	Chabert (Annibal de)	88.
Bonneval (de)	47.	Chalucet (Mgr. de) évêque de Toulon	21.
Borme, chaudronnier	209-338.	Champ de Bataille, v. place d'Armes.	
Bosquet, conseiller municipal	25.	Chapelle (Fr.) constructeur de la marine	143.
Bouet-Willaumez (V. A.) préfet maritime	63.	Chapuis, maître serrurier	314-316.
Bouge (Rosalie) condamnée à mort	171.	Charrier-Moissard (vicomte de) maire de Toulon	120.
Bourgarel (Adrien) propriétaire	82.	Chasse-Mandiants (Emploi de)	68.
Bourgarel (Ferdinand) maire de Toulon	173.	Chastel, sculpteur	67.
Royer de Bandol (le président)	301.	Chateauneuf (Thomas de)	222-229.
Boyer-Foresta (Fr. de) président au parlement	302.	Chaubry, trésorier de la guerre	81
Brissac (le major de)	197.	Chaudronniers (rue des)	300.
Bronzi, conservateur du musée	180-210.	Chaussegros, constructeur des fortif.	212.
Brovès (le major de)	47.	Chopart (V. A.) préfet maritime	63.
Bruat (C. A.) préfet maritime	62.	Ciceron (rue)	96.
Brugières (le Père)	84.	Clément (docteur) adjoint à la mairie	174.
Brun (Fr.) consul	197.	Club des Officiers de Marine	215.
Brun, commissaire général de la marine	47.	Coincy (le marquis de) commandant de place	44-72.
Burgues (Chabert de)	88.	Colle, conseiller municipal	124.
Burgues de Missiessy (famille de)	15.	Combaud (de) propriétaire	115.
Burgues de Missiessy (V. A.) préfet maritime	50.	Commission Révolutionnaire	170.
		Conflits entre les consuls et divers personnages	73-75-275-312.
C.		Contrebande tentée par M. et Mme de Ruyter	306.
Cadeaux, v. Présents.		Corvetto (le comte) ministre des finances	116.
Cadière (Procès de La)	90.	Couloux (Blaise) constructeur de la marine	146.
Cagniaro, receveur général des finances	116.	Coulombeau (Louis) propriétaire	115.
Caillemer, commissaire général de police	96-99.	Court (de) vice amiral	21.
Caire, propriétaire	27-63.	Couteliers (Corporation des)	313.
Capelle, maître serrurier	314.	Couturier, premier commis du Contrôleur général des finances	261.
Capelle, maître menuisier	315.		
Capitation (Taxe de la)	201.		
Capucins (Couvent des)	29-38.	**D.**	
Carron, confiseur	312.		
Cathelin (Joseph) consul de Toulon	253.	Danloup (Pierre) président de la Commission révolutionnaire	171.
Carmes (Couvent des)	31-37.		
Castellet (Du) chef d'escadre	47.	Dasque, commissaire général de la marine	144-148.
Casy (V. A.) préfet maritime	62.		
Cauvin, conseiller municipal	124.		
Celles de Montredon, capitaine d'état-major	109.	Daugier (V. A.) préfet maritime	60.
Cercle de la Méditerranée	94.		
Cercle des Officiers de Marine	215.		
Chabannes (le V. A. vicomte de) préfet maritime	63.	Décrès (amiral) ministre de la marine	51-55.

— 349 —

Desmarest, contrôleur général des finances	305.
Desmazures (l'abbé)	151.
Devoize (Mgr.) évêque d'Ascalon	111.
Devoize de Pierrefeu	339.
Didelot (V. A. baron) préfet maritime	63.
Dimanche (défense de travailler les jours de fête et le)	65.
Domaines (administration des)	52.
Domenge (les savonniers)	183.
Dominique (A.) auteur d'un *mariage aux bayonnettes*	166.
Don ou « Donative » à une dame de la cour	256.
Drée (de) premier consul	343.
Du-Bocdieu (V. A. baron) préfet maritime	62.
Duplessis-Ollivaut, conseiller municipal	124.
Duprat, auteur de l'opéra de Pétrarque	313.
Duperré (le c. a. baron) préfet maritime	58.
Duquesne (le c. amiral)	93.

E.

Egalité (rue de l')	96.
Eglise du Champ de Bataille	23.
Élections municipales	224.
Emériau (C. A.) préfet maritime	53.
Emprunt municipal, en 1746	283.
Enlèvement de Mlle Gabrielle d'Aimar	328.
Epernon (le duc d')	327.
Esclangon (Pierre) concierge de l'hôtel de ville	311.
Espagne. v. Gabrielle et Philippe.	
Estrées (maréchal d')	301.
Estrées (Eau de la maréchale d')	37.
Evant (Armand d') commiss. de marine	119.

F.

Fabry (le chevalier de) commandant supérieur de la marine	41-67-71.
Fabry, conseiller à la cour	337.
Farck, spectacle public	333.
Fauchier (Mme)	110.
Fauchier (Victor) propriétaire	91.
Fleury (le docteur)	181.
Flottes (de) commandant supérieur de la marine	48.
Foire franche	251.
Fondeurs (corporation des)	313.
Fontaine de la Halle	67.
Id. de Ste Ursule	67.
Id. du Roi	129.
Forbin (Melchior de) président au parlement de Provence	242.
Forbin de Soliès, gouv. de Toulon	327.
Forbin d'Oppède, évêque de Toulon	236.
Fossés-Vieux (rue des)	309.
Fougasse (gâteau de)	139.
Fournier, notaire	124-127.

G.

Gabrielle de Savoie, reine d'Espagne	246.
Galerie des Dames de Toulon	53.
Ganteaume (V. A.) préfet maritime	49-55.
Gantès (de) officier de marine	108.
Garnier de Fonsblanche, consul	197.
Garnus, valet de ville	311.
Gauffinet, membre de la comison révolutionnaire	171.
Gavory (Gabriel) conseiller municipal	267.
Gérard, conseiller municipal	123.
Gignac (rue de)	206.
Girard-Caire (maison)	338.
Glandevès (de) commandant supérieur de la marine	le.
Grandière (V. A. de la) préfet maritime	63.
Grandmaison (Mme de)	64.
Graner, lieut. gén. de la sénéchaussée	152.
Grandval (de) fermier général	255.
Grasset, avocat	283.
Guasson, consul	343.
Grignan (le comte de)	245-250.
Grisolle (abbé) aumônier de la marine	108.
Guendreville, intendant de la marine	29.

H.

Hamelin (V. A.) préfet maritime	62.

Halle (place de la) Fontaine	67.
Hôtel de la Marine	41.
Hôtel-de-Ville	44-53.
Hubac (Louis) sculpteur	126.
Huissier, v. Barbaroux.	
Hyères (sénéchaussée d')	339.

I.

Infernet (le capitaine)	181.
Intendance Sanitaire	67.
Invasion, v. Autrichiens.	
Isnard, maître d'hôtel du comte d'Argenson	280.

J.

Jacob (V. A.) préfet maritime	61.
Jacques, architecte	180.
Jacquinot (V. A.) préfet maritime	62.
Jaureguiberry (V. A.) préfet maritime	63.
Jondany, président du cercle de la Méditerranée	91.
Jugement de la commission révolutionnaire	170.
Julien (Louis) consul général de Gênes	92.
Julien, conseiller municipal	123.
Jurien de la Gravière (V. A.) préfet maritime	61.
Justice, v. Palais.	

L.

Lagier, passementier	229.
Lainust de Lalonde, bibliothécaire	81-144.
Lallement, greffier de la commission révolutionnaire	172.
Lambert (le docteur)	85-145.
Laminois (de)	15.
Lanterniers (corporation des)	313.
Lantier de Villeblanche	40-42-112-156.
La Poype de Vertrieux, chef d'escadre	118.
L'Armodieu, passementier	229.
La Roche, tapissier	284.
Lascaris (de) évêque de Toulon	39.
Laserre, rédact' en chef de la Sentinelle	147.
Latour (de) intendant de Provence	35.
Laugier, subdélégué de l'intendant	321.
Laure, propriétaire	141.
Lauvergne (le docteur)	182.
Lavalette (le chevalier de)	327.
Lavocte (Joseph)	17.
Lazareth (le)	235.
Legras (Désiré) officier de marine	119.
L'Hermitte (C. A.) préfet maritime	55.
Littardi (le comte) receveur général des finances	116.
Leblanc de Castillon, procureur général au parlement de Provence	111.
Lépine (Joyeuse de)	104-107.
Levasseur de Villeblanche, intendant de la marine	64.
Lebret, intendant de Provence	265.
Lecouturier, secrétaire du contrôleur général	305.
Libelle, v. Galerie des Dames.	
Ligondès (de) officier de marine	90.
Luc (le comte du)	263.
Lys (place du)	122.

M.

Maison (Mme)	141.
Madragues	301.
Magalon (de) avocat général	77.
Magdeleine Cocchée (Hôtel de la)	226.
Maillebois (le maréchal de)	64.
Mallard, imprimeur	18.
Malesherbes (de) ministre d'État	31.
Malouet, intendant de la marine	42.
Mendians et vagabons	68.
Manne (le docteur)	185.
Mariage aux bayonnettes	166.
Mariage forcé	161.
Mariage d'une orpheline vertueuse	308.
Marin (de)	25.
Marin (Jean)	284
Marine, v. Hôtel.	
Marine, v. Club.	
Marnezia (le marquis) commandant de place	275-294.
Martelli-Chautard, maire	96.

— 351 —

Martelly, conseiller de la sénéchaussée	298.	maritime	62.
Martiny, v. Orvès.		Paulmy (marquis de) ministre de la guerre	27-28.
Martini, juge de paix	325.	Pavès (Elzéar) conseiller municipal	267.
Masse (Jacques) valet de ville	341.	Pelletier (rue)	311.
Massena a Toulon	184.	Perard, commissaire général de police	96.
Maurepas (de) ministre de la marine	61-65.	Peste de 1664	229.
Mauriac (le général de)	277.	Petrarque (opéra de)	313.
Mollinier, notaire	321.	Peyruc (Pous) conseiller municipal	176.
Monier (Charles) consul	295.	Pézenas (de) officier de marine	120.
Mont-Sallier (Aimar de)	327.	Philippe V, roi d'Espagne	246.
Mons (Jh de) chef d'escadre	16.	Pichegru (général)	125.
Montauban (de)	25.	Pietra, Silhouettes Toulonnaises	82.
Mont de Piété	127.	Pignol, conseiller municipal	123.
Mouan, bibliothécaire	345.	Piosin (de) chef d'escadre	21.
Musée de Toulon	179.	Pontchartrain (comte de) ministre de la marine	305.
Mège (Alexis) propriétaire	12.		
Mellon, épicier	323.	Poncy (Charles) Faible revue d'une ville forte	175.
Mercy (Couvent de la)	30-42.		
Mery (Jh)	175.	Pons, mémoire pour servir à l'histoire de Toulon	125.
Meyer (Adolphe)	183.		
Mille, conseiller municipal	174.	Population (chiffre de la) en 1700	23.
Minimes (Couvent des)	28.	Possel-Deydier (de) commissaire général de la marine	45-92-93-283-324.
Missiessy (de)	25-127.		
Mistral, chaudronnier	338.	Potiers (corporation des)	313.
		Préfecture, v. Hotel de la Marine.	
N.		Préfets maritimes	49.
		Présent a M. Sylvestre	36.
Nas (seigneur d'Astouret)	337.	Présents officiels	199.
Nervo (le baron) biographie du comte Corvetto	116.	Procédure (frais de)	317.
Nettoiement (des rues)	67.	Prostitution	69.
Noble, biographie de Bernard Sénéquier	210.	Puget (place) v. Halle.	

O.

R.

Orange (Mme) propriétaire	119.	Raynaud (docteur J.-J.) directeur du service de santé	127-187.
Orpheline vertueuse (mariage d'une)	308.		
Orvès (Martiny d')	17-18.	Raisson (Honoré) consul	196.
		Ranatuelle (de) conseiller au parlement	75.
P.		Ratouin, commissaire de marine	61.
		Reboul épicier	321.
Palais de Justice	319-321.	Rentes (Obligation d'acheter des)	303.
Panon, époux de Mlle Thiers	111.	Birok (famille de)	313-344.
Parian (Victor) adjoint au maire	174.	Ricoux, pharmacien, conseiller municipal	111-323.
Parseval des Chênes (V. A.) préfet		Riez (de) procureur du roi	95.

Rigny (V. A¹ comte de) préfet maritime	61.	Simonet de la Grossinière	88.
Romain (Pierre) architecte	107.	Simony (Mgr de) évêque de Soissons	108.
Rosamel (V. A. du camp de) préfet maritime	61.	Simony de Broutière, officier de marine	107.
Roubaud, consul	45.	Six-Fours (ouvriers de)	137.
Roubaud, confiseur	312.	Spartiates (rue des)	13.
Roumieux (J. F. L.) condamné à mort	171.	Suavis (l'avocat)	300.
Roux (docteur Jules)	181-187-195.	Sue (Eugène)	131.
Roux (l'abbé) curé de St-Louis	163.		
Ruyter (de)	206.	**T.**	
S.		Taillandiers (corporation des)	313.
		Tamagnon (terre de)	306.
Sabran (le comte de)	83.	Taneron, capitaine de vaisseau	81.
Sabran (Grammont de) capitaine de vaisseau	143.	Théatre, v. Salle de Spectacle.	
		Thiers, président de la République	111.
Sablonnières (de La) agent de la communauté à Paris	33.	Thoullon, greffier du tribunal du district	161.
Saint-Eloy (confrérie de)	313.	Thomas (de) seigneur de Millaud	128.
Saint-Louis (église de)	151.	Thocron (Quintius) président de la société académique	173.
Saint-Pierre (église de)	315.		
Saint-Pierre (place)	322.	Tillet (du) officier de marine	21.
Sainte-Baume (trappistes de la)	121.	Tippo-Saïb (ambassadeur de)	44.
Salettes (couvent de)	129.	Torcy (marquis de)	304.
Salle de Spectacle	121-177.	Tournemine (Vacher de)	89.
Santé (bureau de)	235.	Trabaud, conseiller municipal	123.
Sans-Culottes (rue des)	13.	Trésoriers de France (conflit)	342.
Saqui (de) lieutenant général criminel	298-332-334-336.	Trousseau de Mme Turc	150.
		Turc, juge honoraire et ensuite président du district	73-95-149.
Saurin, négociant	284.		
Saurin (famille)	338.	Turrel (le docteur) propriétaire	89.
Savonniers (quartier des)	130.		
Seccan (quartier du)	130.	**V.**	
Selle (de) v. Béthune			
Sénéchaussée	319.	Vacvré (Girardin de) intendant de la marine	64-211-255-301.
Sénéquier (Bernard) profes¹. de dessin	209.	Vence (C. A.) préfet maritime	49.
Sénès, propriétaire	140.	Vendome (duchesse de)	305.
Sénès (la Sinse)	11.	Venel (de) officier de marine	89.
Sénès, sous-préfet	98.	Verlaque (l'abbé) biogra. de Mgr Deydier	111.
Sentinelle à la porte de l'Hôtel-de-Ville	290.	Vidal de C'Hery	89.
Serrade sanitaire pendant la peste de 1661	237.	Vidal dit l'Asperge	206.
		Village (du)	47.
Serruriers (corporation des)	313.	Villars (maréchal de)	271.
Sévigné (Mme de)	245.	Villeblanche, v. Lantier et Levasseur.	
Sigaud, architecte	166-153.	Vin d'honneur	45.
Silvestre, premier commis du ministre Amelot	34.	Vins (entrée des)	306.
		Vulcain (rue de)	311.

FIN DE LA TABLE.

Nègre, capitaine de frégate.
Nègre, médecin de la marine.
Nicolas, greffier en chef.
Ollivier, méd. prof. de la marine.
Ollivier, président du cercle national
Ortigues, avoué.
Pascal, greffier.
Pecqueur, libraire.
Pellicot, présid. du comice agricole.
Persillon, ancien notaire.
Peyrug (Pons), ancien député du Var.
Pietra, clerc de notaire.
Poudra, Louis, lieuten. de vaisseau.
Poudra, Émile, lieuten. de vaisseau.
Poulle, avocat à Draguignan.
Prat (docteur) à la Seyne.
Raoulx, directeur du service hydraulique de la marine.
Raoulx de Crozet, propriétaire.
Rat, capitaine au long cours.
Ravel, maître mécanicien.
Rebufat, agent-voyer.
Rebufat-Nicolas, banquier.
Reboul, Eugène, avocat
Renard, Louis, propriétaire.
Richard (le colonel)
Rolland, avocat.
Rolland, négociant.

Roque, président du tribunal civil.
Rouvier (l'abbé), curé de St-Louis.
Rossi, sous-commissaire de marine.
Rouquerol, Jean, banquier.
Rougier, architecte.
Roux, Pascal, avocat.
Ruinat, Paul, commissaire-priseur.
Saurin, Charles, propriétaire.
Selle (Albert de), propriétaire.
Sénéquier, clerc de notaire.
Sénéquier (l'abbé).
Sénès, agent administ. de la marine.
Sénès, chef de bureau à la mairie.
Sourd, Joseph, négociant.
Suchet (Mme).
Tassy, tailleur.
Teisseire (Mme).
Thanaron (Charles), cap. de frégate.
Tortel (l'abbé), curé de Saint-Pierre.
Toucas (J. B).
Toye, prés. du tribunal de commerce
Trotobas, Hippolyte, à Cuers.
Turrel (le docteur).
Valeri (Olivary).
Vidoq, tailleur.
Vincent, propriétaire.

www.ingramcontent.com/pod-product-compliance
Lightning Source LLC
Chambersburg PA
CBHW070856170426
43202CB00012B/2091